前田　裕幸

迷惑かけて死んだらあかん

土地持ち、金持ちが
生きているうちにすべき相続対策

まえがき

最良の死に方――そんなものはない。誰しも永遠に死にたくないからだ。死にたくないのに、良い死に方など、あるはずがない。

ところが、**〝最悪の死に方〟**――**それは、ある。**正確に言えば、土地持ち、金持ちの人にだけ、最悪の死に方が訪れる。

どのような死に方が、最悪なのか――死んだ後の配偶者や子供たち親族に、相続争いや相続税支払い地獄のような辛い日々をプレゼントする死に方だ。後悔先に立たず、というが、死んでしまった者に後悔など起こるはずもなく、「財産の残し方をちゃんと考えてくれ！と言えば良かった」と後悔ばかり愚痴るようになるのは、残された親族たちだ。

親族を不幸にする死に方――それが、最悪の死に方だ。

では、どうすれば良いのか？

この本は、最悪の死に方をしなくて済むための、言い換えれば、死んだ後に、残された親族から恨まれないための「やるべきこと」をわかりやすく書いている。騙されたと思って、第1章だけでも目を通してほしい。どのような死に方が最悪なのかがわかるようになっている。ひとつでも該当する人は、多分、第2章を読みたくなるはずだ。

どのような人生を歩んできたか、という人生の軌跡ほど大切なものはない。人類の歴史に、〝あなた〟がどのように記録されるのかは関心を持つべきことだ。土地持ち、金持ちの読者のみなさんは、それなりの成功者か、お金には困らなかった幸せな人生を送ってきた人が多いのではないだろうか。しかし、脅かすわけではないが、親族に恨まれるような最悪の死に方をしたら、あなたの人生は親族たちに書き換えられ、歴史上は、〝とにかくひどい人〟というレッテルが永遠に貼られることになる。

そのような人生で、本当に良かったと言えるだろうか？

※本書の内容は、２０２４年10月現在の情報を基に作成しています。今後、税制、名称等が変更になる場合があります。土地活用は、リスクを伴うこともあります。個別・具体的な条件により期待できる効果は異なるため、専門家の意見を参考にしながら、ご自身の責任・判断で実施するようにお願いします。損害・不利益について、編集部・著者は一切の責任を負いかねます。

迷惑かけて死んだらあかん　目次

2-1 知っておくべき基本知識 60

装丁　佐々木博則
図版　株式会社ウエイド

第1章

最悪の死に方

１－１

最悪の死に方のパターンを整理する

最高裁判決の衝撃

２０２３年６月27日付けの日本経済新聞朝刊の一面トップ記事にある通り、相続税収は、近年になってから、いまや注目されている重要事案のひとつになっている。２０１３年、相続税率の最高税率が50から55％に引き上げられた。また、相続法そのものは長年改正がなかったのだが、２０１９年に約40年ぶりに改正され、矢継ぎ早に２０２３年にも改正された。その内容については、本文でも取り上げているが、国がいままで以上に相続税収に着目しているのは間違いない。

マンション節税 防止へ

相続税 高層階の負担増

国税庁

国税庁が「マンション節税」や「タワマン節税」の防止に向け、相続税の算定ルールを見直す方針を固めた。実勢価格を反映する新たな計算式を導入。マンションの評価額と実勢価格との乖離（かいり）が約1・67倍以上の場合に評価額が上がり、高層階ほど税額が増える見通しだ。年間10万人以上の相続財産が課税対象となる中、税負担の公平化を図る狙いがある。

算定 実勢価格を反映

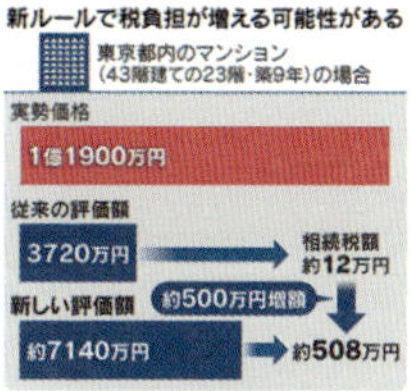

(注)国税庁の有識者会議の資料を基に法定相続人1人の場合で試算

現行ルールは1964年の国税庁通達に基づく。国税庁は財産の評価方法を定めた通達を2023年中に改正し、24年1月1日以降の適用を目指す。現在は実勢価格の平均4割程度にとどまっている評価額が6割以上に引き上がる結果となる。

相続税法は財産の評価は「時価による」と規定する。現金や上場株に比べて土地や建物は評価が難しく、国税庁は通達で、マンションの場合は建物と土地の評価額の合計とする。建物は固定資産税の評価額を使用。土地は一般的に毎年公表される路線価を使って計算する。金額に応じて10～55%の税率を掛け、相続税額を申告する。

今回のルール改正の最大のポイントは、実勢価格を反映する指標の導入だ。新たなルールは①築年数や階数などに基づいて評価額と実勢価格の乖離の割合(乖離率)を計算②約1・67倍以上の場合、従来の評価額に乖離率と0・6を掛ける――ことで評価額を引き上げる。戸建ての平均乖離率(1・66倍)にそろえる狙いだ。

国税庁がルール改正を検討するために設置した有識者会議の資料によると、東京都内の築9年の43階建て高層マンションの23階で、約1億1900万円の実勢価格に対して評価額が3720万円となっていた。相続税に詳しい複数の税理士によると、この場合、従来は3720万円が基準で、相続するのが子ども1人の場合は単純計算で相続税は約12万円になる。

新たなルールでは、実勢価格との乖離率を3・2倍とした場合、3720万円に3・2と0・6を掛けた約7140万円が評価額となる。単純計算の相続税額は約508万円となり、従来に比べて負担は500万円近く増すことになる。

国税庁が全国の20階以上のマンションについて18年のデータを抽出調査したところ、乖離率は平均3・16倍だった。国税庁の調査範囲に限れば、1・67倍の基準を上回り、大半の住戸で税負担が増える可能性がある。

国税庁がルールを見直す背景にあるのが、評価額と実勢価格の乖離だ。路線価はそもそも公示地価の8割が基準で、足元の地価上昇が反映されにくい。さらにマンションの場合、全体の敷地面積を戸数で分けるため、戸数が多い高層マンションであるほど1戸当たりの土地の持ち分は小さくなる。

現行の算定ルールが導入された当時は皆無だったタワーマンションは現在、全国に1400棟以上。人気で高価格の高層階ほど実勢価格と評価額の差が大きくなる傾向がある。この差を使った節税策は「マンション節税」とも呼ばれ、相続税負担の不公平性がかねて指摘されていた。

見直し議論が本格化したきっかけは、22年4月の最高裁判決だ。購入価格が計13億円超のマンション2棟の評価額を3億3千万円とした相続人に対し、実際の評価額は12億7千万円だとした国税当局の追徴課税を認容。判決理由で「他の納税者との間に看過しがたい不均衡が生じ租税負担の公平に反する」と言及した。

出典：『日本経済新聞』
2023年６月27日朝刊

記事そのものは、一般的に「マンション節税」や「タワマン節税」（高層階の部屋の相続税評価額と実勢価格の乖離《かいり》差を利用した節税）と言われているもので、1部屋を所有しているのではなく、賃貸マンションそのものを建てる土地持ち、金持ちの人に、直接影響するものではないのだが、着目したいのは、この記事の最後の締め括り文章だ。

「見直し議論が本格化したきっかけは、22年4月の最高裁判決だ。購入価格が計13億円超のマンション2棟の評価額を3億3千万円とした相続人に対し、実際の評価額は12億7千万円だとした国税当局の追徴課税を認容。判決理由で『他の納税者との間に看過しがたい不均衡が生じ租税負担の公平に反する』と言及した」

この22年の最高裁判決こそが、当時、「過度な不動産節税に警鐘を鳴らす司法判断」として、相続税に関わるあらゆる関係者に衝撃を与えた。結論を先に言うと、節税だけを目的にした安易、且つ拙速な、いわば**行き過ぎた節税対策**は、国税庁のターゲットになりやすいということだ。

では、どうすれば良いのか？

行き過ぎた節税対策ではなく、**正しい相続対策**を準備しておくことが大切だ。本書の第１章でくわしく書いているので安心していただきたい。読者のみなさんに、その正しい相続対策を説明していくために、まず、さきほど引用した相続税に関する最高裁判決を振り返りたい。

被相続人は既に亡くなっているので、この判決に対する思いを聞くことはできないが、銀行借入をしてマンションを購入するという、一般的に通用していた相続対策を当たり前のようにしただけだっただろうことは、容易に想像がつく。しかし、判決内容を吟味すれば、あまりにも遅過ぎたゆえに無理を重ねた相続対策であったことは否定できない。その結果、多くの点で**不適切**な対応となり、行き過ぎた節税対策になってしまったことが浮き彫りになってくる。特に、孫を養子縁組した５カ月後に８億３７００万円のマンションを銀行借入で購入し、更にその11カ月後に５億５０００万円のマンションを銀行借入で購入していた経緯をたどると、そのバタバタ感がとても目につく。

財産評価基本通達６項（本文以下、総則６項という）に、「この通達の定めによって評価することが著しく不適当と認められる財産の価額は、国税庁長官の指示を受けて評価する」と書かれており、滅多に適用されない（過去11年間で９件／日本経済新聞２０２１年12月３日付け）。この通達に基づき、税務署が評価額を見直したことに端を発する。

しかし、過度の心配は無用だ。この最高裁判決が今後の相続のあり方に少なからず影響を与えることになるだろうが、次の**３つの不適切対応**をしないように心掛けることが、相続リスクを軽減する最善策であることは、今後も変わらない。

一　不適切な準備期間
二　不適切な相続対策
三　不適切な関係者選択

言い換えれば、適切な準備期間、適切な相続対策、適切な関係者選択という3つの**適切対応**を心掛けることが、とても重要になる。そのためには、まず相続について、**無知**や**不勉強**であってはならない。

人には、正常性バイアスという「自分だけは何とかなる」と考える癖がある。確かに、財産を残す人は社会的に成功した人が多いので、自分だけは何とかなってきたのかもしれない。しかし、相続するのは、財産を残す〝本人〟ではない。なぜなら、〝本人〟が死んだ後に相続事案が発生するからだ。

だからこそ、自分だけは何とかなるかもしれない〝本人〟が、相続対策をきっちりと考え、相続人のために何とかしてあげていただきたい。そのためにも、本書で**充分な知識と知恵**を得ることで、**3つの適切対応**を入念に行うことが可能になるだろう。

不適切な準備期間

そもそも、人はみな、いつ死ぬかわからないのだから、準備期間に適切も不適切もない、という考え方がある。例えば、本人は、10年計画で相続対策を入念に行うつもりで開始しても、翌年ぽっくりと死んだら、結果論だが相続対策準備を1年で行ったことになり、総則6項という伝家の宝刀が適用されるリスクが一気に高くなる。

しかし、総則6項は、行き過ぎた節税対策を防止するためのもので、むやみやたらに適用されることはない。人はいつ死ぬかわからないながらも、やはり、不適切な準備期間とならないように、早め早めに準備を始めることが、とても大切だ。

不適切な準備期間とは、何年のことか？

実は、明確な期間が定められているわけではない。曖昧ながら、いかにも相続税節税を目的とした駆け込み対策とみなされるかどうかが鍵を握る。つまり、相続税対策目的ではなく、**投資運用が主目的**という主張が通りやすい期間を考慮しながら進めることが必要となる。その基準は、次の3つとなる。

一　対策を開始した年齢
二　対策から相続までの期間
三　相続後の不動産売却時期

対策を開始した年齢

最高裁判決事案の被相続人が不動産を取得したのは、90歳と91歳のときだ。その事実が不利となるリスクを高めたのは間違いない。相続人がどれだけ主張したところで（被相続人は死んでいるので代弁主張するのは相続人となる）、一般的な感覚では、「90歳になってから、慌てて相続税節税対策でマンションを建てた」というように、どうしても見えてしまいやすい。このことからも、高齢過ぎる開始はリスクが高いと言える。**早めに相続税対策を開始することが、極めて重要**であることがわかる。また、早めの相続税対策は、その主目的を投資運用に置き換える効力がある。それどころか、適切な不動産投資を行えば（そのためには、後述するが適切な関係者選択が重要）、**被相続人が生存中に、適切な投資利益を生み、更に財産を増やす。**正真正銘の投資運用目的のための対策となるのだ。その対策が被相続人死亡後、自然な形で適切な相続対策に再び置き換わる。これ以上にベストの対策はおそらくないだろう。

もうひとつ忘れてはならない最高裁上告棄却事案がある。被相続人が肺がん罹患で余命宣告を受けた後から相続税対策を開始した。これは、最高裁上告が棄却され、審判すらしてもらえなかった。つまり、余命宣告をされた後は、何をしても行き過ぎた相続税対策だとみなされるリスクが一挙に高まるということになる。

この教訓は、元気なうちに相続対策を開始させることの重要性を後押しする。

対策から相続までの期間

次に、対策から相続までの期間だが、ひとつの目安に3年というものがある。それは、旧租税特別措置法（旧措置法）69条の4に端を発している。「被相続人が相続開始前3年以内に取得した不動産は、取得価額で評価する規定」というものだが、これは、3年以上になると売買価格ではなく路線価格で評価する裏付けとして長らく使われてきた。２００６（平成18）年度の税制改正によりこの法律そのものは撤廃されているが、財産評価基本通達１８５（非上場株式の評価において、株式の相続・贈与前3年以内に評価対象の法人が取得した不動産は、売買価格で評価する）に規定される3年縛りが現存することもあり、総則6項の適用期間3年としての目安になっているのも事実だ。

なお、今回の最高裁判決は、2つのマンション建設時期が、3年5カ月前と2年6カ月前という微妙に3年を跨《またが》っているので、あくまでも目安の域を超えない。より慎重にするなら、1年でも早く対策を開始したほうが、リスクはより確実に減ると言える。

相続後の不動産売却時期

３つ目の相続後の不動産売却時期は、３年から５年が、ひとつの目安となる。

相続税納税期限は、相続の開始があったことを知った日の翌日から10カ月以内と定められているが、税務調査は、２～３年後が相場だ。この時間差に対する無知が招く失敗がある。例えば、相続後８カ月後に納税し、その直後の翌月に不動産売却をしたとする。これは、明らかに相続税節税対策のための不動産売却であり、納税した途端に売却益を得たと映りやすく、とても心証が悪い。実際に、冒頭の最高裁判決事案も、相続後９カ月後に、すぐに売却していた。行き過ぎた節税対策だったと宣言したようなものだった。したがって、税務調査が終了するまでの３年は、売却を我慢することが目安となる。

更に石橋を叩くのであれば、５年以上にすべきだ。その根拠は、相続税の除斥期間が５年と定められていることだ。刑法でいうところの時効にあたる。いろいろと条件があるので絶対的な期限ではないが、よりリスクを減らす根拠としては充分な要件と言える。

不適切な相続対策

そもそも相続財産とは何か、について整理しておきたい。

現金、預貯金、貸付金、有価証券、宝石、美術品、土地、建物等のほか、知的財産権としての特許権、商標権、著作権等、金銭に見積もることができる経済的価値のあるすべてのものが、相続財産に該当する。但し、注意してほしい相続財産もある。借入金、未払い金等の**マイナスの相続財産**だ。例えば、**プラスの相続財産**が10億円あったとしても、マイナスの相続財産が12億円であれば、相続することとイコール2億円の借金を背負うことになる。これでは、相続するよりも、相続を放棄したほうがマシだ。実際には、このような単純計算ではなく、相続税の評価額と実質の価値（相場の情報を充分に汲み取る必要がある）を慎重に計算してプラスなのかマイナスなのかを判断しなければならない。だからこそ、専門家の手助けが必要なのだが、この感覚は、知っておくべきである。詳しくは、「相続財産一覧表」の図を参考にしていただきたい。

相続税は、その制度や負担率等が、国によって相当の違いがある。大別すると、「相続税（遺産取得課税方式）＝inheritance tax」と「遺産税（遺産課税方式）＝estate tax」に分類される。本書は、相続税の専門書ではないので、詳しくは専門書や専門家に確認いただきたいが、とても大切な部分を、なるべく簡単に、わかりやすく説明したい。

「相続税（遺産取得課税方式）」を一言で表現すると、「それぞれの相続人が相続した財産の額に応じて課税する方式」となる。日本、フランス、ドイツ等が、それに該当する。

「遺産税（遺産課税方式）」は、「被相続人が保有している相続財産に対して課税する方式」となる。私たちに馴染みのない方式なので、少し説明をすると、相続人の人数や相続の割合等に関係なく、被相続人の財産に着目して税額を決定する制度で、まずは先に、遺言執行人（executor）等が被相続人の財産から税金を支払い、残りの財産を相続人で分割する。アメリカ、イギリス、韓国、台湾等が、この方式を採用している。

参考までに、「相続税（＋遺産税）」が0％という国は、先進7カ国の中ではカナダだけ

図表1　相続財産一覧表

プラスの相続財産

土地・土地の上に存在する権利
土地としては、宅地、農地、山林、原野、牧場、池沼、鉱泉地、雑種地、等
土地の上に存在する権利としては、借地権、借家権、定期借地権、地上権、等

家屋・設備・構築物
戸建住宅、共同住宅、マンション、店舗、工場、貸家、駐車場、庭園設備、等

預貯金・現金・貸金庫の中にある財産
預貯金として、被相続人名義、実質的には被相続人に帰属するもの、等

国債証券・社債・株式・手形・小切手などの有価証券
有価証券として、国債（個人向け国債）、地方債、社債（金融債、事業債、転換社債）、上場株式、非上場株式、受益証券（貸付信託、証券投資信託、不動産投資信託、抵当証券）、等

貸付金、立替金などの債権
第三者への貸付金債権、税金の還付金債権、未収報酬債権、損害賠償請求権、慰謝料請求権、等

知的財産権
著作権（著作物を複製、上演、演奏、放送、展示、上映、貸与または翻訳することを排他的にできる権利）、工業所有権（特許権・実用新案権・意匠権・商標権）、等

事業用財産
機械器具、農耕具、棚卸資産（商品、製品、原材料）、売掛債権などの個人事業のために使い、それにより生じた財産、等

家庭用財産
自動車、貴金属、絵画骨董品、美術品、等

その他
立竹木、ゴルフ会員権、占有権、形成権（取消権、解除権、遺留分侵害額請求権）、等

マイナスの相続財産

借入金
住宅ローンの残高債務、車のローンなどの割賦契約月割賦金、クレジット残債務、等

未払金
土地や建物を借りていた際の賃借料や水道光熱費、通信費、管理費、リース料、医療費、等

敷金・保証金・預り金・買掛金・前受金
第三者に土地を貸している場合には、賃貸物件に関連して預かっている敷金や預り保証金、建築協力金、等
被相続人が事業などを行っていた場合の買掛金、前受金、等

保証債務、連帯債務
保証債務、被相続人が第三者（法人含む）の連帯保証人債務、等
但し、責任限度・責任期間の定めのない信用保証や身元保証は原則として相続されない

公租公課
所得税、消費税、住民税、固定資産税、土地計画税、相続税（延納）、贈与税、国民健康保険料、等

だが、世界においては85カ国であり、その数は「相続税（＋遺産税）」のある44カ国を大きく上回っている（2017年2月・経済産業省の委託調査「対内直接投資促進体制整備等調査」による）。例を挙げると、中国、シンガポール、マレーシア、オーストラリア、ニュージーランド、カナダ、スウェーデン等がそうである（詳しくは、図表2を参照）。

なお、相続税制が0％の理由は、いろいろと考えられるが、富裕層の国外転出防止、富裕層の国内誘致の促進のほか、経済活動の国際競争力向上等が、推察される。

最も重要なことは、どちらの方式であったとしても、実質の相続税負担率が高い国はどこか、ということだが、残念ながら、その国は**最高累進課税率が55％の日本**なのだ。相続人が誰か、何人かなどによって、実質の相続税率は変わってくるが、恐ろしいほどの相続税を納付しなければならないのが日本の実態である。

仮に相続対象の財産を10億円として、よくある恐ろしいパターンを3つほど例示してみる。なお、本文では、ややこしい計算式を省略して、わかりやすく納付すべき相続税額のみ表示している。計算そのものに興味がある人は、コラムに書いているので参照していた

図表２　相続税のない主な国・地域

元々、相続税制がない国・地域（一部）	
ヨーロッパ・オセアニア・北米・南米等	
カナダ	ポルトガル
ロシア	コスタリカ
マルタ	アルゼンチン
スイス	メキシコ

アジア・中東等	
中国	ミャンマー
インド	マレーシア
アラブ首長国連邦	ベトナム
カンボジア	インドネシア

相続税制を有していたが廃止した国・地域	
国・地域名	廃止年
オーストラリア	1979年
ニュージーランド	1999年
スウェーデン	2004年
ポルトガル	2004年
香港	2006年
シンガポール	2008年
オーストリア	2008年
ノルウェー	2014年

だきたい（31ページ）。

まず、１つ目のパターンは、相続人に配偶者がおらず、「子１人」の場合だ。相続税額は、４億５８２０万円と高額になり、実に、約46％もの高率な相続税を納付しなければならなくなる。しかも、原則現金納付だ。生前に充分な対策を打っておかない限り、とても払える金額ではない。

次に、２つ目のパターンは、相続人に配偶者も子供や孫もおらず、被相続人の兄弟である「弟１人」の場合だ。相続税額は、５億４９８４万円とより高額の相続税を納付しなければならない。なんと、**最高税率と同じ約55％もの高率**だ。この理由は、二親等である弟の場合、二割加算対象者になるからだ。詳しくは、専門家に確認してほしい。

３つ目のパターンは、二世代相続を考えてみたい。**日本は「三代で財産がなくなる」とよく言われているが、それを想起させる結果**になる。二世代相続とは、相続人となって財産を引き継いだ子供が、その後死亡し、更にその子供（最初の被相続人から見れば孫にあたる）に財産が引き継がれる場合だ。最もシンプルなケースとして、子１人が相続し、その

図表3　相続税率速算表

法定相続分に応ずる取得金額	税率	控除額
1,000万円以下	10%	—
3,000万円以下	15%	50万円
5,000万円以下	20%	200万円
1億円以下	30%	700万円
2億円以下	40%	1,700万円
3億円以下	45%	2,700万円
6億円以下	50%	4,200万円
6億円超	55%	7,200万円

基礎控除額＝3,000万円＋(600万円×法定相続人の数)

出典：国税庁

後、その相続人の子１人が再び相続する場合を想定すると、子供と孫が納付する相続税額の総額は、実に、６億６９１０万円になってしまう。**約67%、つまり、３分の２に値する恐ろしいほどの高額な財産が消えてなくなる**ことになる。これでは、何のために財産を守ったり、増やしたりしているのかわからなくなる。

以上のことからわかることは、**相続対策を不適切な状態で放置しておくと、巨額な相続税支払い地獄を家族や親族たちに残すことになり兼ねない**ということだ。被相続人にとっての相続問題は死んだ後なので「私には関係ない」という意識の人もいるが、残念ながら関係ある。先祖代々受け継いできた土地などの資産を相続対策の無策や失敗で手放すようなことをするべきではないからだ。また、「まえがき」で書いた通り、せっかく頑張って多額な財産を残してくれたにもかかわらず、「残された自分たちのことを考えてくれない人だった」「とにかくひどい人だった」と、いつの間にか悪いレッテルが永遠に貼られてしまう可能性があるからだ。いくら死んだ後とはいえ、頑張ってきた生涯が否定されてしまうのは、さすがに避けるべきだろう。そのためにも、**適切な相続対策を早期に始めるこ**

コラム【相続税額計算方法】

本文の相続税額計算式は下記の通りとなる。詳しくは専門家に確認のこと。

〈計算の流れ〉ステップ1から3の順番で計算を行う ※図表3と図表6を参照のこと

ステップ1 課税遺産総額を算出

「課税遺産総額＝相続税の対象となる財産（課税財産）ー基礎控除」

「基礎控除＝3000万円＋(600万円×法定相続人の数)」

ステップ2 相続税の総額を算出

各相続人が課税遺産総額の法定相続分を受け取るとして、各相続人について次のような計算式で仮の相続税額を算出し、それを合算したものが相続税の総額となる。

「各相続人の仮の相続税額＝課税遺産総額×法定相続分×税率ー控除額」

ステップ3 各相続人の実際の相続税額を算出

各相続人が実際に負担する相続税額は、相続税総額を各相続人が実際に遺産を取得する割合で按分する。

「配偶者の税額軽減の特例」等、税額控除が該当する場合には差し引く。

「各相続人の実際の相続税額＝相続税の総額×（各相続人の課税価格÷課税価格の合計額）」


〈本文3つのパターンの実際の計算〉

すべて課税財産（相続対象の財産）を10億円として計算

パターン1 相続人が子1人の場合

10億円ー基礎控除（3000万円＋600万円×1名）＝9億6400万円（課税遺産総額）
9億6400万円×55％ー7200万円＝4億5820万円（相続税額）※図表3参照
この場合、相続人が1人なのでステップ③は不要となり、4億5820万円で確定となる。

パターン2 相続人が弟1人の場合（二割加算対象者のケース）

10億円ー基礎控除（3000万円＋600万円×1名）＝9億6400万円（課税遺産総額）
9億6400万円×55％ー7200万円＝4億5820万円 ※図表3参照
専門的な内容になるが、次のケース以外は、二割加算対象者となる。
一親等の血族及び配偶者、養子縁組をした人（孫養子を除く）、代襲相続人となる孫。弟は二親等なので対象者。
4億5820万円＋(4億5820万円×20％)＝5億4984万円（相続税額）
この場合、相続人が1人なのでステップ③は不要となり、5億4984万円で確定となる。

パターン3 相続人が子1人で、その後、その相続人の子1人が再び相続する二世代相続の場合

子1人の場合の相続税額は、パターン①で計算した通り、4億5820万円となる。
その後、その相続人が死亡し、その相続人の子1人が相続した場合を計算する。
相続税の対象となる財産は、死亡した相続人が相続した財産の増減なしと仮定して計算すると、10億円ー4億5820万円＝5億4180万円となる。それを基に計算する。
5億4180万円ー基礎控除（3000万円＋600万円×1名）＝5億580万円（課税遺産総額）
5億580万円×50％ー4200万円＝2億1090万円（相続税額）※図表3参照
したがって、最初の被相続人から見た子供1人から孫1人への二世代相続の場合
その相続税額の総額は、4億5820万円＋2億1090万円＝6億6910万円となる。

とがいかに重要であるかということになる。

ここからは、「不適切な相続対策とは何か」について具体的に考えていくことによって、〝適切〟な相続対策を浮き彫りにしていきたい。

一　相続対策実質ゼロ
二　無知による相続対策
三　財産を減らしてしまう相続対策

実際にはこの3つだけではないが、本書では、とても重要なこの3つの不適切な相続対策を掘り下げたいと思う。

相続対策実質ゼロ

世界一高い相続税率の日本において、完全無策という人もいないと思いがちだが、実質的に無策という人は意外に多い。

そもそも相続対策と節税対策を同一視してはいけない。正しい相続対策とは、「①相続人に引き継ぐ財産を増やし、②相続税を納めるときの現金を確保し、③相続人が複数の場合、相続争いが生じないように遺言書の文言を含め入念な対策を打ち、④その上で適正な節税による遺産額確保を目指す」ということでなければならない。

④の節税対策（路線価と公示地価の評価差益、借入金による相続財産相殺等）は、とても重要な相続対策の一環ではあるが、節税対策だけに手を打っても、①②③が成り行き任せであれば、相続対策は実質ゼロに等しいと言わざるを得ない。特に、不動産・建設関係者の口車に乗せられて、投資運用の緻密《ちみつ》な作戦を立てることもなく下手なマンション（家賃が下がる／空室が多い／借金を返せなくなる等）を建て、手持ちの現金がほとんど残ってい

ない状態で死んだ場合、相続人は、納める相続税を確保することに奔走することになり、最悪、先祖代々引き継いできた不動産を処分してでも現金を作り、納めることになる。

相続対策の主役が不動産であるのは間違いないが、不適切であっては意味がない。それどころか、納税期限までに不動産を現金化できなければ、大変な事態となる。相続人たちの意見がまとまらず不動産の処分すら実行できないこともある。

この場合、相続人に残るのは高額な遺産ではなく、深遠な恨みのみである。

つまり、節税対策にのみ手を打ち、バランスの良い正しい相続対策を怠ることは、実質対策を打っていないに等しいと言えるのだ。場合によっては、それ以下にもなり得るということを肝に銘じてほしい。

無知による相続対策

次に、無知による相続対策について考える。実質ゼロ対策は、そもそも無知が引き起こした結果とも言えるが、ここではそれ以外の事例を紹介したい。

ひとつは、法律改正のアップデートができていない場合の悲劇についてだ。先ほど紹介した「相続税＋遺産税」がゼロのオーストラリア、ニュージーランド、カナダへの資産移転による相続税回避で成功した人は数多くいる。しかし、成功者のアドバイスを鵜呑みにして同様の資産移転を行えば、悲劇が生まれる。２０１７年度の税制改正で、富裕層の海外移住による相続税逃れ防止が強化されたからだ。相続税を免れる条件は、被相続人と相続人が相続発生の10年以上前からその国に居住していること、となっているので、家族総出で日本とサヨナラする覚悟が必要ということになってしまった。

本章の冒頭で書いた最高裁判決も、法律改正ではないが、財産評価基本通達6項（総則6項）の適応が厳しくなる方向にあるかもしれないということを念頭に置いて対策を打っておくべきだったのだ。

無知による相続対策のケースは、他にもある。

少し難しい内容になるが、とても大切なことなので書いておく。２０１９年に民法（相続法）が約40年ぶりに改正された。その中で、「遺留分減殺請求」が「遺留分侵害額請求」という制度に変わった。「遺留分減殺請求」とは、相続の際に民法で定められた最低限の財産の相続分を得られなかった相続人が自らの財産を請求する権利で、これまでは金銭以外で解決することができた。つまり、不動産の建物や土地の権利を渡せば良かったのだ。ところが、「遺留分侵害額請求」となってからは、金銭の支払いによる解決しか認められなくなったのだ。これは、大きな問題を含んでいる。正しい相続対策のところで指摘した②の「相続税を納めるときの現金を確保」することが、より切実な問題となったのだ。

「遺留分侵害額請求」をされて現金がなかったらどうなるか？

最悪、手放したくなかった先祖代々の土地を売ってまで現金をつくる必要に迫られる事態が多くなるということだ。しかも、焦れば焦るほど買い叩かれるリスクもある。現金を作れなかった場合、足元を見て、土地そのものを要求してくることもあり得るだろう。

財産を減らしてしまう相続対策

３つ目の「財産を減らしてしまう相続対策」について考える。

相続対策イコール節税対策と考えて、「とにかく土地や建物を買い、借金を増やしさえすれば何とかなる」と安易に不動産投資を行った結果、生じやすい問題と言える。なぜなら、机上の空論で終わる可能性が常にあるからだ。

相続対策として、不動産投資を行う判断は間違っていない。但し、節税対策が主目的になると、資産運用に対する緻密さがどうしても欠けてしまう。そこに落とし穴がある。節税対策にばかり目がいってしまい、投資運用計画を疎かにしてしまった場合の最悪の事態を考えてみよう。

例えば、１９７０年代に独立行政法人都市再生機構が開発した兵庫県三田《さんだ》市のウッディタウンに土地を所有していたとする。この地は、大阪や神戸のベッドタウンとして、人口増加率が日本一の時期もあったほど人気の地域であったため、何度応募しても購入できない、と言われるほどだった。土地の値段も高く、最寄り駅から10分以上歩く場所でも坪１００万円を超えることもあった。ところが、ウッディタウンの坪単価は、いまや23万円前後（２０２０年当時）まで下がっている。10年前と比べても、18・３％のダウンだ。周辺エリアの過去10年間の平均増減率が６・１％のダウンということと比較しても、より悪化の一途であることがわかる。

資産運用を主目的にした計画を策定すると、このような土地に賃貸マンションを建てるのは間違いなく躊躇《ちゅうちょ》するが、節税対策が主目的になってしまうと、自分の土地ということで地元への愛着も強く、資産運用計画及び借金に対して〝正常性バイアス〟がかかりやすくなってしまう。その結果、「相続税評価額が下がる手を打ったのだから、結局は得するのでは？」と安易に考えて建ててしまいやすい。

しかし、ウッディタウンの土地評価に対する10年後予測（ダイヤモンド不動産研究所調べ）は、ノーマルシナリオであっても、更に32・３％の下落となっており、仮にその予測通りとなり、事業計画ほど入居者も入らず（空室が多いということ）、建築費捻出の借金で手持ちの現金がそれほどないという状態で相続事案が発生したとしたら、不動産処分もままならず相続税を納める現金にすら困ってしまう、という事態を招いてしまうのだ。

最悪、公示地価よりも路線価のほうが高いという逆転現象にでもなろうものなら、目も当てられない。

不適切な関係者選択

ここまで、「不適切な準備期間」と「不適切な相続対策」が招く不幸について掘り下げてきた。3つ目の「不適切な関係者選択」は、投資運用、つまり財産増減の出来不出来に直接影響するだけに、ある意味、最も重要だとも言える。

相続対策は、法律や手続きが複雑に入り組んでいるので、素人だけで行うものではない。いろいろな関係者のアドバイスが必要だ。その中でも、相続税に直接かかわる税理士、相続争いを回避するための遺言書作成及び運用にかかわる弁護士は大切だ。但し、税理士、弁護士を信用し過ぎないことも必要だ。特に、何の提案やアドバイスもしない単なる帳面屋の人は、相続対策では使えない。その点は、充分に留意してほしい。

さて、他に最も重要な関係者がいることを忘れてはいけない。不動産投資による相続対策を行う場合の不動産・建設関係者だ。賃貸マンション等の収益物件を探す不動産会社、賃貸マンション等の建物を建てる建設会社、建てた賃貸マンションの入居者及び建物管理を行う賃貸仲介会社及び建物管理会社ということになる。

不動産会社、建設会社、賃貸仲介会社、建物管理会社のどれも、税理士や弁護士以上の慎重な選択が求められる。次の４つのいずれかに該当する会社は、間違っても選んではいけない。

一　相続対策にかかわる不動産の投資運用経験が不充分
二　高家賃、高入居率のノウハウが乏しい
三　資産価値の最大化（アセットマネジメント）のノウハウが脆弱《ぜいじゃく》
四　いざというときの物件売却に弱い

とても大切なところなので、ひとつひとつ、わかりやすく、かつ簡潔に説明する。

相続対策にかかわる不動産の投資運用経験が不充分

相続対策にかかわる不動産の投資運用は、経験が不充分の会社が対応できるほど簡単な仕事ではない。状況に応じたダイナミックな見直しが必要だからだ。例えば、相続対策のために自分の土地に賃貸マンションを建てたとする。何年か経てば、路線価が変わり資産価値が変わっているかもしれない。借金は減っている。減価償却により帳簿価額も変わっている。相続対策により節税できたと思っていたら、いつの間にか対象となる相続財産が増え、節税効果が薄まっているということはよくある。財産そのものが増えることは喜ばしいことだが、それでは実際に支払う相続税も増えてしまい、何のために節税対策を施したかわからなくなってしまう。相続対策の経験が豊富な会社であれば、そのような未来予想図も想定内であり、何年かに一度、相続財産の洗い出しを行い、見直し再投資の検討を最善のタイミングでできる。経験不充分な会社は、それができないのだ。

高家賃、高入居率のノウハウが乏しい

相続対策で賃貸マンションを建てたり、買ったりすることはよくある。納税額を減額しやすいからだ。しかし、賃貸マンションに投資すればそれで良し、というほど簡単ではない。高入居率を維持して、想定の家賃を稼がなければ、総収入の事業予測が崩れてしまう。そうすると財産価値そのものが減少し始め、借金返済計画に支障をきたすことになり、最悪持ち金で返済することになってしまい現金そのものが減っていく。何のために賃貸マンションを建てたのかわからなくなってくる。また、入居率の高低は、相続税の計算にも影響を与え（後述）、相続税納付額そのものが変わってくるので、とても重要だ。

家賃設定や入居率以外にも、入居者回転率、敷金礼金の有無、紹介手数料のあり方、更に加えるなら、そもそもどのような建物を建てれば良いかを企画設計するための市場調査やマーケティングに至るリーシング（商業用不動産の賃貸を支援する全般業務）の経験が必要なのだが、このリーシングそのものに興味がない建設会社が多過ぎる。建てたら終わり

では相続対策の関係者としては役に立たない。

また、一括借り上げを推奨する会社も避けたほうが良い。借り上げ制度は、家賃収入が保証される印象があるが、何年か経つと家賃を下げられることが多い。結果的に、返済計画に狂いが生じることになる。裁判沙汰になるトラブルが頻発している。

いろいろと幅広く指摘したが、もう一度まとめると、魅力ある物件を建てることに真摯に向き合っているのはもちろんのこと、高家賃と高入居率等建てた後のことに精通している建設会社を探す努力を惜しんではならない、ということだ。

資産価値の最大化（アセットマネジメント）のノウハウが脆弱

賃貸マンションにおける資産価値の最大化は、さきほどの高家賃と高入居率が大きく関わる総収入に加えて、総支出をいかに抑えるかということも重要になってくる。総収入と総支出の差額が収益となり、土地オーナーの資産価値の最大化は、その収益のあり方が大きく左右する。多くの建設会社は、それらのノウハウを持っていないので、リーシング対応から入居者管理まで行う会社、建物管理を行う会社等、いろいろな会社を組み合わせて選ぶ必要があり、ますます選択ミスのリスクが生じやすくなる。

なお、総支出を抑えるノウハウとして、大規模改修工事のあり方、損害保険のあり方、マンション共用部の電気代コストを抑える電子ブレーカーの利用、銀行金利対応等々、いろいろあるが、すべてにおいて経験の有無がものを言う。

つまり、魅力的なマンション建設による総収入も重要なポイントだが、そのあとの収益に影響を与える総支出がどうなるかは、管理会社の腕次第と言っても過言ではない。そう考えると、契約する管理会社のアセットマネジメント（資産価値を最大化する営み）ノウハウのレベルを真剣に検討し、ノウハウが脆弱な管理会社とは契約しないということが、とても大切になる。

いざというときの物件売却に弱い

相続税の納付は、原則、現金一括と定められている。納付期限の10カ月以内に、納めるべき現金が用意できなければ、資産価値のあるものを売却してでも現金を作らなければならない。一般的には、多額な現金を作りやすい不動産売却が中心になるのだが、すぐに売れるような人気物件であれば、本当は売らずに、更に価値が上がるまで待ちたくなるのが人情というものだ。しかし、実際は、そのような物件に恵まれている相続人は多くはない。すぐに買い手が付くような物件を持ち合わせていない限り、納付期限までの焦りが生じるので、値段を下げざるを得なくなる。

したがって、物件売却に強い関係者選択も重要なポイントなのだ。売却の強いパイプがあったり、いざとなったら自ら買い入れたりするぐらいの関係者であれば、かなり安心と言える。

もちろん、相続対策を万全に行い、相続税に相当する現金は予め用意しておく周到さがあるに越したことはないが、素人がすべてのことに気付くのは難しいので、なおさら関係者選択の重要性が浮き彫りになったのではないだろうか。

以上４つのポイントは重要なだけに、関係者選択については、慎重に吟味を重ねて、それぞれに長けた会社を探すことになる。それだけでも時間が掛かる。それに加えて、自前の土地の価値判断、賃貸マンション等建築物の設計・施工、入居者募集等々、適切な資産運用が動き出すまで数年以上は掛かる。相続対策の着手に時間が掛かれば掛かるほど、充分な準備期間が取れる確率が着実に減少していく。家族に適切な財産を残すのはそれほど大変なことであり、また、素晴らしいことだからこそ、不動産会社、建設会社、賃貸仲介会社、建物管理会社等を選択するに際しては、丁寧に行うことが肝要となる。ここで手を抜いてしまったり、知識不足による不適切な対応をしてしまったりすると、後悔してもし切れないことになるだろう。

最悪の死に方は、このように**不適切な対応の積み重ね**もその要因になり得るのだ。

相続対策は、真剣勝負で臨んでいただきたい。

1-2
最悪の死に方の実際例から知恵を得る

何もしないことが迷惑をかける根源

ケース① 教訓が活かされない

ある土地所有者は、親からの相続で大変苦労をした地主だった。親が完全に相続準備を怠っていたからだ。具体的には、高額となる土地財産を残したのだが、それに見合う現金の相続がなく、納税までの10カ月間、大慌てで先祖代々の土地の3分の1を売却しなければならないという苦い経験をした。都心でない限り、土地売却というのは、焦ると買い叩かれる傾向に陥り易いので、大変苦労する。家族もその経験を目の当たりにしていたので、そのような苦労が繰り返されないため、相続対策準備を何度も言っていたのだが、「そんなものは大丈夫だ」という返事ばかりで、何の対策も打たずに時間だけが過ぎてしまった。そして、とうとう身体が弱り余命を悟るようになってから、重い腰を上げたのだが、**時すでに遅し。**

このようにして、教訓が全く活かされなかったケースは意外に多い。

ケース② 子供の忠告に耳を傾けない

自分の子供を、いつまで経っても子供扱いすることによる悲劇が生まれた。

「親父、そろそろ相続のことを考えてくれよ」

「子供は、黙ってろ！」

40歳になっても、50歳になっても子供扱いをする親は、子供の言うことに耳を傾けることもなく、常にお殿様だ。あるとき、いつもの言い合いが大喧嘩に発展し、「お前は勘当だ！」と怒鳴ったあげく、本当に家から追い出してしまった。ところが、その親が急逝してしまった。追い出された子供は長男だったので、家に戻り相続手続きに東奔西走していたのだが、何の準備もしていなかったことが災いし、高額な納税準備に想像を絶する苦労が付き纏《まと》ってしまった。その結果、長男は心労がたたって体調を崩し、入院する事態となった。

子供の忠告に耳を傾けない親の身勝手さが、息子の健康まで奪ってしまう悲劇に嘆かざるを得ない。

ケース③　家族にも財産を隠す

広大な土地を所有する80代の家長がいた。この人は、徹底した秘密主義者だった。どこに土地があるのか、金融資産はどれほどあるのか、どの銀行に預けているのか、等々の財産情報を妻にも一切教えない徹底ぶりだった。このような状態で突然亡くなったら、残された相続人に降りかかる苦労は、想像を絶する。妻と50代の長男が、我慢の限界を超え、父親に内緒で顧問税理士を訪ねることになった。

いくら徹底した秘密主義者であっても、家族にも財産を隠すというのは、あまりにも自分本位過ぎる。

認知症になってからでは遅い

ケース④　認知症になってからでは遅い

ケース③で極端な例を紹介したが、家族同士で話し合いを続ければ、いずれ折り合ってくるのはよくあることだ。したがって、相続対策について何もしない親であっても、家族が粘り強く言い続けることが大切である。

しかし、このケースの場合、粘り強く言い続ける機会を奪ってしまう不幸な事態と言える。それは、財産を所有する親が認知症を患ってしまったときだ。

たとえ身体が元気でも、加齢によって記憶力や判断力が衰えてしまう人は少なくない。「年齢別認知症有病率」のグラフ（次ページ、図表４参照）が示す通り、75歳を超えると、10人に１人は認知症を発症する。そのため、身近なこととして捉えておくべきだ。

被相続人が認知症を患うと、２つの問題が生じる。ひとつは、私たちが直接相談を受けた生々しい問題だ。認知症になった父親から家族が疑われるようになったという事例がある。「長男が俺の金を盗もうとしている」「時計がなくなった」等と言い出すようになり、子供たちは父親が認知症であることをわかっていても、「もしかしたら兄貴は本当に父親の金を使い込んでいるんじゃないか？」と疑い出したとのことだった。結局、兄弟間の醜い争いに発展して家庭崩壊を招くことになった。そのような状態だったので、相続対策は無策のまま父親が死亡し、急ぎ対策を練ったが手遅れ状態で、相続税が相当な額になってしまった。

但し、もっと重要なことは、２つ目の問題だ。

民法上、認知症を患った人は、「判断能力のない者」として扱われてしまう可能性が高

図表４　年齢別認知症有病率

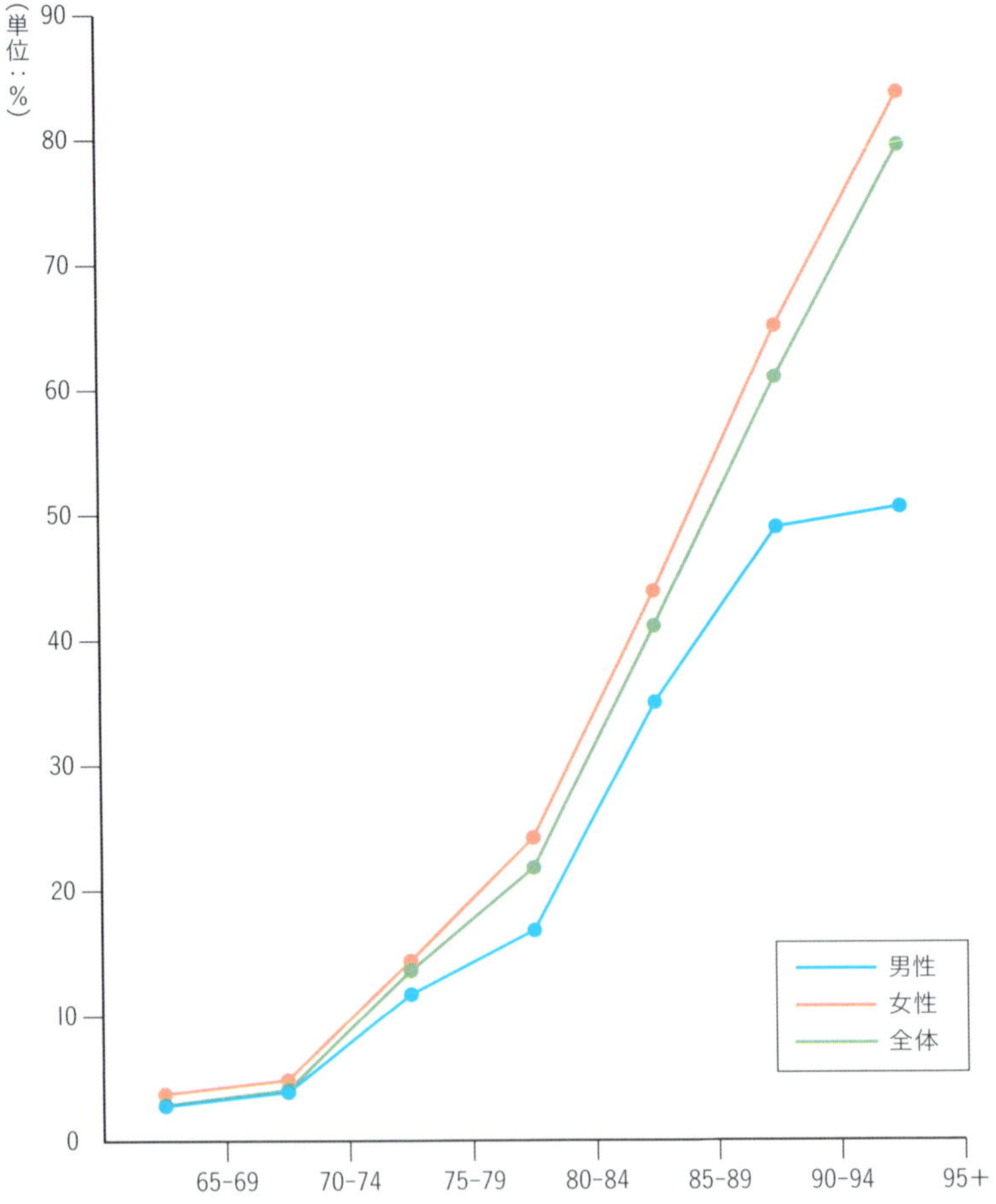

厚生労働科学研究費補助金　認知症対策総合研究事業
「都市部における認知症有病率と認知症の生活機能障害への対応」(平成21～24)
総合研究報告書より、認知症・虐待防止対策推進室にて数字を加筆
研究代表者　朝田隆(筑波大学医学医療系)

出典：首相官邸ホームページ「認知症年齢別有病率の推移等について」

く、判断能力がない人の契約行為は全て、無効になってしまう。もちろん、認知症になってからの相続対策も無効として扱われる。具体的には、次の法律行為ができなくなる。

・不動産の管理や修繕・売却
・預金口座の解約・振込み・引き出し
・生命保険の加入・請求
・子供・孫等への生前贈与
・遺言書の作成
・遺産分割協議への参加
・株主の場合は、議決権の行使

特に、遺言の有効性は、裁判になりやすい。訴えがあった場合、遺言が作成された時点の状況をみて、遺言作成者に正常な判断能力があったのかを確認し、裁判官が判断する。

医師の診断書がいつの時点から認知症を認めているかが重要なエビデンスとなるが、そう簡単ではない。法律の観点では、診断書も状況証拠のひとつの参考資料としての扱いなので、細心の注意が必要だ。

また、充分な相続対策をしていない状態で認知症を患った場合の対策として、成年後見制度の活用があるが、充分な対策にはならない。裁判所によって選任された成年後見人が、資産の管理や契約行為をすることができるが、そこまでだからだ。相続対策として必要な資産の積極的な運用まではできない。それは、法的に成年後見制度は本人の財産保護に主眼を置いているからだ。その結果、遺産分割対策や節税対策等、土地、建物を活用した相続対策は、成年後見人ではできない。

財産がある人は、準備期間の妥当性だけではなく、被相続人の判断の妥当性も担保しておく必要がある。そのために活用できる法的制度に、任意後見制度がある。この制度は、認知症等で判断能力が低下したときに備えて、事前に財産の管理を第三者に任せる契約をしておくことが可能となる。また、法定後見制度と異なり、本人の意思で選任した後見人が、財産の処分、運用も可能になる。それは、任意後見制度は誰を任意後見人に選ぶかも含め、何をどのように、どこまでの範囲で任せるのかといったことについても細かく決めておくことが可能だからだ。

もちろん、任意後見制度にも使い方によってはデメリットが生じる場合があるので、万全の方策ではないが、ここで重要なことは、何の手を打つこともなく、認知症を患ったり、急逝したりすることによる相続トラブルを招くことだけは許されない、ということだ。

相続対策を早い段階から開始することは、土地持ち、金持ちの人の義務だと言っても良い。

遺言書がないことが招く相続争い

ケース⑤　名義共有物件ばかりが増えていく

遺言書がないことで真っ先に始まる相続争いのひとつとして、どの物件を奪い合うかということが繰り広げられる。この争いが始まると、なかなか折り合うことはない。なぜなら、不動産は物理的に切り分けることができないからだ。「この部分は私」という具合に分筆することはできるが、どの部分を取るかというところは譲り合うことがないし、実際には地続きなので、分筆したとしても複雑に入り組んでいれば自由に建物を建てたり、売却したりすることはできない。

実際に、ある地域の大地主が、どの土地を誰に分けるという遺言書を用意しないまま亡くなったケースがある。何名かの相続人で遺産分割協議に入ったとき、先祖代々の土地を勝手に売られては困ると考えた相続人のひとりが、すべての土地を法定相続分の比率に応じて共有で相続することを提案し、相続事案に強い相続人が誰もいなかったので、「それは平等だ」ということで、すんなりと受け入れられた。

さて、そのあとが大変な事態になった。先祖代々の土地を残すことにあまり興味がない遺族のひとりが、売却しようとすると、自分の権利がある土地すべてが共有になっており、ひとりでも反対者がいたら自由に運用できないという事態に陥ったのだ。現金が必要なのに現金が作れない。近しい遺族ほど、そのあとの争いは泥沼化する。すべての土地を共有にした人の狙い通りになったのだ。

ケース⑥　仲良しだった家族が犬猿の仲になってしまう

長年、ある地域の中小企業として健全な経営を行ってきた会社があった。経営陣は父と息子が中心になっている典型的な家族型企業であった。創業者である父親は、将来は息子に会社を継がせるために、英才教育の一環として海外留学を含め、でき得る精一杯のことを行ってきた。そして、会社も順調だったのだが、突然創業者である父親が遺言書を作る間もなく亡くなった。遺族たちの悲しみは深かったが、会社の今後のことを考えると、相続動産の中でも株式については、後継者である息子に大半を譲るということになった。家族は、とても仲が良かったので誰も反対しなかった。

ところが、相続税納付も期限内に済ませた途端、息子は心のうちに秘めていたことを実行に移した。相続した株式をすべて売却して、会社は他人の手に渡ってしまったのだ。後日談だが、息子は受け継いだ会社の事業内容が好きになれず、資金を作った後は、自分のやりたいことを実行するということを、かなり前から心に決めていたのだ。

この事例の教訓は、創業者の死亡後の話をしたくない気持ちはわかるが、もし創業者の意向が、会社を代々引き継いでほしいことが先決なのであれば、そのために株式の持ち分をどのようにしてリスクを避けるか、すべては結果論だが、準備万端に対応すべきだったところはあったように思われる。

仲が良かった家族は、犬猿の仲となり、いまでも非難合戦が続いている。

第2章

相続対策、虎の巻

2-1 知っておくべき基本知識

相続税の納税期限は、あっという間にやってくる

土地オーナーの中には、「相続が発生したら土地を売って納税資金をつくればいい」と安易に考えている人もいるが、そう簡単ではない。相続税の申告は、「相続手続きの流れと期限」の図に示す通り、相続が発生した日の翌日から、10カ月以内の納付と決められているからだ。その間に実行すべき調査、資料作成、各種手続き、そして何よりも相続人同士の話し合い等々があり、10カ月はあっという間に過ぎ去っていく。主な動きを追っていく。

図表５　相続手続きの流れと期限

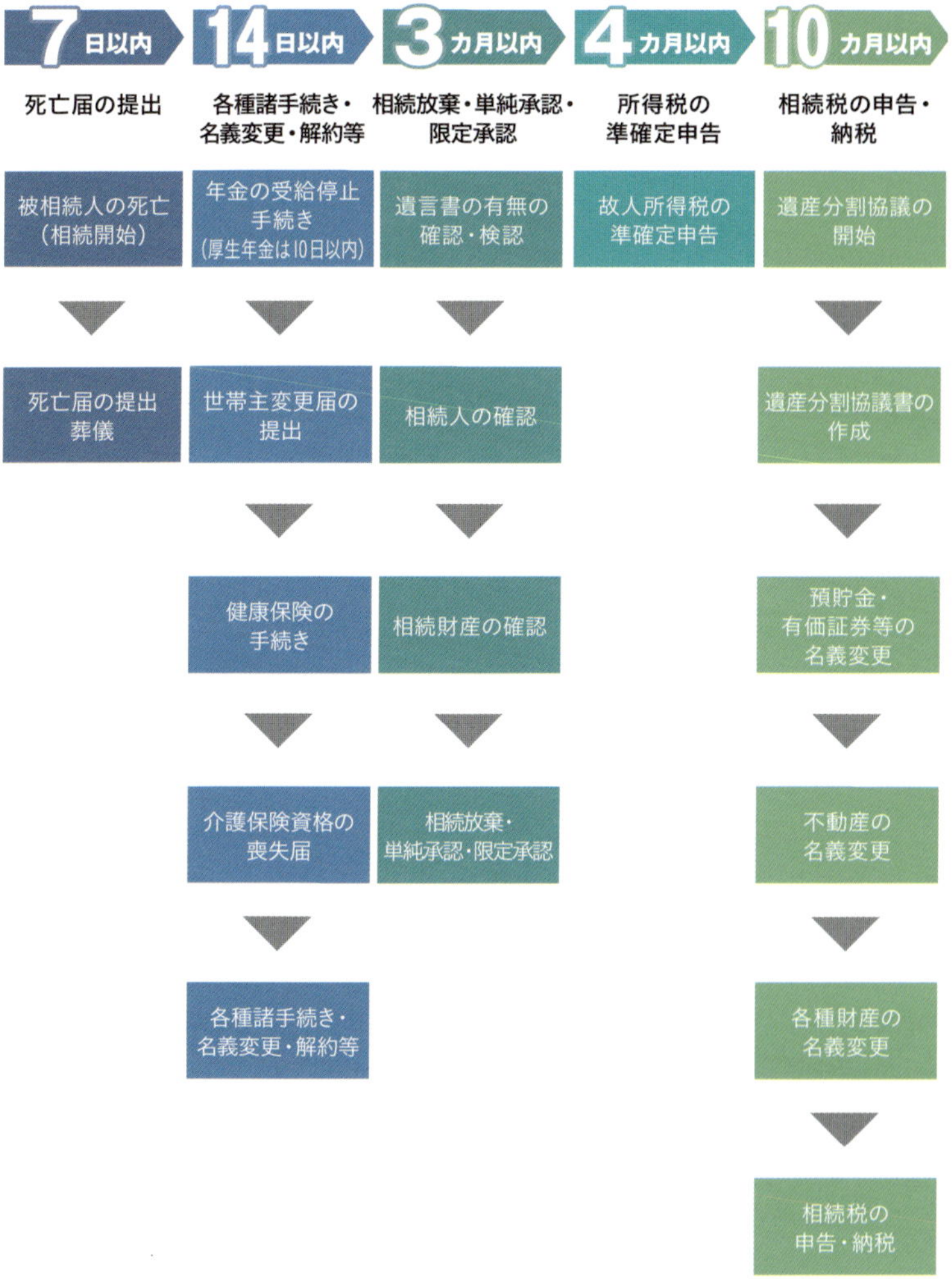
7日以内
死亡届の提出
被相続人の死亡（相続開始）
死亡届の提出 葬儀
14日以内
各種諸手続き・名義変更・解約等
年金の受給停止手続き（厚生年金は10日以内）
世帯主変更届の提出
健康保険の手続き
介護保険資格の喪失届
各種諸手続き・名義変更・解約等
3カ月以内
相続放棄・単純承認・限定承認
遺言書の有無の確認・検認
相続人の確認
相続財産の確認
相続放棄・単純承認・限定承認
4カ月以内
所得税の準確定申告
故人所得税の準確定申告
10カ月以内
相続税の申告・納税
遺産分割協議の開始
遺産分割協議書の作成
預貯金・有価証券等の名義変更
不動産の名義変更
各種財産の名義変更
相続税の申告・納税

7日以内の主な手続き

被相続人が死亡した日を相続発生日として、遺族は7日以内に医師の死亡診断書とともに「死亡届」を市区町村役場に提出する。この届け出がないと火葬や埋葬の許可が下りないからだ。また、被相続人が取引していた銀行等の金融機関にも「死亡届」を提出する。「死亡届」を提出すると口座は凍結され、遺産分割協議が終わるまで引き出せなくなる。これは、重要な手続きのひとつだ。

14日以内の主な手続き

被相続人が国民年金や厚生年金を受給していた場合、「年金受給権者死亡届」を提出する。但し、国民年金の手続きの期限は14日以内だが、厚生年金は10日以内という点は注意したい。また、被相続人がマイナンバーの登録をしていた場合は、「年金受給権者死亡届」の手続きを省略できる。

次に、残された世帯員が2人以上いるときは、「世帯主変更届」の市区町村役場への提出が必要になる。但し、次の世帯主が明白であるときは、その必要はない。例えば、残された世帯員が1人の場合や、15歳未満の子供と親権者のみの場合等だ。

また、国民健康保険や後期高齢者医療保険の資格喪失手続きも、14日以内に行わなければならない。なお、被相続人が介護保険被保険者証を所有していたときは、介護保険被保険者証の返却と「介護保険資格喪失届」の市区町村役場への提出が必要となる。

その他、公共料金等の名義変更や解約も同様となる。

3カ月以内の主な手続き

葬儀、各種諸手続き、名義変更、解約等と並行して、遺言書の有無を確認することが重要となる。同時に、相続人及び相続財産の確認を行い、相続の具体的な手続きに入る。相続税の申告及び納付期限は、10カ月後だが、その前にしておかなければならない判断がある。

それは、借金等負債のほうが財産よりも多い場合、相続放棄ができるのだが、この意思表示は、相続開始を知った日から3カ月以内に家庭裁判所に申述する必要があるということだ。但し、財産も含めて一切放棄することが条件となるので、要注意だ。

一般的には、負債も財産もすべてを無条件に受け入れる単純承認となる。しかし、あとになって、次から次へと負債が見つかり、財産よりも負債のほうが多かった、という事態になっても受け入れることが必要になる。そのリスクを回避するため、限定承認という方法もある。相続したプラス財産以上の負債を受け入れる必要がない、という方法で、相続放棄同様、3カ月以内に家庭裁判所に申述する必要がある。いいとこどりのように見えるかもしれないが、相続人全員の承認を必要としたり、手続きがとても煩雑だったり、その他のデメリットもあるので、よく調べた上でそれなりの覚悟で決断する必要がある。

4カ月以内の主な手続き

確定申告は通常、3月15日までに前年分の所得の確定申告を行うが、被相続人の確定申告は、死亡した年の1月1日から死亡日までの期間の所得に対して、相続開始を知った日の翌日から4カ月以内に、相続人が行わなければならない。これを準確定申告という。

10カ月以内の主な手続き

いままで説明した諸手続きと並行して、法定相続人と相続財産の確定を行う。遺言書がない場合、遺言以外の内容で遺産を分割する場合は、法定相続人全員で遺産分割の協議を行う。内容がまとまり次第、遺産分割協議書を作成する。

既述の通り、相続開始を知った日の翌日から10カ月以内に、相続人全員が相続税の申告・納税をしなければならない。なお、申告・納税の時点で、不動産、預貯金、有価証券等各種財産の名義を変更しておかなければならない。また、現金以外の納税や延納を選択する場合も同様に、10カ月以内が申告期限となる。

それ以降の主な手続き

「相続手続きの流れと期限」の図には記載していないが、その他、遺留分侵害額の請求の期限は、死亡日または相続開始を知った日から1年以内となる。但し、第3順位者である被相続人の兄弟姉妹には、この権利はない。遺留分侵害額の請求とは、民法上で法定相続人が最低限取得できる一定割合の相続財産を主張する権利を指す。

なお、税務調査は全員に入ることはないが、一般的に20～25％ぐらいは入ると言われている。税務調査員の定期異動が7月に行われるので、申告・納付の翌年、もしくは翌々年の夏から秋にかけて税務調査をされることが多い。つまり、被相続人の死亡から3年以内に税務調査の可能性があると考えておくべきである。

申告・納付期限に遅れるとどうなるのか

万一、延納申告をせず、納税期限が過ぎてしまうと、かなりの罰金が課されたり、配偶者の税額軽減や小規模宅地等の特例が使えなくなったりするといった問題が発生するので注意が必要だ。詳しく見ていこう。

ペナルティーとしての罰金には、３つある。

一　無申告加算税
二　延滞税
三　重加算税

無申告加算税とは、10カ月と定められた納付期限内に申告をしなかった場合に課せられる税金だ。納付すべき税額に対して50万円までは15％、50万円超３００万円以下の部分には20％、３００万円超の部分には30％の税金を上乗せして払うことになる。例えば、納付すべき税額が１０００万円だったとすると、（50万円×15％）＋（２５０万円×20％）＋（７００万円×30％）が無申告加算税になるので、２６７万５０００円を罰金として余分に支払うことになる。

但し、税務調査の通知前に自主申告をした場合の税率は5％に減額され、さらに申告期限から1カ月以内に申告を済ませるなどの要件を満たせば課税されない。

少し複雑だが、税務署からの税務調査通知後、実際に調査が着手されるまでに申告をした場合は、50万円までは10％、50万円を超え３００万円までの部分は15％、３００万円を超える部分は25％となっている。

税務調査を実際に受ける事態になった場合が、最も重い罰金が課せられるので、要注意だ。なお、申告期限を過ぎると「小規模宅地等の特例」等、有利な特例の適用も受けられなくなることも忘れてはいけない。

延滞税とは、納税を延滞した場合に課せられる税金だ。延滞税の税率は、次のように定められている。

納付期限の翌日から2カ月以内　・・・年7・3％
2カ月を経過した日以降　・・・年14・6％

高い利息を払わされる、と考えるべきだろう。

重加算税とは、隠蔽《いんぺい》や偽装等意図的に相続税の申告を操作したと判断された場合に課せられる税金だ。この税率はとても重く、次のように定められている。

申告・納付はしたが、意図的に相続税を少なく申告していた場合・・・35％
申告も納付もせず、意図的に相続税から逃れようとした場合・・・40％
平成29（２０１７）年1月1日以降で、過去5年以内に相続税の無申告加算税や重加算税が課せられたことがある場合・・・10％を加算

読者のみなさんがこのような不適切な対応をすることはないと考えるが、相続対策が後手を踏み、しっかりと準備されていなければ、相続人による相続争いが泥沼化し、10カ月

の申告及び納付期限があっという間に過ぎ去ってしまうということは、往々にしてある。やはり、相続対策を早期にしっかりと始めることが大切になってくる。

相続人になるのは誰か

相続では、亡くなった人を被相続人、財産を受け取る人を相続人と呼ぶ。相続人の範囲は民法で定められており、法定相続人と呼ぶ。主に、次の4つに分類される。

・常に相続人／被相続人の配偶者
・第1順位者／被相続人の子供、代襲相続人（直系卑属）
・第2順位者／被相続人の父母、祖父母（直系尊属）
・第3順位者／被相続人の兄弟姉妹、代襲相続人（傍系血族）

この4つの立場の人が全員、法定相続人になるわけではない。基本は、配偶者と第1順位者が法定相続人になる。配偶者が既に死亡している場合は、第1順位者のみが法定相続人になる。

複雑になってくるのは、第1順位者である子供が既に死亡している場合である。その場合、「法定相続人関係図」（73ページ、図表6参照）の通り、代襲相続人である孫が法定相続人となる。例えば、子供が長男と次男の2人いて、次男が死亡し長男が存命の場合、法定相続人は配偶者、長男、次男の子供ということになる。次男に子供が2人いる場合、次男の法定相続分を2人で分割することになる。なお、元配偶者との子供は第1順位者として認められ、代襲も同様の考え方が適用される。

第1順位者の法定相続人が誰もいない場合には、第2順位者に権利が移る。配偶者がいてもいなくても同じ。但し、第2順位者の場合、被相続人の父母のどちらかが死亡していても、死亡した側の祖父母に権利が移ることはない。祖父母は代襲ではないからだ。あくまでも祖父母に移る場合は、父母のどちらも死亡している場合に限る。

第2順位者の法定相続人も誰もいない場合には、第3順位者に権利が移る。兄弟姉妹が亡くなっている場合や相続権を失っている場合には、第1順位者の場合と同様に、その子供である甥や姪が、代襲相続人として法定相続人になる。

配偶者、第3順位者、遺言で指定する相続人、そして特別縁故者（被相続人と特別親しい関係にあったことを理由に、法定相続人がいないときに遺産を取得できる人を指す）の誰もいない場合には、民法の「相続人不存在」の規定が適用され、財産は最終的に国庫に帰属することになる。

更に複雑な事例についても、参考までに列挙しておく。

・事実婚や元配偶者は認められない。
・認知した子供は、第1順位者と同等の扱いを受ける。
・養子は第1順位者と同等の扱いとなるが、相続税の計算上、被相続人の養子の数には制限があるので注意が必要となる。また、代襲の扱いについては、養子縁組の前に生

図表6　法定相続人関係図

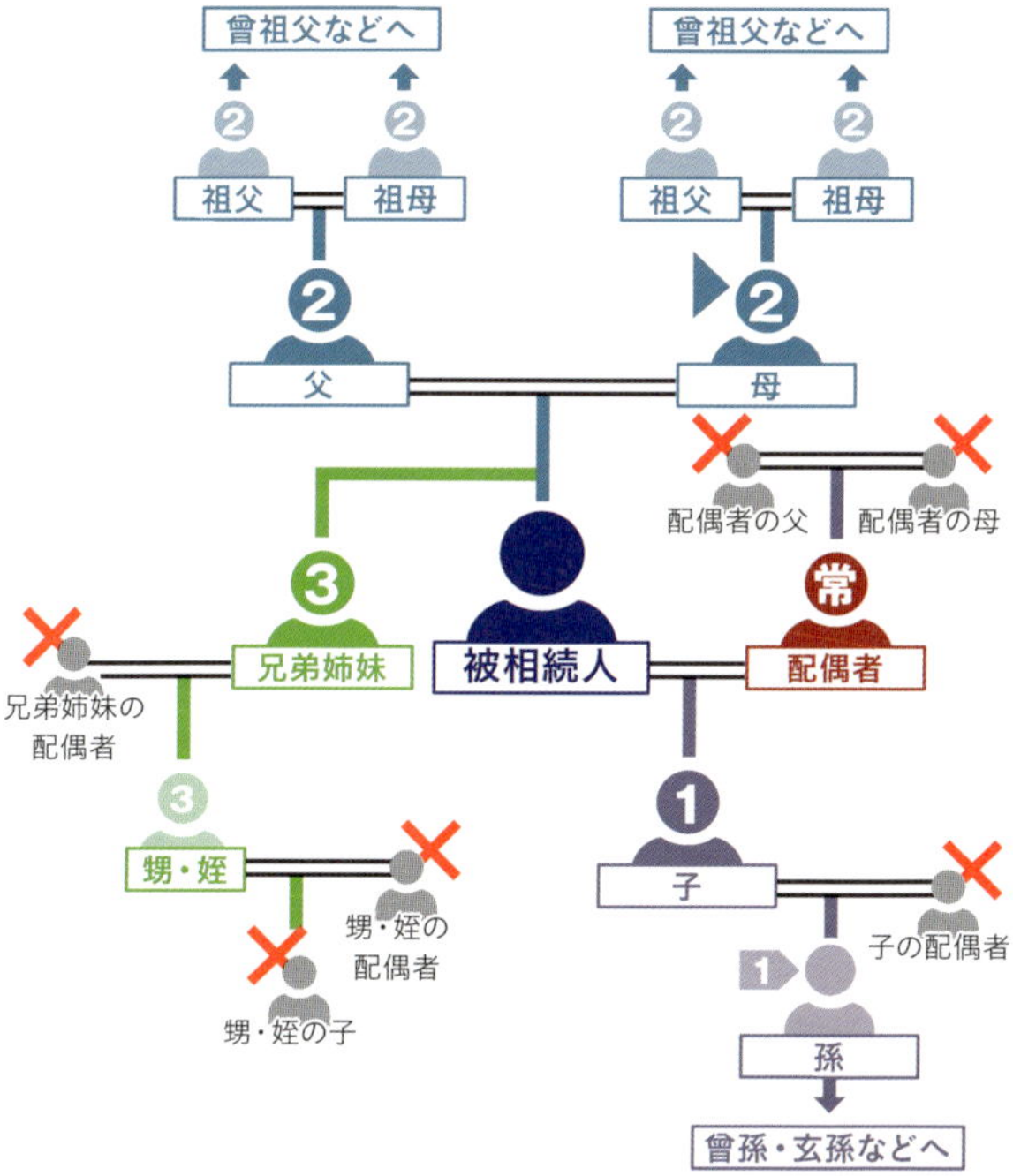

法定相続人の考え方

1 最優先相続人
（1の流れの該当者が一人でもいれば、２以降はなし）

常 ＋ 1　※詳しくは本文記載

2 1or1の流れが誰もいない場合のみ

常 ＋ 2　※詳しくは本文記載

3 2or2の流れさえ誰もいない場合のみ

常 ＋ 3　※詳しくは本文記載

※配偶者死亡の場合、他該当相続人で分割

相続分割簡易計算

1 の場合、配偶者1/2、他1/2
2 の場合、配偶者2/3、他1/3
3 の場合、配偶者3/4、他1/4

※残りを他対象者で分割
※子２名で弟１名死亡（弟孫２名）
　→兄1/4、弟孫各々1/8
※子２名で両方死亡（兄孫１名と弟孫２名）
　→兄孫1/4、弟孫各々1/8

まれた子供は対象にならない。

・相続開始時に胎児として既に母親のお腹の中にいる場合、民法第８８６条に、次のように書かれている。なお、医学的に、受精後第８週（胎齢８週）から、胎芽（胚子）は胎児と呼ばれるようになる。

1．胎児は、相続については、既に生まれたものとみなす。

2．前項の規定は、胎児が死体で生まれたときは、適用しない。

以上のように、法定相続人規定は複雑ではあるが、「法定相続人関係図」をよく見ることで把握しておくことは必要だ。

相続分割はどのように計算するのか

相続分割をシンプルに考えたい場合、次のような考え方がわかりやすい。

まず、遺言があれば遺言の分割内容が優先される。但し、法定相続人の遺留分を侵害している場合は、その分の権利を請求できる。遺留分とは、遺言があっても法定相続人の権利を奪うことができない取り分のことを意味する。遺留分の目安は、法定相続分の半分である。

そして、遺言がなければ、法定相続分がそのまま適用される。

以上のことさえ捉えておけば、よほど複雑なことにならない限り大筋は理解できる。

次に、法定相続分について、まとめておく。

配偶者がいる場合は、「法定相続人関係図」の通り、一緒に相続する相手が誰かによって、配偶者の比率が違うので要注意だ。例えば、第1順位者（被相続人の子供）が相手の場合、「2分の1」だが、第1も第2もいなくて第3順位者（被相続人の兄弟姉妹）が相手の場合、「4分の3」が配偶者の相続権利となる。

また、子供の分割は、2人以上になった場合、子供の割り当て比率を人数分で比例配分する。例えば、相続人たる子供が10人いたとすると、配偶者は2分の1、子供は2分の1

を10人で分割するので、それぞれ20分の1の配分となる。第2、第3も同様の計算となる。

なお、配偶者が死亡している場合は、残りの法定相続人が均等分割することになる。遺留分の法定相続分も、基本的には、「法定相続人関係図」の分割比率の通りに配分するのだが、ひとつだけ注意点がある。それは、遺留分に第3順位者である兄弟姉妹は該当しないということだ。

そもそも財産はどれぐらいあるのか

相続対策の準備をしない限り、相続税の対象財産額を正確に把握している人はいないだろう。しかし、そのような状態であろうと、被相続人が死亡すれば、否応なく納税のための計算を正確にしなければならなくなる。もちろん、専門的な計算領域になるので、相続人本人が計算することはなく、プロの税理士に依頼することになる。

相続対策で問題になってくるのは、その計算の難しさや面倒臭さではなく、相続対象財産を把握し、財産総額と現金バランスを上手くコントロールし、**安易な節税対策**ではなく、**しっかりと設計した相続対策**により相続人に充分な財産を残すような準備を怠っていた場合だ。実際に莫大な納税現金が必要なのに、土地や建物の売却が上手く行かず現金が作れなかったりすると、遺族は大変苦労する。

それだけで済めば良いが、そのような状態に重ねて、遺産相続争いが勃発しようものなら、泥沼化しかねない。

そのような悲惨な事態を避けるためにも、相続対策の第一歩として、財産の把握は大切だ。

一般的に、相続財産は、現金、預貯金、貸付金、有価証券、宝石、美術品、土地、建物等のほか、知的財産権としての特許権、商標権、著作権等金銭に見積もることができる経済的価値のあるすべてのものを言う（第1章の「相続財産一覧表」を参照）。物や権利等の相続財産については、それぞれの相続税における財産評価計算方法に基づき評価しておく必要がある。

この中でも、相続財産の主役になるのは、土地と建物になる。その理由として、富裕層の大半が土地や建物を所有していることもあるが、一般的に財産額が大きく、しかも市場評価額よりも相続評価額が低く、マイナスの相続財産も作りやすいので、相続税を大胆に抑えることが可能になるからだ。もちろん、土地や建物が全く売れず、買い叩かれているうちに相続評価額を下回ることもあるので、一概には言えないことも添えておく。

財産の把握で、もうひとつ大切なことがある。

それは、現金と非現金のバランスだ。財産の総額を把握したとしても、バランスが悪ければ、納税に大変な苦労が伴うのは相続人だ。極論を言えば、現金財産が0円、非現金財産としての土地と建物の相続評価額が10億円とすると、少なくとも1~2億円の納税額が必要となる。相続税納付は原則現金一括なので、現金の持ち合わせがなければ、納付期限までに土地と建物を売却により現金化するか、もしくは、資産を担保に借入してでも現金化する必要がある。もしできなければ、最悪、物納の処置を取らざるを得なくなる。物納は、相続税評価額で計算されるので、相続人にとって相当な不利益を被ることになりやすい。

相続対策の事前準備を早期から開始し、納税相当額の現金を財産として事前に用意しておく用意周到さが被相続人にあれば、最後まで遺族想いの人間的に素晴らしい人だったという評価が永遠に残ることになるだろう。

土地と建物はどのように評価額を計算するのか

土地の相続税評価額の計算方式は、2つある。

路線価方式　相続税評価額＝路線価×土地の面積（×補正率）

倍率方式　相続税評価額＝固定資産税評価額×エリアごとの倍率

但し、どちらかを選択できるのではなく、路線価が設定されていないエリアの場合のみ倍率方式を採用する。賃貸マンションや何らかの建物を建てることができるエリアは、ほとんどが路線価方式と考えて良い。

ここでややこしいのは、このほかに公示価格というものがあることだ。みなさんは、路線価と公示価格の違いを明確に説明できるだろうか？　専門家が間違えることはないが、一般的には、曖昧に知っている人が多いのではないだろうか。

路線価は国税庁が定め、公示価格は国土交通省が定める。このように併記するとわかりやすいかもしれない。つまり、路線価は相続税の計算のために使われる価値基準であり、公示価格はビジネス取引の計算のために使われる価値基準ということになる。但し、同額ではない。おおよそは、公示価格の約８割が路線価だと考えて良い。その理由は、意外にも相続税を払いやすくするために低く設定しているのだ。

この差分があるからこそ、上限いっぱいに借金をしても、賃貸マンション等の運用で失敗しない限り、上手く節税対策ができるひとつの根拠になっている。

相続対策に取り組み始めたときに、真っ先に行うことは、所有する土地の路線価を調べ相続税評価額がどれくらいになり、市場で取り引きされている価値と比べて、どれぐらいの差分があるかを調べることになる。

なお、インターネットが普及した現代は、路線価も公示価格も簡単に調べられるようになった。路線価は、国税庁のホームページに掲載されている「財産評価基準書路線価図・評価倍率表」（https://www.rosenka.nta.go.jp/index.htm）が大いに役立つ。公示価格は、国土交通省の「国土交通省地価公示・都道府県地価調査」（https://www.reinfolib.mlit.go.jp/landPrices）で調べれば、すぐにわかる。

なお、アパートやマンションのような賃貸用の建物を建てた土地を貸家建付地と言う。第三者が使用する建物が建っている土地は、自由に活用することができなくなり、その分、評価額が下がるので相続税額を節税することが可能となる。建築した家屋は、戸建て、集合住宅、貸し店舗、いずれも適用される。

計算式は、次の通り。

貸家建付地の評価額＝

土地の評価額－（土地の評価額×借地権割合30～90％×借家権割合30％×賃貸割合）

ここで重要なことは、**賃貸割合が計算式に入っている**ことだ。賃貸割合とは、相続税が課税されるタイミング（一般的には、1カ月前後の幅は考慮される）で、貸し出されている部屋の床面積の割合を言う。例えば、貸し出している部屋がA25㎡、B50㎡、C75㎡の3部屋とする。AとBが貸し出し中で、Cが空室とすると、賃貸割合は、3部屋分の2部屋で67％と計算するのではなく、１５０㎡分の75㎡で50％と計算する。この数字を使って、具体的に貸家建付地の評価額を計算してみよう。土地の評価額を1億円、借地権割合を60％、借家権割合を30％（一律同じ）とした場合、賃貸割合が50％と１００％で、どれほどの評価額の違いが出るかを計算する。

賃貸割合50％の場合

1億円－（1億円×60％×30％×50％）＝9100万円

賃貸割合100％の場合

1億円－（1億円×60％×30％×100％）＝8200万円

その差は、900万円となる。つまり、満室になっていると相続税が多く軽減され、空室が多いと不利になるのだ。

相続対策として、とにかく借金をして賃貸マンションを建設すれば良い、と勧める建設会社や関係者が多いが、建てた後のマンション経営、特に入居率に目を向けることも重要だということを、この計算式は物語っている。

不動産以外の財産評価額計算はどうするのか

民法第86条で「不動産以外の物は、すべて動産とする」と定められている。つまり、株券、ゴルフ会員権、宝石、美術品、身近なところでは、テレビや自動車に至るまで、すべて動産という。

動産の評価額計算は、原則、流通市場の実勢価格（＝調達価格）を基準とすることになっている。しかし、すべての動産の実勢価格がわかるものでもない。特に、株券やゴルフ会員権のような権利以外の動産は、ほとんどが中古なので、中古流通の実勢価格を評価するのは、あまりに現実的ではない。したがって、次のような基本の計算式を用意しているので、ご参考までに確認していただきたい。

動産の評価額＝小売価額－償却費の額の合計額又は減価の額

2019年（約40年ぶり）の相続法改正のポイントを押さえる

日本には、相続法という法律は存在しないので、正確には民法の中の相続に関する法律が改正された、と表現しなければならないが、私たち国民の大半はそのようなことよりも、どのような時代背景のもと、どのように相続関連法律（以下、相続法という）が改正されたのか、というポイントのほうが重要だ。

今回の相続法は、約40年ぶりに改正された。この間、平均寿命が延び、少子高齢化が加速した。また、高齢者の離婚、再婚や夫婦共働きの増加等、社会背景は大幅に変化した。それに伴い、相続のあり方も大きく変化し続けたが、旧法ではなかなか対応できなかった。そのような背景があり、必然的に改正されたと言っていい。覚えておくべきポイントがいくつかあるので、それらをできる限りわかりやすく紹介したい。

配偶者居住権

配偶者居住権とは、簡単に言えば、被相続人が所有していた建物に配偶者が住んでいた場合（自宅で一緒に住んでいればよくあるケース）、被相続人の死亡後も配偶者が住み続けられる権利となる。

旧来の法律は、配偶者居住権というものがなかったので驚きだ。その結果、既に実家から出て行った配偶者以外の相続人、例えば子供たちが、そのとき配偶者が居住している実家を相続した場合、自分たちは住んでいない家だから「早く現金化してしまえ」となり、配偶者が住む場所を失う、という事案はかなり多く、社会的な問題になっていた。配偶者にとって、一安心の改正だ。

自宅の生前贈与が特別受益の対象外

相続税法（この法律は存在する）と民法の相続関連法律（俗に言う相続法）が噛み合って

いなかった代表例のようなものが、これに該当する。

相続税法では、婚姻期間が20年以上の夫婦間で生前に自宅等の居住用不動産（又はそれを取得するための金銭）を贈与した場合、最高２０００万円（基礎控除と合わせると２１１０万円）まで贈与税がかからないという特例があり、相続開始前3年以内であっても相続税の生前贈与加算の対象にはならないとされている。ところが、改正前の民法では、相続人間の遺産分割で相続分を計算する際に、その生前贈与は遺産の前渡し（特別受益）と考えて相続財産に加算することになっていた。

しかし、これでは配偶者に対する自宅以外の預貯金等の財産配分が少なくなり、遺された配偶者が生活に困窮する恐れもあることから、相続税法に合わせるかたちで、自宅の生前贈与が特別受益の対象外となったのだ。

遺言書の作成・管理が、より簡便に

テレビドラマ等で被相続人が亡くなった後、弁護士が相続人を集めて、遺言書の公開を行うシーンがよく出てくるが、いままでは必ず自筆の遺言書でなければならなかった。このことはよく知られているが、財産目録等の一覧表に至るまで自筆で書かなければならなかった、ということまで知っていた人は少ないだろう。自筆のほうが間違えやすいし、何と言っても財産が多いほど時間が相当掛かり、かなり不評な法律であった。

それが、約40年ぶりの改正で、財産目録等の一覧表はパソコンで作成したものでも可能となり、預貯金に関しては通帳のコピー添付が認められた。

また、遺言書は公的機関で保管することができず、自宅保管が一般的だったのだが、紛失や書き換えられるリスクが多かった。２０１９年の改正で、ようやく自筆証書遺言を法務局で保管することが可能になったのだ。

ＩＴ時代になっても時代にそぐわない〝化石法律〟が相当数残っていることが多い日本だが、少し前進したと言える。

被相続人の介護や看病で貢献した親族は金銭要求が可能に

被相続人の介護や看病は、相続人、つまり配偶者や子供たちが行うかというと、どうやら世間は、そのようなケースばかりではないようだ。相続人ではない親族が面倒を見ていることもよくある。もちろん、配偶者はすでに死亡しており、子供たちはみな実家を出て遠方に住んでおり、近くに住む親族が面倒を見ざるを得ない、ということも多いだろう。最初は好意で面倒を見ていても、人間の気持ちというのはわからないもので、被相続人が亡くなり、いざ相続という段階になると、「亡くなった被相続人の財産を、ただ相続人というだけで相続するのは、あまりにも理不尽だ。ずっと面倒を見てきた私たちのほうにこそ相続の権利があってもおかしくない」と感情的になる人は少なくない。

約40年ぶりの改正で、こうした不公平を解消するため、相続人ではない親族も、無償で被相続人の介護や看病に貢献し、被相続人の財産の維持または増加について特別の寄与をした場合、相続人に対して金銭の請求ができるようになった。日本も柔軟な対応が少しはできるようになってきたのではないだろうか。

２０２３年の相続法改正のポイントを押さえる

２０１９年に、約40年ぶりの相続法改正がなされてから間もなく、２０２３年にも相続法の改正がなされ、２０２４年１月１日から、贈与税、相続税に関する法律が大きく変わった。すべてを紹介するわけにはいかないが、その中で、とても身近な内容があるので、そのポイントを紹介したい。少し難しい内容も含むが、重要なことなので何度も読み返していただきたい。

それは、生前贈与に関することだ。この法律は意外に難しく、正しく理解している人が少ないと言われている。多くの人の理解は、「毎年１１０万円以内で子供たちに生前贈与をしていれば、その分は相続税から除外されるのでしょう？」という程度だ。

しかし、そのようなことはない。

ポイント①生前贈与加算の加算期間の延長

生前贈与は、贈与する相手1人につき、年間１１０万円までは贈与税が非課税（但し、１１０万円を超える分については、２００万円以下まで10%、３００万円以下まで15%等の贈与税がかかる）になる。このことはよく知られているのだが、贈与している側が亡くなった場合、死亡日から3年前までの期間に贈与した財産は全額相続財産として相続税が加算されることになっている。この課税方法を「暦年課税」と呼び、それほど知られていない（相続対策の準備が始まると否が応でも知ることになるので、そういう意味においても早期の対策準備は重要と言える）。

その**加算期間が、7年に延長**されることになったのだ（２０２４年1月1日以降）。相続対策の早期重要性は、ますます高まったと言える。

ポイント②相続時精算課税制度の見直し

一方、生前贈与には、「暦年課税」方式以外に、「相続時精算課税」方式がある。累計２５００万円までは贈与税が非課税（累計２５００万円を超える部分には一律20％の贈与税が課税される／対象は、18歳以上の直系卑属）となる方式だ。従来の法律では、その非課税の部分が、贈与した人が亡くなると相続財産に加算され、相続税が発生していた。それが、今回の法改正で、「相続時精算課税」で贈与した場合に、年間１１０万円までは贈与税に加え相続税も非課税となったのだ。つまり、年間１１０万円までの贈与は、贈与税も相続税も全額非課税となり、その分の申告も不要となった。なお、課税方法を「暦年課税」から「相続時精算課税」に変えることは可能だが、「相続時精算課税」を選択後に、「暦年課税」に戻すことはできない。この点は要注意だ。

どちらの方式で生前贈与することが良いのかは、実際にはさすがに専門家に相談しながら決めていただきたいが、以上の重要な法改正は、是非とも知っておいていただきたい内容だ。

なお、生前贈与加算が適用されるのは、相続や遺言書で財産を取得した人だけというポイントも押さえておいていただきたい。つまり、通常相続で財産を取得しない人、例えば、孫等に「暦年課税」方式で生前贈与を与え続けても、孫が**相続や遺言書で財産を取得しない限り、生前贈与で与えた財産は相続財産の対象にはならない。**合わせて、覚えておいていただきたい。

2-2 賢く相続対策するために知っておいたら役立つ知識

ここで紹介するとても大切な役立つ知識は、すべて専門家のアドバイスが必要な深く複雑な内容を含んでいるので、本文を読んだだけでわかったと思わないようにしていただきたいが、表面的であっても知識として知らなければ検討すらできないので、そういう意味でもいくつかを紹介したい。

なお、これらの知識が役立つかどうかは、相続対策を早期に始めて、じっくりと取り組むことが大前提であることを、繰り返しになるが伝えておく。また、専門家の選び方も慎重になってほしい。専門的な知識を持っているのと、専門的な知識を使って依頼者となるみなさんの考えていることを実現しようと知恵を出すのとは、天と地ほど違う。みなさんが何をしたいのか、ということを真剣にヒアリングする姿勢で臨む専門家を選ぶようにしてほしい。

資産管理の法人化を上手く活用する

相続対策として、資産管理会社を設立することで節税に役立つということは、一般的に認識されているが、具体的にどのような仕組みなのか、メリット、デメリットは何か、ということについて**詳しく学び、充分かつ具体的な活用方法を知っておくことは大切**だ。但し、実際に資産管理会社を設立する際は、専門家のサポートを必要とすることは言うまでもない。

資産管理会社のスキームとしては、3つある。

一　不動産所有方式

オーナー所有の不動産を資産管理会社に売却し、会社が不動産を運用する
なお、建物と土地の両方の売却ではなく建物のみを売却するケースもある
移転コストを抑える、借地権優遇で相続税額の減額等を考慮する場合だ

二　資産委託方式

オーナー所有の不動産を資産管理会社に任せ、管理業務（賃料の徴収・清掃等）を委託し、個人オーナーから物件管理料を支払う

三　サブリース方式

オーナー所有の不動産を資産管理会社が一括で借上げ、オーナーは家賃収入を得る。委託方式より多くの所得を移転できるが、空室や賃料下落等によって転貸借に逆ザヤが発生した場合の資産管理会社のリスクも考慮しておく必要有り

本書では、節税効果のメリットが多いとされ、広く活用されている不動産所有方式について、詳しく解説していきたい。なお、資産委託方式、サブリース方式について興味があ

る人は、専門家に尋ねていただきたい。
不動産所有方式のメリットは、少なくとも5つある。

一　相続税負担の軽減
相続税額を高くする不動産が対象外となるので、相続税率の高騰を防げる
その分、管理会社の株式が課税対象となるが、一般的に負担は低いとされる

二　相続人の納税資金準備サポート
相続人を管理会社役員とし報酬を支払うことで、家賃収入等の収益を相続税納付のための資金として準備することが可能

三　スムーズな遺産分割
不動産相続の大きなデメリットに、不動産の分割や共有という問題がある
管理会社の株式相続であれば、相続分に応じて按分することが可能

四　楽な相続手続き

不動産の登記（名義変更）と手続きは、煩雑さとそれなりの費用を伴う

株式分割は、それほど煩雑ではなく、遺族間の相続交渉リスクも軽減される

五　法人としての利便性の活用

個人の生命保険料控除の上限額に比べ法人は遥かに融通が利きやすい

その他、法人としての活動上の経費控除等、優遇されている

ここまで多くのメリットを並べたが、もちろんデメリットもある。例えば、個人では負担しないであろう経営コスト、赤字であっても支払う法人住民税等税金、等々。したがって、前述した通り、**資産管理会社を設立するときは、信頼できる専門家のアドバイスとともに**進めていただきたい。

家族信託を有効的に活用する

財産が高額の場合、法人化の有効活用について説明したが、それほど高額ではない場合は、家族信託を有効的に活用する方法がある。

家族信託は、財産を持つ人（委託者）が元気なうちに子供や親族（受託者）に財産を移転（信託）し、信託による利益を受ける人（受益者）のために、運用方法や処分方法を託すことができる制度だ。受益者は信託を受けた方法以外の処分を行ってはいけないので、委託者の意思を確実に実現することができるようになる。但し、家族信託は節税対策ではないので、その点は理解しておく必要がある。

例えば、財産を持つ父親が、認知症の初期症状が出ている奥様の行く末を心配し、「私が死んだあとは、自宅を売却した資金でお母さんを高級な優良老人ホームに入れてあげてくれよ」と子供たちにいくらお願いしたとしても、母親の認知症をいいことに、約束を守らないばかりか、財産分与の母親の権利も侵害することが、現実的に少なくない。

家族信託をしていれば、それらの不安が解消されるのだ。

家族信託のことについてわかりやすく書くために、細かな部分は省いているので、実際には、信託銀行等といった専門家の意見を聞きながら対応していただきたいが、家族信託という制度があるということが伝わったなら、本書の目的は果たしたと言える。

複雑に権利が絡む土地を整理しておく

相続税納付のための現金化が急務になり、土地を処分しようとしたところ名義人が複雑に絡み合って、短時間で処分できない、という事態はよくある。将来の被相続人として、配偶者や子供たち相続人の間に起こるかもしれない紛争の種を残しておくことは、できる限り避けたい。特に、相続税納付期限内に解決しようとしても、どうしても時間が掛かってしまうことを事前に整理していなければ、トラブル間違いなしだ。その代表格は、複雑に権利が絡む土地だろう。

複雑な権利を整理するのは、もつれた糸をほぐすように一筋縄ではいかない。オーソドックスだが、着実な解決策は権利者の持ち分を計算し、その比率に合わせて、それぞれの名義の土地に分筆し直す方法、いわゆる再分筆になる。但し、各権利者の思惑は違うので、相応の時間と粘り強い交渉が必要になる。

だからこそ、不動産が絡む相続対策は早期取り組みに限るのだ。複雑に権利が絡む土地を整理しておくことの重要性を知っておいていただきたい。

第3章

最良の選択

3-1

相続対策に強い信和グループ

相続準備の本当の意味

第1章、第2章に目を通した後、この第3章に入った方は、既に相当な相続知識を身に付けていることだろう。そして、適切な判断ができるレベルになっているのではないだろうか？

本章は、相続の知識を得るのではなく、相続を上手く準備、運用するための実践編として捉えてほしい。一言で表現するなら、**「最良の選択」**の道標が本章の役割となる。

これまでも書いたが、相続を上手く準備、運用するためには、専門家の協力が必要となる。それら専門家たちの中でも、**「最良の選択」**が求められるのは、土地及び建物運用を実施する専門家であることは間違いない。その理由は、相続財産は相続準備の段階で確定するのではなく、相続準備から相続の実施までそれなりの長い時間があり、その間の土地及び建物の運用次第で、財産価値が大幅に増減するからだ。

ここに、「相続対策はなるべく早めが良い！」という本当の理由が隠されている。つまり、相続対策とは相続財産をどのように分配し節税するのか、という受身的なものではなく、引き継がれる家族の財産を**どのように形を整えながら増やしていくのか**、という能動的なものとして捉えるべきなのだ。

言い換えれば、相続準備を始めてから、被相続人はより溌剌《はつらつ》となり、**第二の刺激的な人生**がスタートすると考えて良い。

土地にも建物にも強いオールラウンド企業

私たちが本書を著した理由は、ここにある。目指す企業像は、お客様に寄り添うことを第一に考え、土地にも建物にも強いオールラウンド企業として成長してきたからだ。

お客様に寄り添うとは、書くのは簡単だが、実践するためには相応の努力と工夫を伴う。まず、お客様の考えていることを共有し、お客様のご要望を最大限に実現しなければならない。と同時に、お客様の不安、不満、不信を常時キャッチし、しっかりと受け止めた上で、専門家として寄り添う必要がある。

みなさんにとっては、釈迦に説法的な話になるかもしれないが、相続準備のためとは言え、建物を建てるというのはとても高価な買い物になる。節税のためとは言え、億単位、十億単位の借金もしなければならない。そのようなお客様の真剣なチャレンジに応えるために、社員一人ひとりがお客様の目線に立ちながら、専門家としての提案やアドバイスを繰り返し、お客様のご要望を最大限叶えるようにしてきた。その結果、ゼネコン部門、ディベロッパー部門、事業部門等を総合的に連携できるオールラウンド企業として成長したと言える。はっきりしていることは、オールラウンド企業だからこそ対応できること、実現できることがいっぱいあるということだ。

それを象徴するのが、当社の行動指針である**「すべてを尽くす」**という考え方になる。例えば、マンションを建てるということは、ただ建てれば良いというものではない。お客様は、次のように、いろいろな不安や疑問が浮かんでくる。

（お客様の不安や疑問の一例）

「どのようなマンションを建てればいいだろうか？」

「資金面の相談はどこにすれば良いのか？」

「このマンションを建てれば、相続税がどれぐらい軽減されるのか？」

「予定利回りが本当に確保される事業計画なのか？」

「建築工程の進捗状況は誰が教えてくれるのか？」

「いくら節税になるとは言え、常に満室にするためにどうすれば良いのか？」

「本当にその家賃で入居が決まるのだろうか？」

「入居者や建てた後のマンション管理はどこに任せれば良いのか？」

「建てたマンションを売りたくなったらどうすればいいのか？」

「どこの銀行で融資をしてもらったらいいのだろうか？」


このように、お客様が少しでも不安に思ったり、疑問を感じたりすることがあれば、お客様窓口にお問い合わせいただくだけで、あらゆるご要望に万能に対応できることが当社の強みとなる。それが、お客様に寄り添うオールラウンド企業たる所以《ゆえん》だ。

お客様が、安心して相続準備、運用を任せられる企業――。

私たちは、これからもそうありたい。

１００年以上の歴史に支えられて現在がある

私たちが、オールラウンド企業として成長してきたのは、第一にお客様や取引先のご支援があったからだ。いろいろなお客様や取引先に助けられてきたからこそ、１００年以上という長きにわたる歴史を残すことができたと言える。本当に感謝の念に堪えない。

その長い歴史の一部を紹介したい。

それは、江戸時代に遡る。１８５９（安政6）年に、父・和助と母・そのの次男として生まれた斎藤梅吉は、12歳で家督を継ぎ、やがて大工の棟梁として明治を生き抜いた。当時は、治水整備が満足になされていない時代で、豊岡から日本海へ注いでいた円山川は市内で大きく蛇行し、毎年のように氾濫・洪水を繰り返していたという記録が残っている。この地で大工の棟梁として活躍していた梅吉は、家を建てて修繕するだけでなく、自然災害からの生活復興といった、より大きな役割を担っていた。

１８９２（明治25）年、梅吉の次男・浅松が信和建設の前身となる斎藤工務店を創業した。私たちは、この年を正式な創業年としている。浅松は梅吉の死を機に豊岡を離れ、兵庫県多紀郡味間村（現丹波篠山市）から西宮を経て、大阪市東淀川区十三（現東淀川区）に移ったと記録されている。

浅松の３人の子供たちによると、浅松は、明治の気骨を持った「頑固一徹者」だったようだ。その反面、情に厚く、隠れた優しさを持っていた。その父の血を最も濃く受け継ぎ、後に信和建設を興したのが、次男の博だった。１９５９（昭和34）年に信和住宅建設株式会社（後に信和建設に名称変更）を設立したのだ。信和建設が誕生したこの年、日本は岩戸景気と呼ばれる好況期を迎え、大阪をはじめとした都市部には人と金とモノがあふれていた。そして住宅事情も大きく変わろうとしていた。

「住宅金融公庫」の融資制度が、国民の「持ち家意識」を高め、やがてマンションブーム、ニュータウンブームを引き起こす。それに伴い建設業界は「木造から鉄筋コンクリート造へ」「戸建から集合住宅へ」と大きな転換期を迎える。信和住宅建設は当初、木造建築の仕事がほとんどだったが、時代の要請により、徐々に鉄筋コンクリート造りの依頼が増加した。時代の変化を肌で感じとっていた博は、すぐに建築技術者数名を雇い入れ、社名から「住宅」の2文字を消し、信和建設株式会社に改称した。

１９６２（昭和37）年、いよいよ第一次マンションブームの到来となる。きっかけとしては、「建物の区分所有等に関する法律」が制定され、マンション等集合住宅の「資産価値」が法的に認められるようになり、市場が一気に拡大していった。

１９６４（昭和39）年の東京オリンピックに向けてカラーテレビの普及が進み、国民は海外のテレビドラマを通して「欧米のモダンな暮らし」への憧れを抱くようになり、住まいへの意識も変化していくことになる。特に、建築に「暮らしのデザイン」という発想が求められるようになった。その翌年、原宿のコープオリンピアが日本初の億ションとして誕生することになる。

信和建設は新たに一級建築士事務所を開設し、提案力の強化に努めるようになる。当初は5～7階建ての比較的小規模な物件を手掛けながら手探りで経験を重ねていたが、やがて高層の大型物件にも対応できるノウハウが蓄積されていく。

　こうして１９７０年代の全国的な開発ブームから１９９０年のバブル崩壊等、幾《いく》つもの好景気と試練を繰り返しながら少しずつ力を蓄えていき、現在に至る。記録に残っているだけでも、約50年間の建築物の総面積は、**甲子園球場総面積の約８００倍**となっている。

　このように、京阪神という街の移り変わりを、当事者として最前線で見守ってきた企業だからこそ、土地オーナーが先祖代々受け継いできた資産を相続で失っていく現状を見過ごすわけにはいかない――。私たちが思い入れのあるこの仕事を先祖代々受け継いできたのと同じように、土地オーナーにもしっかりと対策を講じることで資産を守り、可能な限り、有効活用してほしいと考えている。

家主業もわかるオールラウンド企業だからこそできる多様な提案

　改めて信和グループの歴史を振り返ると、私たちは何もないゼロの状態から建設業を始めたのだが、いまや単なる建設会社の域を超え、マンションはもちろんのこと、総合ホテル、介護施設、温浴施設、貸会議室、駐車場等、数多くの事業を展開し、また、数多くの物件を所有することで、何十億円もの家賃収入を稼ぐ家主業としても成功してきたことを実感する。建設業から家主業まで幅広く事業を広げるオールラウンド企業として、現在も進化し続けている。

そのような私たちが、読者のみなさんに貢献できることは、家主業の成功の過程で摑み取ってきたノウハウを、今後の相続対策に惜しみなく注ぎ込むことだと考えている。みなさんには、単なる相続対策だけではなく、財産そのものを増やしていただきたいと心から願っている。読者のみなさんの場合、私たちのようにゼロからのスタートではなく、既に土地を持っているところからのスタートなので、その分、リスクも少ないだろう。

このように考えると、相続対策とは、単に遺族への財産分配を上手く実行するだけのものではなく、ある意味自分自身の**第二の人生設計**をすることにもなる。だからこそ、夢や希望を追いかけるためにも、早めの対策はとても大切だと言える。

視野の広い判断から、土地オーナーの「これがベスト」と言える多様な提案は、建設業をはじめ数多くの事業展開をし、家主業としても数多くのノウハウを持つオールラウンド企業だからこそできるものだ。

例えば、マンション活用に適さない山を保有している所有者に対して、「この土地は、何も活用できませんね」と安易な対応をするのではなく、「キャンプ場として活用することをご検討するのはいかがでしょうか」という提案をしたり、多少不便な土地であっても、それが広大な敷地であれば、何らかの倉庫利用を検討したり、いままでの経験を活かしてあらゆる可能性を探ることができる。

また、市街地の土地であれば賃貸マンション建設がベストかというと、一概にそうとは言えない。確かに、賃貸マンションを建設するだけで相続税の減免対象になるのだが、その理由だけで賃貸マンション建設の判断をするのは、安易に相続税のことだけを考えている企業のやることだ。まず重要なことは、入居率判断だ。もちろん家賃設定も大切で、それにより事業収支が計算でき、利回りの予測を立てることが可能になる。もし、入居率が

信和グループ本社ビル

悪いと判断せざるを得ない立地条件であれば、土地オーナーは借金コンクリートを持つという事態を招きかねない。これが第一の判断材料だ。そして、第二の判断材料として、第2章で説明した通り、賃貸マンションの場合、入居率によって相続税額が変わってくるというものがある。入居率が高ければ節税対策として有効だが、入居率が低くなればなるほど相続税額が高くなってしまう。したがって、入居率予測を行う専門的なノウハウを駆使できるかどうかは、とても重要となる。

繰り返しになるが、「賃貸マンションを建てるのだから」という理由だけで、建設会社に依頼をしてしまうと、「はい、建てましょう」と二つ返事になってしまい、関心事はすぐに設計に移ってしまう。マーケティングに基づく事業収支を綿密に計画し、高入居率の重要性を認識した相続対策のノウハウに乏しいからだ。その結果、賃貸マンションは建つかもしれないが、相続対策では失敗してしまうことになり兼ねない。

賃貸マンションのマーケティング、家賃査定、入居者付け、ビルメンテナンス等リーシングを専門とする信和コミュニティ株式会社というグループ会社がある。相続対策としての賃貸マンション建設の是非をいろいろな視点で検討することを専門としており、いままでも、賃貸マンションのリスクがやや高いと判断せざるを得ない事例を数多く経験してきた。そのときに頼りになるのが、事務所ビル、総合ホテル、介護施設、温浴施設、貸会議室、ワーキング・ベース、駐車場等を、家主業として幅広く運営している私たち信和グループだ。

　これほど幅広くオールラウンドに展開しているので、いろいろなアイデアが出てくる。例えば、賃貸マンション希望の土地オーナーに、ワーキング・ベースを提案したことがあった。ワーキング・ベースは、スタートアップの小さな会社や、職人・技術者のスモールオフィスとして人気が高い物件で注目されていた。倉庫や駐車場付きで2階に事務所がある形態なので、使い勝手が良い。更にちょっとした住居にも使えるので、いろいろな活用がなされている。そして重要なことは、ワーキング・ベースを必要とするスモールオフィス等は、一回入居したらなかなか退去しないので、事業収支も安定しやすい。名刺、封筒、販促物等に住所を明記しなければならないこと、銀行取引口座もその住所を起点として作っていること等、いざ引っ越しとなるとかなりの労力がかかるので、規模拡大により手狭になったり、廃業せざるを得なくなったり、というような重要な節目のとき以外、安易に移転の判断ができないからだ。

以上のことはほんの一例だが、私たちの家主業としての自己経験から、それぞれのメリット・デメリットを具体的に検討することができるので、頼りにしていただければ幸いだ。

土地探しからマンション建設、管理まで一気通貫の強さ

信和グループについて改めて紹介したい。建設事業からスタートし、不動産開発事業、設計事業、仲介管理事業、総合ホテル事業、介護事業、貸し会議室事業、パーキング事業、温浴事業、ＷＥＢ制作事業、ＷＥＢマーケティング事業等、計19社と1医療法人で構成されている（２０２５年1月現在、信和ホールディングス株式会社、信和建設株式会社、信

和不動産株式会社、信和不動産販売株式会社、株式会社新都計画、信和コミュニティ株式会社、信和ホテルズ株式会社、株式会社シニアスタイル、大神田建設株式会社、株式会社エス・アイ・ルネス、信和アセットマネジメント株式会社、株式会社Cyujo、Shinwa Real Estate Thailand Co., Ltd.、株式会社アリストジャパン、株式会社シルキーバード他)。

これらのグループ力を活かして、相続対策が必要な土地オーナーに、企画、提案、設計、施工、仲介、管理、家主事業経営という一気通貫の関りを持たせていただくことになるので、**マンションを建てるだけ**、というようなその場限りではなく、一度取引が始まったらいろいろな局面で長いお付き合いになる、と考えていただきたい。

実際に、きっかけは相続対策だったお客様で、3世代にわたってのお付き合いをさせていただいているお客様がいらっしゃるのでご紹介したい。

そのお客様は、ご多分に漏れず相続対策を軽視し、何の対策も打っていなかった。そんな折、被相続人が急遽倒れたので、相続対策の相談に乗ってもらいたいとの連絡を相続人から受けた。マンションを建てるような悠長なことをしている時間がなく、物件購入の選択肢しかなかった。けれど私たちのグループネットワークの特徴を活かし、結果的には順調な相続対策ができた。それがご縁で、いろいろな土地活用をさせていただき、そのご家族の資産は、目まぐるしく増えることになった。本書が主張している通り、相続のための相続対策ではなく、資産拡大のための相続対策だからこそ、目先のことだけでない長い年月を掛けたお付き合いが可能になる。**理想的な相続対策**をさせていただき、大変感謝している。

魅力的な賃貸マンションの取り組み

立地条件、土地の形、予算等々、条件が揃えば、**相続対策のエースが賃貸マンションである**ことは間違いない。私たちは、グループ一気通貫の強みを活かし、魅力的な賃貸マンション建設を常に考えている。そのノウハウは、主に3つある。

一　広い空間を演出するルネス工法
二　高家賃、高入居率の両立
三　高入居率のためのグループノウハウ

まずは、ルネス工法の素晴らしさを知っていただきたい。

広い空間を演出するルネス工法

グループのひとつに、株式会社エス・アイ・ルネスという会社がある。この会社は、新たな集合住宅のあり方を研究し、１９９４年に「ルネス工法」という国土交通省の推奨する「スケルトン・インフィル住宅」に最適の工法と言われる逆梁工法をさらに進化させた工法を開発することに成功した。いままでの「間取りを平面（㎡）で捉える考え方」から**「立体（㎥）の発想」**へと転換し、マンションオーナー、入居者等、数多くの関係者から高い評価をいただく画期的な工法だ。**具体的には、従来デッドスペースになっていた床下**

に、約60㎝もの空間を生み出した。

床下空間の拡大だけではなく、ルネス工法の技術が生み出すのは、収納力、採光性、空間の広がり、可変性、長寿命化、メンテナンス性、そして遮音性という**7つの優位性**があり、マンションライフの最大幸福を実現している。

日本の建築寿命は、37~38年ぐらいと言われているが、ルネス工法は建物をスケルトン部分（骨格・構造体）とインフィル部分（配線・配管）に分けるので、配管類が床下に露出で設置してあるため**「メンテナンス性」**が良い。仮に、15~20年で給排水設備や電気配線等に老朽化等不具合が生じても、コンクリートの床版等を斫《はつ》らずに床下の空間で設備を新しくすることが可能なため、マンションを解体する必要がなく、修繕費を抑えつつメンテナンスすることができる。その結果、親子３代にわたり１００年以上住み続けていただくという**「長寿命化」**が可能となった。また、通常の工法ではできないような大掛かりなリフォームがしやすい**「可変性」**も充分となり、時代のニーズに合わせた水回りの移動や最新設備への切り替えも可能となった。

図表7　ルネス工法

ルネス工法7つの優位性

①収納力
②採光性
③空間の広がり
④可変性
⑤長寿命化
⑥メンテナンス性
⑦遮音性

また、通常のマンションでは天井の梁が出っ張っていて、これにより天井が低く感じてどうしても圧迫感が出てきてしまう。また、家具の配置も梁を避ける必要があるため、レイアウトの自由度が下がる。ルネス工法では、逆梁工法とも呼ばれている上下を逆にして梁を床下に収める方法で建築しているため、天井から梁が出ることがなく、家具の配置がしやすい。このようにして、**「空間の広がり」**を確保している。また、梁の出っ張りが少ないと、天井高までのハイサッシを採用することができるので、バルコニーからの**「採光性」**が確保しやすく、開放的で明るい住空間が実現できる。

更に逆梁工法によって床下にできた60㎝の空間は、床下収納として利用できるので**「収納力」**が抜群に高まる。そして、床下に収納スペースができることは、マンションにつきものの階下への騒音問題も軽減できることになる。なぜなら、室内の音や振動が床から階下へ伝わりにくいため、**「遮音性」**が向上するからだ。

このように、建物の鮮度を長期にわたって保ち、柱や梁を出さないことで広々とした居住空間を確保できる賃貸物件は、実はあまりない。そのため相場よりも高い家賃設定にしても、入居を希望する人は多く、長期にわたって契約更新をしてもらえる高収益、高稼働物件として期待できる。お客様の資産価値の向上、資源や環境への配慮、そして新たなニーズ開発の可能性等、計り知れないメリットとポテンシャルを秘めている。

ただし、問題もある。それは建物の高さだ。

梁を床下に収める分、１階当たりの高さ（階高）が高くなる。通常の工法のマンションであれば、１階当たり２・９ｍ程度だが、ルネス工法では３・４～３・５ｍが必要になる。10階建てになると建物の高さが通常の工法よりも５ｍほど高くなるため、建築基準法上の斜線制限等の問題が生じることもある。

斜線制限は、隣地等の採光や通風を確保し、圧迫感を和らげるために設けられており、立地によっては最大容積で設計できなくなるケースもある。その場合には、採用する建材等を物件の特性に合わせて工夫することで、居住スペースを確保するようにしている。ルネス工法を熟知しているからこそできる対応ノウハウだと捉えていただけると、私たちの持つ優位性を感じていただけるのではないだろうか。

ルネス工法を開発した株式会社エス・アイ・ルネスは、いまでこそグループの一員だが、２００５年にルネス工法のフランチャイズに加盟したことが、その始まりだった。そして、ルネス工法のフランチャイズに加盟した年、いきなりルネス工法による受注棟数日本一を達成した。当時は、まだ売上30億円、社員30名という小さな組織だったのだが、「親子3代にわたる１００年住宅」という大きな夢に向かう社員たちのお客様に対する真摯な想いが実を結び、ルネス工法は多くのお客様と取引先に支えられるに至った。感謝の念に堪えない。

高家賃、高入居率の両立

「高い家賃と高い入居率は矛盾したことなのに、本当に両立することができるのでしょうか？」

このような反応がよくある。答えは、「できる」だ。

なぜなら、長年にわたり培ってきたノウハウがあるからだ。「相続対策のための土地活用は、御社に託したい」と言っていただけることを期待して、この大切なノウハウの一部を披露したい。

「近隣相場より高家賃でも入居したい」と入居者にご判断いただくために必要なこととして、マンション外観やエントランスを分譲マンション以上に高級仕様にすること、あるいは賃貸仲介業者が営業しやすいようにパンフレットやモデルルームを魅力的な仕上がりにすること等の努力、工夫を惜しまないことは、ノウハウのひとつだ。特に、賃貸マンションでパンフレットに力を入れているのは、賃貸仲介業者の方々から感謝されるほど珍しいことのようだ。しかし、それだけでは決定打は打てない。お教えしたいノウハウの一部とはこのような対策ではなく、〝近隣〟解釈というノウハウだ。

何か謎めいた言葉に聞こえるかもしれないが、これこそが高家賃、高入居率を実現させる重要なノウハウの心臓部と言える。一般的に、〝近隣〟とは、物件の半径３００ｍ以内とか、５００ｍ以内とか、まさしく距離的な〝近隣〟の範囲の中を意味し、その範囲内で家賃市場、比較対象マンションのレベル、稼働状況、等々を調査することで家賃を設定する。しかし、私たちの考える〝近隣〟の意味は違う。多少距離が離れていても、電車の路線が違っていても、高家賃が成立している人気エリアが数㎞以内にあれば、そこまで枠を広げて〝近隣〟とみなし、高家賃マンションの調査を徹底する。例えば、実例を紹介すると、阪急宝塚本線三国駅の〝近隣〟は、一般的に、三国駅周辺のエリアだが、私たちはその東側を走っている地下鉄御堂筋線江坂駅周辺の人気高家賃マンションを、〝近隣〟とみなして作戦を立てたことがある。

そして、充分に勝負できると判断したら、その高家賃マンションを基準に有利な家賃設定をする。そのためには、充分に勝負できるマンションとしての要件が揃っているか、仕上げることができるか、ということを建物が建つ前から検討しなければならないので、〝近隣〟調査による高家賃設定の判断は、建設前から勝負が始まっていると考えていい。

仮に、３００ｍ以内のマンション家賃相場が８万円の場所で９万円と設定すると、その同エリア内の賃貸仲介業者は「高い家賃設定だな」と考えるのだが、地下鉄御堂筋線江坂駅の例で示したような、私たちが〝近隣〟と判断したエリアで店舗を出している賃貸仲介業者は、全く正反対の感想を持つ。「10万円ぐらいの価値がある物件を9万円で貸せるんだ。これほどコスパの良い家賃設定であれば、仲介しやすそうだ」と考え、実際に物件を探しているお客様に対して、「ここの駅前ではなく、近くを走るこの路線の駅になるのですが、そちらの場所でも可能だということであれば、かなりお得感のある部屋があります。この周辺の部屋よりも高級感があるにもかかわらず、1万円も安いんですよ。しかも梅田駅までは同じぐらいの時間ですし……」と営業していただけるのだ。コスパが安ければ入居者は見つかりやすい、という営業心理は大きく、距離的な〝近隣〟では高家賃なのに入居者が見つかりやすい、ということになるのだ。

さて、高家賃の秘訣はもちろん〝近隣〟解釈だけではない。2つのノウハウも詳しく紹介したい。

〈分譲マンション以上の高級感あふれるエントランス〉

入居者は、1日に何件も候補物件を探し回る。印象に残るマンションに出合えなければば、それを何日も繰り返す。この印象という捉えどころのない感覚は、実はとても重要なアプローチ視点となる。私たちは、高級感あふれるエントランスこそ、印象に残る切り札だと重要視している。

特に、単身者向けの賃貸マンションには、入り口がどこにあるかわからないような物件が少なくない。当社グループの入居率が高いのは、このエントランス演出で優位に立っているからだ。基本的に、エントランスは充分な広さを確保する。そして、ソファー等を設置して、ゆったりとしたラウンジ空間を演出する。ときには、「スプランディッド難波」のようにピアノを設置することもある。訪れた人は、分譲マンションと見間違えるほどだ。

このような演出が可能なのは、家主業としても成功しているオールラウンド企業として分譲マンションも手掛けているので、エントランスの重要性を熟知しているからだ。

東京からの転勤者が、内覧で物件を見学に来られた場合、「このマンションは、分譲マンションですか？」とよく言われることがある。都心のマンションはどうしても面積が限られるため、そうした物件に慣れている人は、開放感のある私たちの物件に驚くことが多い。高家賃、高入居率を続けていこうと思えば、常に研究して進化し続けることが重要であると考えている。

第一印象を制す者は、すべてを制す。

この考え方は、土地オーナーの信頼と安心を得るに足る、大切なノウハウのひとつになっている。

クオーレ（2018年竣工）
エントランスホール

サブエントランスホール（2階）

エントランス（夕景）

SD難波Ⅲ（2023年竣工）
エントランスホール

FRONT FIELD Tennouji
エントランスホール

SD十三本町（2023年竣工）

エントランスホール

〈計算上の利回りより実質的な運用予測に精通する〉

もうひとつのノウハウは、部屋タイプの設計が家賃に関わるというものだ。具体的には、単身者向け、ファミリー向けのどちらの設計にするかということを慎重に決めることなのだが、実態は単身者向けマンションをお薦めする建設会社が多い。なぜなら、利回りが良いからだ。例えば、単身者向けの場合、25平米で家賃8万円が立地条件的な相場だったとする。その同じ土地で、ファミリー向けとして、2倍の面積（50平米）を設定して、家賃も2倍の16万円で設定できるかというと、大抵は難しいと判断して、12～13万円ぐらいで想定してしまう。建築面積が同じであれば、坪単価を高く設定できるほうが収支は良くなるので、結果的に、単身者向けマンションを建てることが多くなってしまう。

しかし、これは机上の空論に過ぎないことが多く、需給バランスは、もっと複雑なところで決まってくる。実際には、地域によって単身者向けの部屋が過剰供給気味で入居者が鈍く、逆にファミリー向けの部屋が不足気味で、家賃を多少値上げしてもすぐに入居者が見つかる、ということも往々にしてある。市場調査やマーケティングをしっかりすることで、このようなリスクを回避できるのだが、一般の建設会社にその役割を求めるのは酷だと言える。

私たちは、市場調査、マーケティング、ビルメンテナンス、家主業等をしているグループ会社を持ち、常に連携しているので情報やノウハウに長けている。それをもとに、土地の所有者に対して「単身者向けはやめましょう」とご提案することがある。一般的には、ファミリー向けマンションは家賃の坪単価が下がる傾向にあるが、高家賃設定のノウハウがあるので、実際には限りなく同じ坪単価や、ときには上回る単価で勝負することも可能になり、結果的に事業収支が悪くなることは少ない。また、ファミリー向けの設計を行うということは、１戸当たりの平均面積が大きくなるので、建設コストの坪単価が安くなり、家賃の坪単価が仮に同じであれば利回りが良くなる。その他にも、礼金が取りやすく、ＡＤ（賃貸仲介時の広告料）の負担が減る等、事業収支に好影響を与える材料も多くなりやすい。家主業にも成功しているオールラウンド企業だからこそできる提案と言える。

ファミリー向けマンションは、入居年数が単身者よりも長くなる傾向にある。『日管協短観』（公益財団法人日本賃貸住宅管理協会 日管協総合研究所）、2022年度の調査報告によると、全国平均の単身者平均居住期間は3年3カ月、ファミリー平均居住期間は5年2カ月となっている（関西圏平均は、単身者2年10カ月、ファミリー5年1カ月）。単身者とファミリーの差は激しく違う。ファミリーが入居しやすいファミリー向けマンションの場合、入居者の居住期間が長いということは、高入居率にも役立ち、結果、実質利回りが高くなる。築年数の経過とともに賃料が下がりやすい単身者マンションとは、大きく差が広がりやすくなる。大阪市福島区のLa Grace《ラグレース》福島は、その典型となった物件だ。

〈高入居率を維持した成功例〉

La Grace福島は、立地環境として単身者向けマンションが毎年相当数新築されるような状況にあり、賃貸仲介者への手数料、礼金競争が激しく事業収支が下振れする可能性があった。また、スーパーが近くにある等、諸条件を考慮した上で、ファミリー向けマンションを提案した。土地オーナーは、当初単身者向けマンションを希望されていたのであまり乗り気ではなかったのだが、粘り強く交渉した結果、4回目くらいの提案になって、「そこまで言うならお任せします」と言っていただき、実現することができた。建築費が下がり、また、データで見た通り長く住むファミリータイプはAD（賃貸仲介時の広告料）に対するオーナーの負担回数や負担額が減ることにより、長期的な事業収支が良くなることが大きなポイントだった。また、社内での検討段階で、単身者向けマンションとファミリー向けマンションの2種類の図面を設計部門におこしてもらい、土地オーナーに、丁寧にご提案した姿勢も良かったかもしれない。

数字による裏付けと土地活用に関わるさまざまな機能をもっているグループだからこそ実現した提案だと言える。過去の物件で、福島区を定期的に分析していた経緯もあり、市場を熟知していたこともプラスに働いた。結果的に、設計、建設だけでなく、入居者付け（リーシング）、入居管理からビルメンテナンスまで任せていただき、全27室のファミリー向けマンションの入居率は、１００％を維持し続けることになる。

ラグレース福島（2019年竣工）

エントランス

LA GRACE
FUKUSHIMA

さて、次に高い入居率を獲得、維持していくためのノウハウに移る。これについては、かなりの内容に至るまで踏み込んで説明していきたい。

高入居率のためのグループノウハウ

安定した収益を確保するには、入居率をいかに上げるかが課題になる。特に、相続対策としては貸家建付地扱いになり、入居率が高いほうが節税対策に寄与するので、とても重要な課題だ。そのためには、入居者に少しでも快適に暮らしていただく工夫が必要であり、日々のトラブルに迅速に対応することも重要だ。

信和コミュニティ株式会社というグループ会社がある。市場調査、マーケティング、入居者付け、入居管理からビルメンテナンスに至るまで、幅広い業務を持っている。例えば、賃貸マンションを設計する前に、地域の人口、年齢層、男女比率、世帯数、1世帯当たりの人数等々の住民把握から始め、役所、学校、駅、バス停、高速道路の入口・出口等公共建物、スーパー、コンビニ、専門店等生活建物等の近隣市場調査を徹底的に行う。

次に、近隣マンションの家賃相場、専有面積分布、空室率、人口推移、最寄り駅乗降客数推移等を調査し、市場調査内容と照らし合わせた上で、今後の単身者層、ファミリー層の展開予測を含めたマーケティング調査を行う。これらの市場調査、マーケティング調査を踏まえ、どういうタイプの賃貸マンションが良いのか、それとも賃貸マンション以外の企画が良いのか、お客様と対話を重ねて検討していく。このようにして建物設計、建設という段階に進んでいくのだが、それらの過程の中で私たちが特に大切にしていることがある。

それは、「相続対策を視野に入れた**〝資産価値の最大化〟**」である。常にお客様の視点に立ち、〝すべてを尽くす〟精神で、ひとつひとつの仕事を丁寧に行うことで実現していくことになる。何を建てるかが決まり、その仕様設計も終えれば建設、竣工となるのだが、その竣工前から入居者対策としての入居者付け活動を視野に入れている。

入居者付け活動は、遅くても竣工6カ月前に始まる。入居者の募集開始は、早く始めることが必須だ。賃貸仲介業者が扱うパンフレット等の営業ツールはそれまでに作成しておき、「こんな物件が募集開始になります」と、賃貸仲介業者に徹底的に告知をしていく。と同時に、1社でも多くの賃貸仲介業者に、物件の内部の写真を『ＳＵＵＭＯ』や『ＨＯＭＥ’Ｓ』等の物件ポータルサイトに登録してもらうことが、当初の目標になる。そのためには、賃貸仲介業者への1日平均の営業目標件数を設定し、入居者付け営業活動を繰り返す。なかには、物件ポータルサイトへの登録が遅い賃貸仲介業者もいるので、適宜プッシュしていくような細かな確認作業も大切だ。

ポータルサイトへの掲載がある程度進むと、入居検討者から部屋を見学したいとの要望が賃貸仲介業者に入るようになる。このときに重要なことは、内覧の結果、成約に至っても至らなくても、それらの理由をしっかりとヒアリングすることを賃貸仲介業者に依頼しておくことだ。この点はとても重要な強みなので、詳しく事例を書いておきたい。

例えば、最寄り駅から物件までの距離が遠いことがマイナス要素になっていた場合、物件から駅までのエリアマップに、「ここにスーパーマーケットがあります」「ここにはクリーニング店があります」「コンビニがあります」「飲食店があります」と、動線を意識したガイドを作るようにしている。特に男性の場合は、自炊をあまりしない人が多いので、帰り道にどんな飲食店があるかという情報を重視している。男性好みの飲食店情報、さらに「スーツを出せるクリーニング店はここです」等、男性目線の情報を反映したエリアマップと、友人を招いたときに自慢できるようなグレードの高さがわかる物件写真に差し替えたところ、これが効果抜群で、成約率が一気に高まることもある。以上のように入居後の生活をイメージしやすくなることで不安がなくなり、入居したいという方々が多くなることがわかっている。

また、契約に至らなかった入居検討者の声に「賃料が高い」とあった際には、既に入居している方々にアンケートを実施するようにしている。「なぜこの物件を選んだのか」「入居してみて気に入ったポイントはどこか」等をヒアリングして、賃貸仲介業者にアピールポイントを伝えている。賃料が高いか安いかは、実際には家賃の額面の問題ではなく、コスパの良さを感じるかどうかの問題である場合が多いので、既に入居している方々が住みながら感じている物件の魅力ほど、強い事実はない。それを賃貸仲介業者が使う資料に落とし込むことで、私たちも気が付かなかった物件の良いところや住み心地を存分にアピールし、高い賃料を維持しながら新たな入居者の獲得に繋げることが、充分にできるのだ。

業界の中では、このようなきめ細かい物件ごとの資料やパンフレットは、あまり作られていないという話をよく聞く。同業他社から転職してきた社員が多く在籍しているが、リーシング会社や建物管理会社が物件の資料やパンフレットを作るというケースはほとんどないということだ。一般的には作成されないパンフレットを敢えて作成する理由は、賃貸仲介業者の営業サポートのためだ。賃貸仲介業者の営業社員たちが、いかに営業しやすいツール支援をするか、というように、つねに**ビジネスパートナーの目線でビジネスを考える姿勢**が、現在の信和グループの成長、成功を支えていると言っていい。

以上のことから、私たちが扱う賃貸マンションは、他の物件よりも詳しい情報が記載されている資料を賃貸仲介業者の営業社員たちが使えるので、入居者の最終的な決断を促す大きなきっかけになっていると、容易に推察できる。

また、いままでに建設した多くの物件で、〝グレード〟に対する声をいただく。「周辺の物件に比べて高級感がある」という声が多いのだが、確かに私たちが扱う資料やパンフレットには、物件の外観やエントランス等、グレードのわかる写真を豊富に掲載したり、過度に文字数を使わず写真やグラフで表現したり、24時間いつでもごみを出せるというサービス面の充実を強調したり、資料やパンフレット作りには、相当な工夫をしている。特に、パンフレットは外部の優秀なデザイナーに依頼して、高級感をアピールすることもよくある。

その他に、「入居者の声」には、可能な限り耳を傾けるようにしている。例えば、「敷地内の駐車場が満車になっていたので契約を迷っています」という声があった場合は、近隣の駐車場の看板の写真を撮影して空きを確認した上で、○月○日時点での空き台数を明示した情報を賃貸仲介業者に提供している。そうすることで、賃貸仲介業者は、内見や窓口商談の場で電話確認することがスムーズにできるので、すぐに成約に至るケースもある。

残念ながら、賃貸仲介業者のみなさんは、日々の入居検討者対応で忙しいため、自ら資料を作ることができない。このように痒い所に手が届くレベルの地道な取り組みの積み重ねが、入居率に大きく影響していることを、私たちは知っている。

　更に、柔軟性も強みのひとつだ。例えば、募集条件を募集前に決めるのだが、市場の動きや入居検討者の反響の量と質を敏感に感じ、適宜修正をしている。一度決めたら、その条件を金科玉条のように守る同業者もいるが、流れが速いいまの時代には合わない。土地オーナーの方々の中にも、昭和前半生まれで、柔軟な姿勢を良しとしないお客様もいらっしゃるが、〝資産価値の最大化〟のために、粘り強く交渉し続けることも、私たちの役割だと考えている。実際に、頭の固い土地オーナーの言う通りに動いている同業者の物件に負けることはない。この事実が、何をすべきかということの答えではないだろうか。

　以上、「高家賃と高入居率の両立」について詳しく書いてきたが、この部分は、信和グループの強みを読者のみなさんに知っていただくための大切な部分なので、長文ではあったが、よくわかっていただけたのではないかと思う。結局は何ら特殊なことをしているのではなく、地道な努力と工夫の結果、集まった情報を分析し次に応用するという基本を忠実に守っている、ということになる。そして、しっかりとＰＤＣＡ（Plan－Do－Check

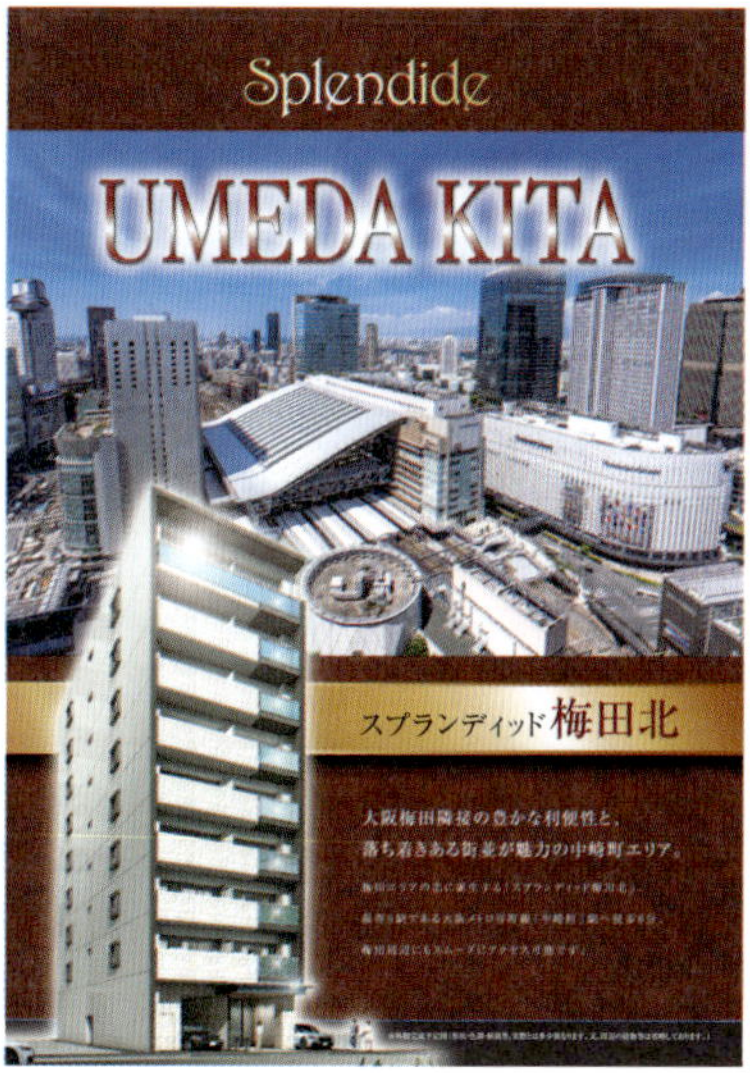

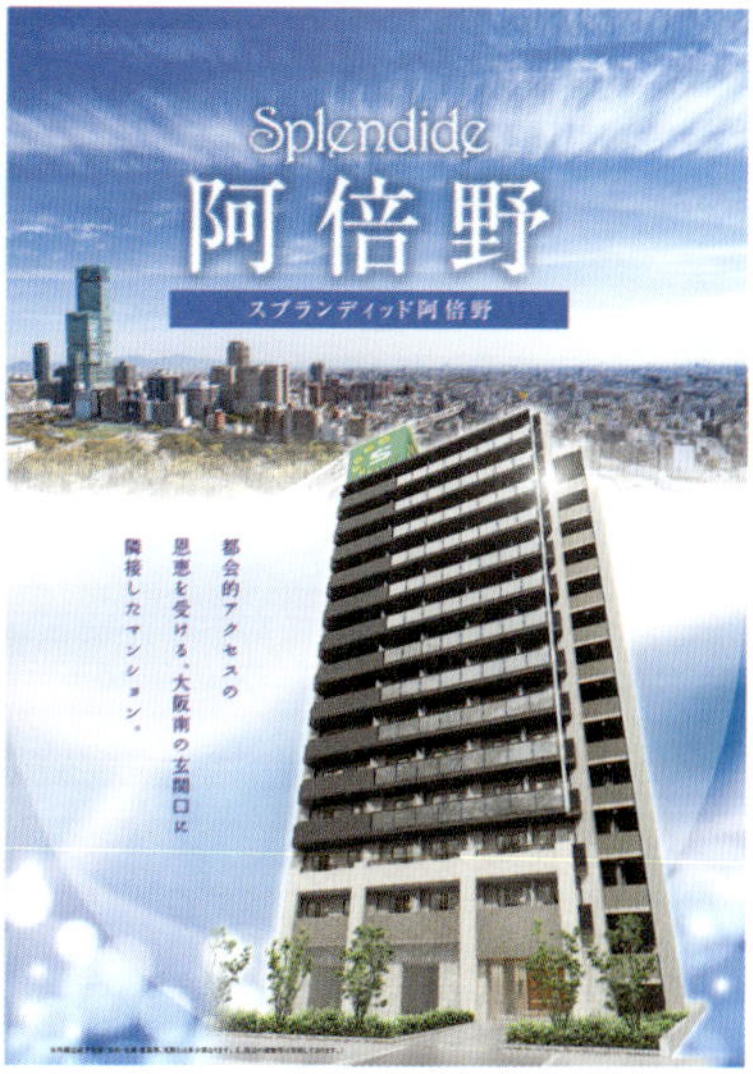

－Act〈計画－実行－評価－対策〉）を回していることが、強みに繋がっている。

信和グループの土地活用事例

ここまで、相続対策において私たちがなぜ賃貸マンション活用に強いか、ということを詳しく書いてきた。しかし、土地活用はいまある土地の形状や建築条件に合わせて賃貸マンションをただ建てるだけ、と考えると失敗することがあるのも事実だ。ここからは、実際に信和グループが手掛けてきたいろいろな事例をご紹介し、読者のみなさんの想像力を刺激して、土地活用の広がりを実感していただきたい。

まずは、賃貸マンションを建てるにしても、知恵を絞ることでより資産価値が上がった実例を紹介したい。

諦めない気持ちが知恵を生んだ賃貸マンションの好事例

【ケース１】等価交換で４倍の建築に成功

２人の土地オーナーの悩みを打ち消す、ダイナミックな知恵を出した好事例がある。南向きに面した土地を所有する土地オーナーがいた。その土地の容積率は３００％であったにもかかわらず、建築基準法にある「冬至の時に日影を何時間以上落としてはいけない」という日影規制の影響で容積を半分の１５０％にせざるを得なかった。具体的には、約２００坪の土地に約６００坪の10階建てマンションを計画したところ、日影規制により約３

００坪の５階建てマンションしか建築できず、とても非効率にならざるを得なかった。そのお客様のために何とかアイデアを出したいと、諦めることなく真剣に知恵を絞り出した結果、北側に隣接する土地との等価交換に気付いた。北側に隣接する土地オーナーとの交渉を乗り切り、約６００坪の10階建てマンションを建築することができた（次ページ、図表８参照）。

このエピソードには後日談があり、北側のほぼ同面積の土地を所有するオーナーも、等価交換により南向きの土地を手にした当初は、マンションを建てることなく８年ほど駐車場にしていたのだが、隣地に建ったマンションが満室状態であることに感化され、同じように10階建てマンションを建てることになったのだ。どちらのオーナーからも大層喜んでいただき、会社としても１件の営業が２件の受注に結び付くことになった。等価交換に気付かなければ３００坪の建物の受注だったのが、６００坪の建物を２棟で１２００坪になり、結果的に４倍の成果を出したことになる。これこそ営業冥利に尽きる仕事だったと言える。

図表８　等価交換による問題解決の例

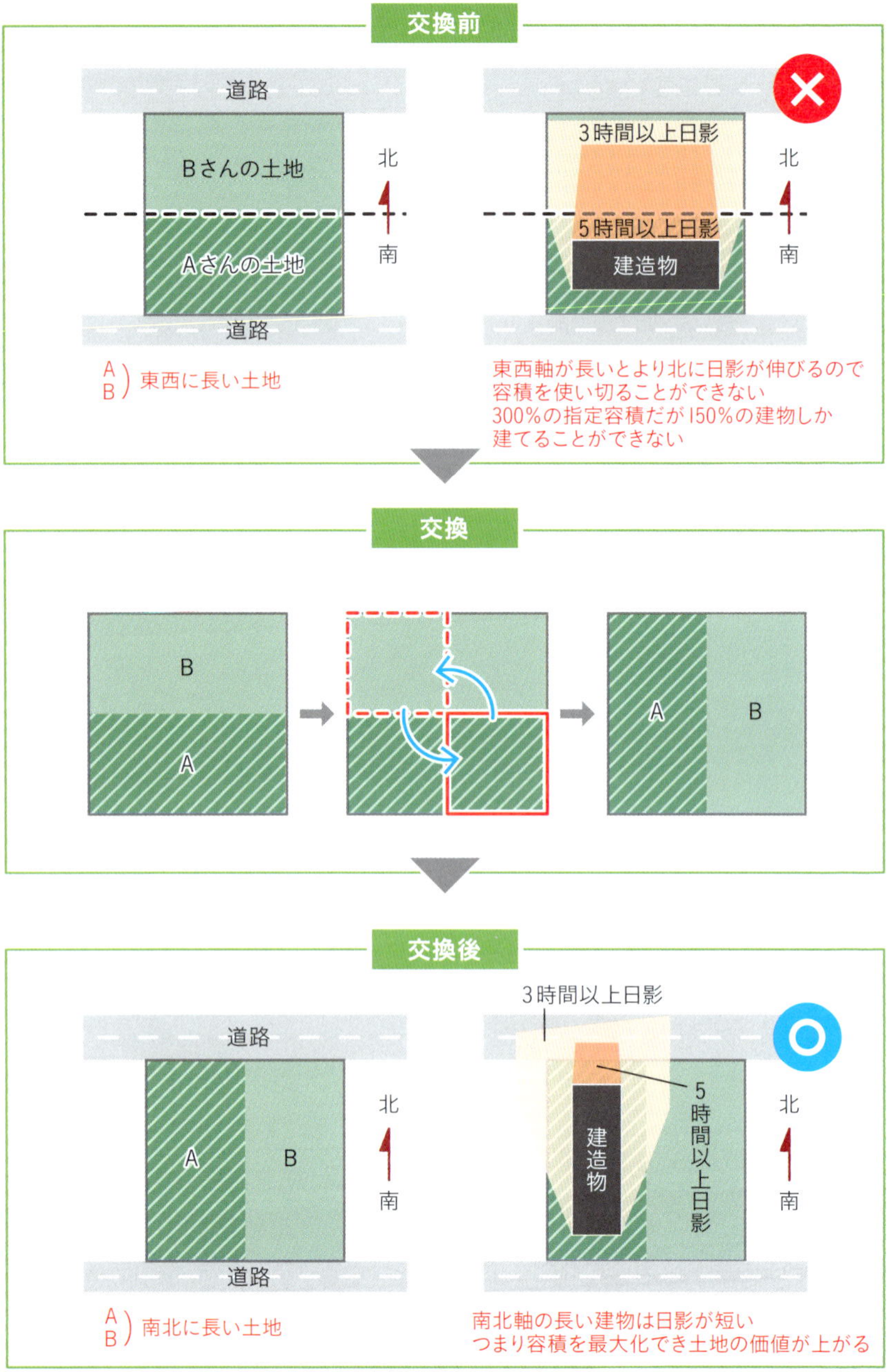

【ケース2】最上階に天然温泉施設のある賃貸マンション

私たちは、常識に捉われない知恵を出すだけでなく、その先にある「暮らし」と「街づくり」を見据えるようにしている。

例えば、入居者同士や地域の方々が触れ合えるマンションを建てたいという思いから、新大阪駅近くの賃貸マンション「ドルチェヴィータ新大阪」の最上階には、天然温泉施設「ひなたの湯」をつくった。

都市部だからこそ、温泉や屋上菜園等、「人がほっと息をつける場所」、そして「人々の交流の場となる場所」が必要だと考えたからだ。人間関係が希薄になりつつある世の中で、人と人とが交流し合い、心通うコミュニティをつくっていきたい。私たちにはそんな思いがある。

「ひなたの湯」プロジェクトは、1人の社員の思いからスタートした。あるプロジェクト会議の席で、その社員が次のように言った。

「住む人が〝帰りたくなる家〟をつくりたいですよね」

この一言がきっかけとなって生まれたのが「ひなたの湯」だ。新大阪駅のすぐそば、総戸数１０１戸の単身者向けワンルームマンションの屋上に「天然温泉施設」をつくるというのは、当初は無謀な計画に思われた。「果たして、地層の奥に温泉が見つかるのか？」と、当初は誰もが思った。そのアイデアを実現するために、役職や部署を越えて、〝不可能〟な壁に立ち向うプロジェクトチームをつくった。

精緻な地質調査とボーリング調査の末、敷地の地下８００ｍから源泉を掘り当てることができた。しかし、温泉は掘り当てたら良い、というものではない。それを建物の最上階（９階）に汲み上げなくてはならない。配管ルートの設定は、試行錯誤を繰り返すことになった。温浴施設の施工技術を、関係者が苦労しながら一から学ぶことになり、そしてようやく竣工にこぎ着けた。ビジネスパーソンたちが行き交うエリアのど真ん中に「温泉のある暮らし」という夢が実現した。

「ひなたの湯」は、都心で働く単身者に「癒しの時間」を提供することができ、「帰宅後にすぐに広々としたお風呂に入れる」「休日は朝風呂と一杯飲むのが何よりも楽しみ」という方も少なくない。また、入居者同士の「裸の付き合い」を促すコミュニティとしても機能している。実際に、入居者からは「ひなたの湯で顔見知りになっているので、災害が発生した際にも助け合いがしやすい」等の声が聞かれた。

無味乾燥になりがちな都会での単身生活に、「人との触れ合い」という新しい「よろこび」を創造するプロジェクトとなったのだ。

この経験から、大きなものを学んだ。すでに市場にあるニーズを追うのではなく、まだ見えないニーズの種を造ることだ。単に、マンションを建てるだけでなく、「この街に根付く暮らしと街づくりに貢献したい」という願望があれば、いきなり否定から入るのではなく、とことん検討することの素晴らしさを学び、そして実現することが可能になる。このような柔軟な発想こそ、相続対策に悩む土地オーナーの〝資産価値の最大化〟に応えることができる強さなのではないだろうか。

ドルチェヴィータ新大阪（2008年竣工）
ひなたの湯

ひなたの湯（浴槽）

エントランス

エントランスホール

【ケース3】世代を超えた交流をもたらす3棟複合プロジェクト

〝豊かなコミュニティづくり〟を意識した建物づくりの一環として、保育所付き賃貸マンション、高齢者向けのマンション、そしてグループホーム（認知症の方が、共同生活を送るための施設）が隣接した複合プロジェクトを開発した。

賃貸マンションの1階が保育施設になっており、その両隣は高齢者向けのマンションとグループホームになっている。

これにより、子育て世代が求めている保育施設と、介護が必要な世代の両方にとって魅力のある建物にすることができた。住まいと各種施設がすぐ近くにあることで、居住者にとっては送り迎えの負担を軽減できるという利便性が高い物件になった。

一般的に、1階は防犯上の理由から居住を避ける人が多く、賃料が他の階よりも低くなる傾向にあるが、保育園にすることで、そのテナント料が居住用の相場よりも高く設定しやすくなる。しかも事業者の場合は、一度入居してもらえば個人の賃貸と比較して移転することも少ないため、継続的に安定した家賃収入が見込める。

ただ建物を建てるだけでなく、ここに住んで便利だな、良かったな、と「よろこび」を感じていただける建物を、これからもご提案していきたい。「ハコモノをつくればいい」という時代は、終わりを告げた。そこに集う人々にいかに喜んでもらうか。私たちはこれからも、豊かな街づくり、明るく活気あふれる社会づくりに貢献していきたいと、強く考えている。

CC難波南

DV難波南

S医療ビル（いずれも2010年竣工）

【ケース4】単身者向けとファミリー向けの〝いいとこどり〟物件

この物件は、2020年に、兵庫県西宮市の土地オーナーと契約をさせていただいた。阪神電鉄の甲子園駅から徒歩6分の好立地にあり、もともと鉄筋コンクリート造の3階建ての賃貸マンションが建っていた。しかし、築50年を経過していたため、老朽化が進み、入居者もいなかったので建て替えをしたいとのご要望だった。

土地オーナーは、当時70代半ばで、ご子息は40代半ばだった。相続対策を視野に入れて、建て替えを決意されたとのことだった。信和グループは、必要に応じて顧問税理士をご紹介して、ともに土地活用を進めていく。これにより、相続〝税〟対策という専門性の高い内容についても、的確なアドバイスが可能になるからだ。

事前の市場調査で周辺のマンションを確認したところ、鉄筋コンクリート造のマンションが少ないことがわかった。土地オーナーは、当初すべてファミリー向けでいきたいとのご希望だったが、単身者向けとファミリー向けの坪当たりの家賃を比較すると、単身者向けのほうが１５００円ほど高く、また、単身者向けの需要がある程度高い地域であった。総合的に判断した結果、１階と４階がファミリー向け、２階と３階が単身者向け、という複合タイプの４階建て鉄筋コンクリート造の賃貸マンションを提案することになった。１階と４階をファミリー向けにしたのは、高い家賃設定が可能になるからだ。１階は専用庭を設けることで、子供を遊ばせる空間としてファミリーに根強い人気があり、また、子供が部屋の中で走り回っても下の階に振動が伝わる心配がないことも利点だ。一方、４階は眺望が良く、部屋の中にいることが多い主婦に喜ばれるので、高い家賃設定でもファミリーに選ばれることが期待できた。

部屋数は全22戸でファミリー向けが６戸、単身者向けが16戸となった。この地域は高さ制限があり、12ｍまでの建物しか建てられないため、周辺は軽量鉄骨造３階建てのアパートが多いことが事前調査でわかっていたので、敢えてそれらの物件との差別化を図るために、重厚感のある鉄筋コンクリート造の４階建てマンションを提案したのだ。

すべてファミリー向けにした場合と、単身者向けを組み合わせた場合の収益の比較シミュレーションをしたところ、単身者向けを組み合わせたほうが、利回りで約1・5%高くなることがわかり、これが決め手となった。

この案件の土地オーナーは、他にも賃貸経営を行っていたため知識が豊富であった。そのため、戸建て住宅が多く、単身世帯よりもファミリー世帯が圧倒的に多い地域であったこともあり、当初はファミリー向けを強く主張していたが、いまでは複合マンションにして良かったと喜んでいただいている。

なお、本書は複合マンションを常に勧めているわけではない。立地条件や市場環境によって、豊富なノウハウを持ったプロの眼で、先入観なくベスト提案を検討することの大切さをお伝えしたいのだ。

ところが、建設専門の会社は、土地オーナーの希望通りに建てることを優先して、失敗することがよくある。建てた後のことは、関係ないからだ。私たちは、20年後、30年後を見通しながら、〝資産価値の最大化〟を図ることが使命だと考えている。したがって、たとえ建設会社を変えられる危険性があっても、土地オーナーのご要望が、市場調査を分析した結果、危険性がある場合、プロとしての提案をし続けることも大切だと考えている。説得するのは根気が必要な作業だが、決して諦めることはない。

なお、この事例は、個人感覚での判断がいかに危険かということの教訓となった。地道に市場調査を行い、情報が揃ってから判断することの大切さを教えている。

SD甲子園（2023年竣工）

〈他の複合マンションの事例〉スプランディッド放出《はなてん》DUE

ＪＲ西日本おおさか東線が２０１９年3月に開通したことにともなって、利便性が良くなった放出という土地の開発案件を、他の複合マンション事例として紹介したい。放出駅は、元々ＪＲ学研都市線も接続しており、路線が増えたことで都市部へのアクセスが更に良くなった。物件は、その便利な放出駅から徒歩４分という駅近な場所にあり、好立地物件と言える。

設計者がまず考えたのは、放出エリアを「今後発展し、人口が増えるエリア」として捉えるということだ。働く人をターゲットにし、単身者とＤＩＮＫＳ（「Double Income No Kids」の頭文字略語。子供を持たない共働き夫婦のことを表す）の両方に選んでもらえるような複合物件を提案した。メインターゲットを働く人に置きながら、単身者とＤＩＮＫＳの両方にアプローチしたのは、市場調査の結果、単身者だけに絞り込むと部屋が埋まらないリスクがあったためだ。この地域には新婚夫婦も多いことがわかり、単身者とＤＩＮＫＳの複合物件に決定した。

SD放出DUE（2020年竣工）

SD放出（2020年竣工）
エントランスホール

Splendide Hanaten

最上階にあたる9階にはルーフバルコニーを設けた部屋を設置し、広々とした空間を希望する方にも満足していただけるように特徴を出した。これにより、他の階よりも家賃設定を高くすることができ、収益性向上に繋がっている。

外観はコストをかけ過ぎず、色調をベージュやこげ茶を基本とし、環境にも馴染むよう配慮した。南向きの立地を活かした明るい住環境となった。一方、建物内のエントランスは、活気ある都会的な雰囲気を出すために、ニューヨークモダンのシンプルなデザインにし、仕事に打ち込んでいる若い世代を意識したつくりになっている。

マンションだけでない豊富な建物提案

ここまで、創意工夫により魅力あふれた賃貸マンションの実例をご紹介してきたが、ここでは、賃貸マンション以外の創意工夫について、２つの成功事例をご紹介していきたい。

【ケース５】竣工時に満室になったワーキング・ベース

２０２０年９月に、ワーキング・ベースを手掛けた。以前は、アパートが建っていたのだが、老朽化が進んで空室が目立っていた。土地オーナーも何とかしたいと考えていたところ、付き合いのある不動産会社に「信和建設がワーキング・ベースを手掛けているから話だけでも聞いてみてはどうか」と推薦してくださったのがきっかけであった。

土地オーナーは60歳で、お父様は90歳だった。アパートは相続対策を兼ねて法人化した会社名義で建てたものだった（土地名義は、父親のまま）。

駅から５分程度と立地が良かったので、賃貸マンションを建築する選択肢もあったが、既に単身者向けとファミリー向けのマンションを保有していたため、それ以外のものを建築したい、というご要望が強かった。また、あまり大きい建物ではなく、20年ぐらいで償却できて、コストの抑えられるものを希望されていたので、それらのご要望を総合してワーキング・ベースを提案させていただくことになった。まず、ワーキング・ベースとはどのようなものなのか、ニーズがあるのか、等を具体的にイメージしていただくために、既に私たちが手掛けていたワーキング・ベースを、実際に見学していただいた。

さて、見学いただいたワーキング・ベースは、倉庫と駐車場と事務所を一体化させた建物だった。建物の前に車を１台とめられるスペースがあり、建物は２階建てで、１階部分を倉庫、２階部分を事務所として使えるようになっていた。建物の形は伝統的な長屋風で、５軒が並ぶ。このような物件は、大工の親方やリフォーム会社、インターネット通販を行う企業やスタートアップ個人事業主等、仕事に必要な道具や商品の在庫を保管する必要があるようなビジネスをしている方から好まれる傾向にある。

２０２０年のゴールデンウィーク明けから工事に入り、７月から募集を始め、９月に竣工した。広告を出したり、近隣で商売している人に紹介したりした結果、募集当初から入居者が決まり始めて、駅から近いということもあり、竣工時には満室になるほどの人気物件になった。

なかにはセカンドハウスとして借りたいという人や、１階の倉庫に高級車を保管したい

ワーキング・ベース（2022年竣工）

という人が見学に来る等、さまざまなニーズがあることがわかった。

ワーキング・ベースは、個人事業主や企業といったビジネスでの利用を目的とした入居が多いので、転居が少なく長期にわたって契約してもらえるというメリットも魅力のひとつだ。信和グループが手掛けたワーキング・ベースを、2物件紹介する。

〈物件①M´sガレージハウス〉低コストで高利回りの土地活用を実現

木造2階建ての倉庫付住戸の物件となる。建築前は、72坪の月極駐車場として活用していた。1階が倉庫で2階が住居のワーキング・ベースとなっており、1階の倉庫は駐車場、物置、作業場等、さまざまな用途としての利用が可能だ。

建物外にも駐車場スペースがあるため、2台の車両を駐車することも可能な物件になっている。1階の倉庫の高さを極力確保するために、天井を造らず、躯体梁・配管等をむき出し状態にしている。このような形の物件はあまり多くないため、竣工してまもなく満室御礼となった。低コストで高利回りの土地活用の成功事例と言える。

M's ガレージハウス（2018年竣工）
（住戸1）2F洋室

〈物件②ＧＥＭ　ＢＡＳＥ　ＩＮ　ＳＵＭＡ〉ウインドサーファーの利用を想定

この物件は、木造で地上２階建て、総戸数７戸のワーキング・ベースとして建築した。ＪＲ山陽本線「須磨駅」から徒歩４分と最寄り駅から近く、便利な立地条件だ。将来的に、須磨沿岸を神奈川県の湘南のように変えていきたい、テナントを含めた新たな利用価値を考えてほしい、という土地オーナーのご要望があり、多くの方とシェアできる空間を物件に取り入れた。

物件周辺にはウインドサーフクラブ、ショップ等があり、冬でも若年層を含めリピーターが多く集まるとのことなので、そうした方も利用できるテラスハウスをイメージした空間をつくり出した。１階はフリースペース、２階は住居、そして海を見ながらバーベキューができるスペースがあり、大勢で趣味、娯楽を楽しめる空間になっている。

GEM BASE IN SUMA（2019年竣工）

【ケース6】賃貸マンションからサービス付き高齢者向け住宅に計画変更して成功

当初の予定が賃貸マンションだったのを介護施設に切り替えたことで成功した物件を紹介したい。阪急神戸線武庫之荘駅から徒歩十数分の立地で看護師が24時間体制で常駐するサービス付き高齢者向け住宅だ。

土地オーナーは、約４００坪の土地に賃貸マンションを希望していたが、立地条件と環境を綿密に調査した結果、賃貸マンションでは事業収支の見通しが立たないことを理由にお断りをした上で、サービス付き高齢者向け住宅を強く提案した。根拠としては、地域周辺の高齢化が進んでいたこと、また、建築費用の約１割に該当する額の補助金が出ること等を勘案して、賃貸マンションを建てるよりも収益は良くなるとの結論に達したからだ。

当時、グループ会社の株式会社シニアスタイルが同地区周辺で借り上げができるサービス付き高齢者向け住宅を探していたことも、提案を後押しする重要なポイントであった。尼崎で既にサービス付き高齢者向け住宅を運営している実績があったからだ（２０１５年に「シニアスタイル尼崎」が高齢者住宅経営者連絡協議会「リビング・オブ・ザ・イヤー」で優秀賞を受賞／『有料老人ホーム三ツ星ガイド　２０２２年度版』〈出版社：幻冬舎〉で三ツ星を獲得）。

　私たちは、粘り強く交渉を重ねた。サービス付き高齢者向け住宅を見ていただき、事業計画書やマーケティング資料を用いて丁寧な説明を繰り返した。交渉を重ね、信頼関係が強化されていく実感が強くなってきたとき、「お任せします」という返事をいただいた。

　サービス付き高齢者向け住宅の場合、その運用を当社グループの株式会社シニアスタイルのような会社が行うことが前提になるので、一括借り上げスタイルが保証される。結果的に、**空室を心配することなく、30年の間毎月決まった家賃が欠けることなく入ってくる**。つまり、実質未収の心配がない１００％稼働となる。また、賃貸マンションのような共用部の電気代、エレベーターのメンテナンス費用、共用部の清掃代等の各種維持費が全く必要なくなる。立地条件、建物条件、そしてとても重要なことだが、運営委託先の判断さえ間違えなければ、サービス付き高齢者向け住宅はかなり有効な選択肢のひとつであることは間違いない。

建設が始まると、運用の充実に向けて取り組んだ。特に、いろいろなリハビリに注力した。例えば、口から食べることができない胃瘻《いろう》の人が、再び口から食べることが可能になる（嚥下《えんげ》機能が残っている人が対象）プログラムを取り入れる等を行った。その結果、周辺の高齢者から「早く入りたい」との声があがるほど、期待される物件になった。

なお、左上の写真に注目していただきたい。石と灯籠が配置されているが、これは、土地オーナーから「大切にしている石と灯籠を残したい」という要望があり、それを叶えたものだ。私たちは、ただ建物を建てればいいという考えではなく、土地オーナーの心と向き合って建物の全体像を設計し、オーナーの想いやよろこびに溢れる建物を増やしていきたいと考えている。

後日談だが、その土地オーナーは、サービス付き高齢者向け住宅の収益性に強い確信を持つようになり、私たちが直接経営していた「シニアスタイル西宮北口」の物件を買いたいという強い希望があったので売ったというエピソードまである。次に、その物件を紹介

シニアスタイル武庫之荘（2017年竣工）

したい。

〈シニアスタイル西宮北口の事例〉・・・「終《つい》の棲家《すみか》」として利用できる施設

西宮市にあるショッピングモール「阪急西宮ガーデンズ」東ゲートから徒歩3分の場所にある。ご夫婦での入居でも十分に対応できる広い居室にＷＥＢカメラ、脈拍、心拍数、呼吸数等の生命活動を計測できるセンサーも設置している。また、玄関には顔認証システムを設置することにより、不審者の侵入を未然に防げるよう安全対策にも配慮している。

理学療法士、作業療法士、看護師が毎日勤務し、ＡＤＬ（日常生活動作）評価やリハビリ計画作成と実行、転倒予防や手足の筋肉・関節が動きづらくならないようにする等、入居者が長く元気に暮らせる体制を整えている。さらに、中重度の認知症の方専門のフロア・居室を設け、認知症対応に優れた介護職員を軸に介護・レクリエーション等を実施している。また、在宅医療の経験が多い医師と連携し、8時〜20時まで看護師常駐による経管栄養対応等、在宅医療が充実している。このような充実した運営は、西宮北口だけのも

シニアスタイル西宮北口（2020年竣工）

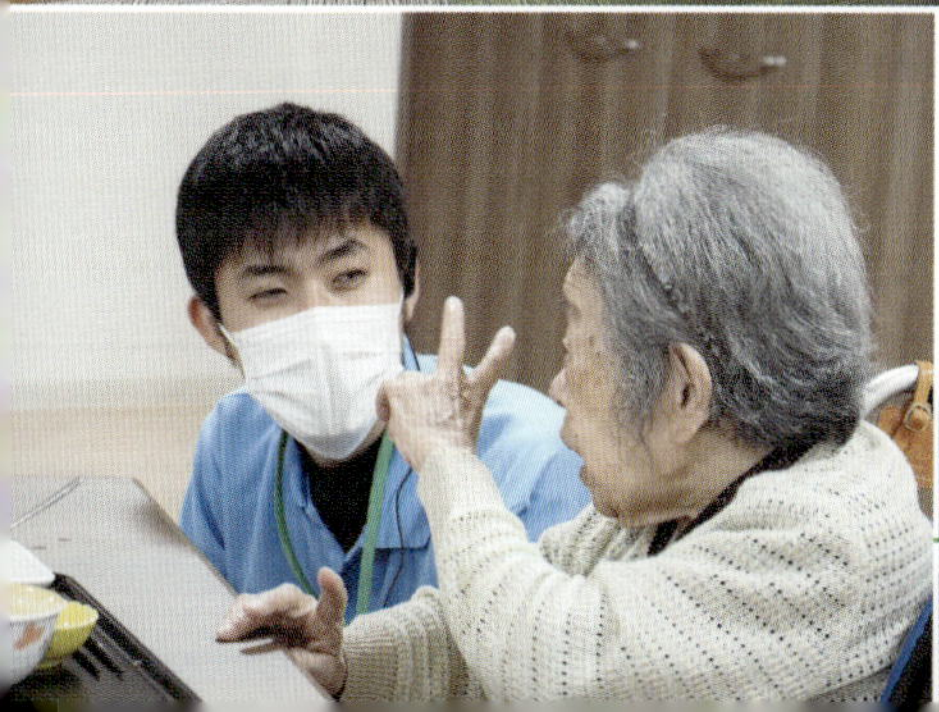

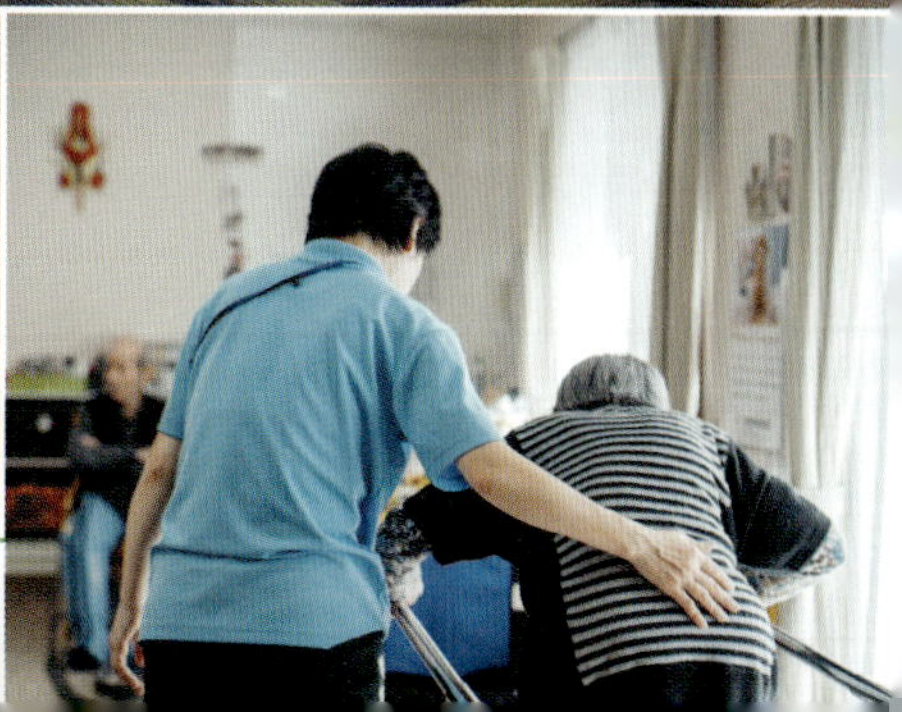

のではなく、すべてのサービス付き高齢者向け住宅で実施しており、どの物件も「終の棲家」として、安心して利用できる物件となっている。

【ケース7】広大な土地に建てたサービス付き高齢者向け住宅

阪急神戸線園田駅から徒歩7分の好立地に、約２０００坪という広大な土地を保有する土地オーナーがいた。既に80代半ばだったにもかかわらず、「まだ元気だから、相続対策などいらん!」と、まったく相手にもしていただけない状況だった。初めて訪問してから3年は、まったく進展がなかったのだが、米寿(88歳)を迎えた頃に、急に進展しだした。ご本人が病気になってしまったことがきっかけだった。

広大な土地を上手く活用する方法として、サービス付き高齢者向け住宅の提案を行った。やはり、立地条件や環境条件が良く、大きな物件なだけに建築費用の約1割に該当する額の補助金も大いに役立ち、収益の良い物件となった。最上階に、当時の関西ではあまりなかったナーシングホーム(医療的ケアを行うための看護師が24時間３６５日常駐する等、病院と介護施設の両方の良さを兼ね備えたホーム）を設ける等、サービスの充実も図り、運用面からも相続対策としての効果が充分であった。

　後日談だが、土地オーナーはその地域で有名な方だったので、その方がいよいよ相続対策のための土地活用に踏み切った、という話題に地元では注目が集まった。ご本人が、「もっと早くから相続対策を始めておくべきだった」と感想を漏らしたこともあり、周辺の高齢者たちが「あの人が相続対策をして良かったと言っているなら、自分らもそろそろ考えなければいけないのかな」と思い始めたのだ。

　このケースからもわかるように、いつかは相続が発生することがわかっていても、なかなか対策を考えようとしない土地オーナーがほとんどだ。ご提案しても、まったく話を聞いてくださらない方も多い。大切なことは、それでも諦めないことだ。土地オーナーに対して、常にアクションをし続けるのが使命だと考えている。何年断られ続けても、辛抱強く提案をさせていただき、最後の最後で土地オーナーのお役に立つことができれば、これ以上の喜びはない。

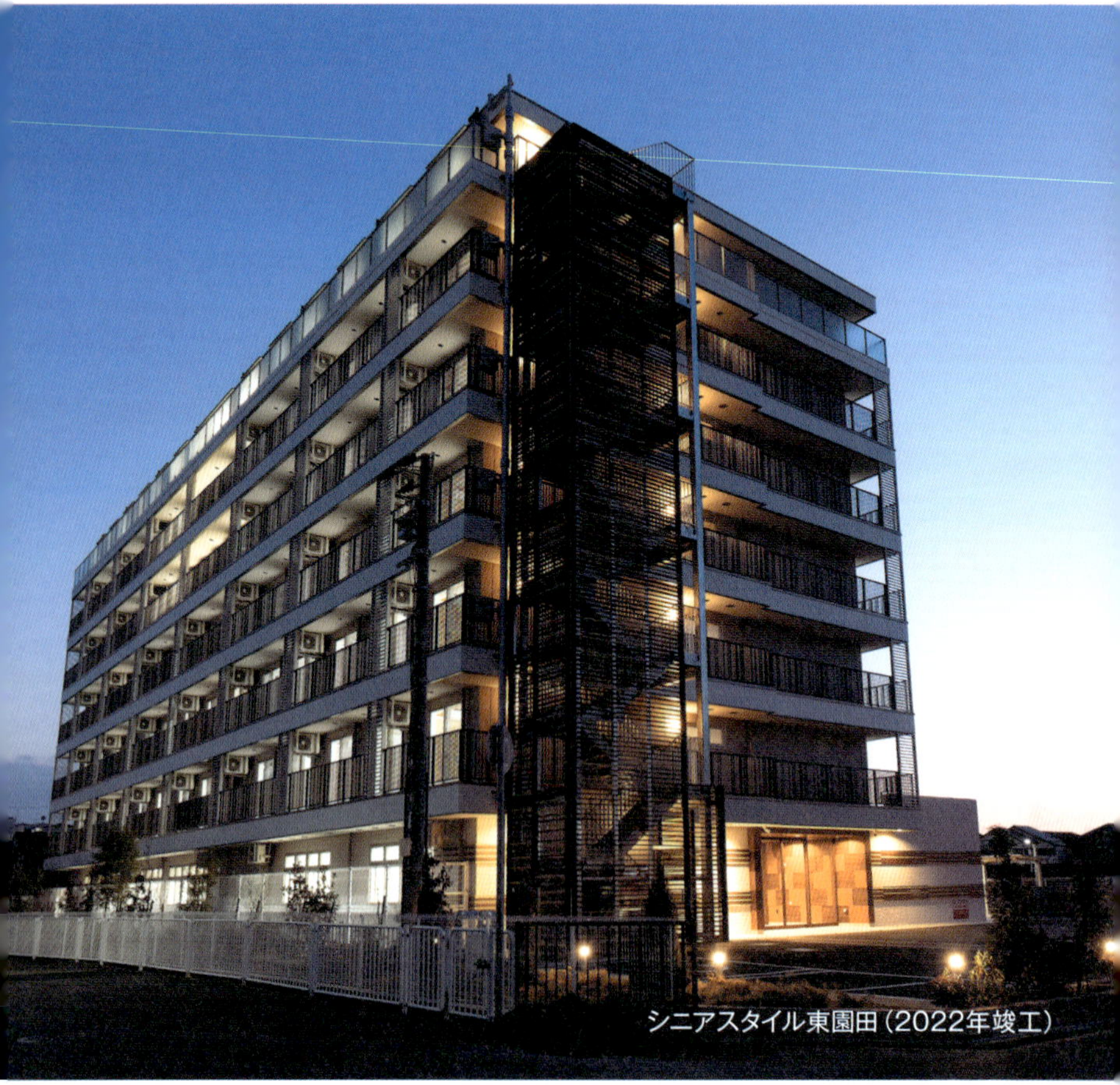

シニアスタイル東園田（2022年竣工）

談話室

相続対策に役立つ専門家チームが組める強み

第1章でも書いたが、相続対策は専門的な知識と経験に基づいた判断も必要なので、素人ひとりが、にわかに対応できるものではない。相続資産を多く持つ土地持ち、金持ちの場合特にそうだ。

建設、入居者付け、ビルメンテナンス等だけでなく、できれば税理士、弁護士についても信和グループにお任せいただけることが最も安全だ。なぜなら、相続対策に強い税理士、弁護士を適切に見つけるのは、結構難しいからだ。例えば、被相続人が亡くなった後に、帳面屋としての処理を行う場数が多くても何の役にも立たない。被相続人が亡くなる前から、どれだけ数多くのシミュレーションを行い、適切なアドバイスをしてきたか、という**税負担軽減のためのコンサルティングの経験量**が役立つのだ。

私たちが、税務分野で協力をいただいている税理士の専門集団は、相続税の還付で日本全国の資産家に支持されているチームだ。既に相続税の納税をすませた資産家の申告内容を再検証して、過払いが発覚した場合は、莫大な税金を取り戻すこともある。いったん納付された税金は、そう簡単に還付されることはないと思われているが、相続税の仕組みに精通しているからこそ、還付に成功することがよくある。

弁護士についても同様だ。実際に、このような実例があった。賃貸マンションに適する土地を保有するオーナーから、「相続対策の準備として賃貸マンションを建てる方向で考えていると知人に漏らしたら、信和建設さんが経験豊富だからとアドバイスを受けたので、依頼をしたいのだが」との打診があった。土地の立地条件、市場分析、マーケティング等の総合判断をしたところ賃貸マンションを建てることで節税対策どころか、資産増強に繋がる可能性が高かったので、受諾して設計に入った。しばらくして、顧問弁護士から反対意見が出たので賃貸マンションを建てるのは中止したい、という連絡が入った。そのような判断に至った理由を確認すると、弁護士曰く、「建設会社は賃貸マンションを建てたいと言うに決まっている。もし、建設会社が言うような満室にならず、空室だらけだったら、借金の返済に追われて苦労するのは君だぞ」と、とにかく反対の態度だったので断念した、ということだった。「弊社の総合判断に基づいた提案書に、その弁護士は目を通した上での判断ですか？」と尋ねたところ、精査することなく、「こういう提案書は、いいことしか書かないから」というアドバイスしかなかった、とのことだった。

相続対策の経験がほとんどない弁護士は、このような判断をすることが多い。かといって、相続対策に強い税理士や弁護士のツテはない、という土地オーナーも多い。

そのようなときには、信和グループに相談いただきたい。相続対策の経験が豊富な私たちが、相続対策に強い専門家のネットワークを築いているので、条件に適った適任者をご紹介できる可能性が高い。もちろん、私たちの紹介だからといって、建設ありきという忖度をすることはなく、プロとしての仕事に徹していただけるので安心していただきたい。

いざというときの売却に強い

相続対策でよくある失敗のひとつとして、相続税の支払い現金が不足していることを解消するために、不動産の一部を売却せざるを得ない事態を招くことだ。しかし、不動産売却はすぐに成立するとは限らない。焦りが生じてしまうと足下をみられて買い叩かれることすらある。「備えあれば憂いなし」ということわざにもある通り、いざというときの売却に強い不動産会社を相続対策専門家チームに加えておくことは、意外に重要だということを知っておいていただきたい。

グループに、信和不動産株式会社という会社がある。相続対策の迅速性にも慣れている。また、必ず約束できることではないが、信和不動産自体が当該不動産を買い取るという選択肢もあり得る。

不動産という財産は、単に右から左へ売り買いするだけの〝もの〟ではない。〝建設〟という付加価値で姿を変え、〝建物〟の管理運用で価値を増やし、〝売却〟という市場放出で現金を得る。「関係者の選択」さえ間違えなければ、この**〝資産価値のスパイラルアップ〟**とでも呼ぶべき好循環が手に入ることになる。

3 - 2

信和グループの今後

サービス目線を極める

２００２年、信和グループは大きな転換点を迎えた。大手ゼネコンの下請けをするサブコンであった弊社が、サブコンからゼネコンへ、大きく舵を切ったからだ。その後、不動産賃貸業務や管理業務等をグループ内で手掛けるようになった。しかし、ノウハウがない私たちが土地オーナーを実験台にして経験を積んでいくわけにはいかない。では、どうすべきか——そこで考えたのが自社で家主業を経験して、実績を積み上げていくということだった。

そのような中で、ゼネコンとしての仕事は順調に進み、さまざまなタイプの物件を建設することで、着実に経験を積んでいくことができた。介護施設にしても、ゼネコンとして、多くの工事を手掛けるようになった。工事を通して知り合った介護施設の理事長等に話を聞く機会が増え、「自分の家族を入居させたくなるような介護施設をつくりたい」と意欲が強くなった。そのような発信をしているうちに共感していただける仲間が集まり、介護施設部隊ができあがるに至った。

私たちは、すべてのビジネスの根底には、**サービス目線**があると考えている。サービス目線とは、**常に相手の立場に立ち、何事に対しても考え抜くビジネス姿勢**のことだ。私たちのビジネスが順調に転換し続けることができたのは、そのサービス目線に基づく姿勢で仕事に取り組んでいるからだと自負している。そのサービス目線が大きく開花したのが総合ホテル経営への参入であった。

２０１１年、当時赤字経営だった株式会社ホテルプラザ神戸をグループに編入した。大型買収であったので、買収にあたり取引銀行に融資を依頼した。しかし、二つ返事で断られた。その理由は、「このホテルの親会社は、上場している大会社ですよ。その会社でも赤字になるのだから、単なる建設業の御社が成功させることができるとは、到底考えられない」という信じられない言葉だった。取引銀行ですら当社を表面的な視点でしか見ていないということを痛切に感じさせられた。「私たちは、単なる建設業をしているのではなく、サービス業をしているのだ」と、ホテル事業を通して実証したいという思いが強くなった。

ホテル事業は、これまでの住居事業とは全く異なる分野だったが、未知なるノウハウの「宝庫」でもあった。私たちが取り組んできたサービス目線に基づき、お客様の視点からあらゆる業務の改善に取り組んだことで、買収翌年には業績は向上し、経営も黒字に転じた。**私たちが育んできたサービス目線の賜物**である。

賃貸マンション等の建物は、ただ建てれば良いというものではない。その運用をどのようにして資産価値の最大化を目指すのか、ということを常に考え続けなければならない。**土地オーナーの目線で仕事をしてきた私たちは、彼らの不安が手に取るようにわかる。**

ホテルプラザ神戸
天空のガーデン

「本当に事業計画通りに満室が続くのだろうか？」「収支計画通りにいかなくて、借金を返せなくなったらどうすればいいのか？」――。

サブコンとして土地オーナーに携わってきた私たちとしては、その不安を共有できても、実際には入居募集やビル管理の会社に預けるしかなかった。ところが、それらの会社の中には、きっちりと仕事をしない会社もあり、土地オーナーの不安が的中してしまうという悲惨な例も、やはり数多く見てきた。

そこで、土地オーナーの不安を取り除くために、私たちが建設後の入居者募集やビル管理を行うしかない、という決断に至ったのだ。こうして、私たちのノウハウを集約した賃貸管理会社「信和コミュニティ株式会社」を立ち上げ、高い家賃収益を維持しながら入居率平均97％を達成したことがある。その他にも、新たな設備投資をせず、ビルの空室を「貸会議室」として活用するアイデアも軌道に乗ってきた。また、土地オーナーの不動産売買の不安を取り除くために、不動産開発や不動産売買の事業も立ち上げ、これも信和グループの中核会社として育ってきた。

私たちは、このようにしてオールラウンド企業としての充実した取り組みを実施できるようになるまで進化、発展してきた。単なるサブコン会社が、ゼネコンとしての総合建設業を営むようになり、いまや総合不動産業、総合ホテル業、介護事業、ＷＥＢサイト構築・運用事業、貸会議室事業、温浴事業、駐車場事業、そしてファンド組成・運用事業というオールラウンドサービスを生業としている。特に、ファンド組成・運用事業を営む信和アセットマネジメントはグループの今後のますますの発展を支える切り札として大いに期待が集まっている。信和アセットマネジメントが直接、投資家を募り、１００億円規模のファンドを組成、１号ファンドは２０２４年６月に組成、２号ファンドは２０２５年６月に組成予定。１号ファンドで運用している賃貸マンションは稼働率が２０２４年11月末時点で平均99%と非常に高く、賃料も周辺相場を上回っているため、想定をはるかに超える利回りで投資家からも高い評価を受けている。これからも、グループ内の連携を活かして、相続対策に〝適切〟に取り組みたい土地オーナーのお役に立つことができれば、これ以上の喜びはない。

みなさんとともに新しい街を創るという夢に向けて

建物は、街を変える。
建物は、街を明るくする。
建物は、治安を良くする。
建物は、街の利便性を高くする。
建物は、人を集める。
建物は、街の価値を上げる。
建物は、街を活性化させる。
建物は、人を活き活きさせる。
建物は、あなたの夢をかたちにする。

信和グループは
あなたとともに、新しい街を創りたい。

あとがき

会社って、誰のもんやろな？

こう考えたとき、グループの未来図が動き始めたのかもしれません。

ある日、ある社長に、「前田社長の会社って、企業理念もないんですね。何のために、会社やってるんですか？」と問い掛けられました。私は正直言うと、「えっ⁉」と思いました。その通りだったからです。また、偶然にも同時期に、お世話になっていたコンサルタントから段ボール2箱分の本が届けられました。中身は、松下幸之助さん、稲盛和夫さん、永守重信さん、孫正義さん等、すべて名経営者の本でした。「まずは、読みなさい！」ということだと捉えました。それまで実は、その類の本は読んだことがありませんでした。

1冊手に取ってからは、読むことに夢中になり、届けてもらった本をすべて読んだ後は、自分で書店に買いに行ってまでその類の本を読み漁りました。そうこうしているうちに、幼少時代に母親から刷り込まれるように教えられていた言葉を思い出しました。

「ひとのよろこびをじぶんのよろこびとし、ひとのかなしみをともにかなしむ」

20年以上忘れていた言葉が甦ったときに、企業理念の何たるかが少しわかってきたのかもしれません。

社員が喜ぶと私も嬉しくなり、社員のモチベーションがアップすると私もやる気が出てくるのは、幼少時代に刷り込まれていた〝教え〟があったからだと気付きました。それも、アドバイスをしていただいたり、本を届けていただいたり、まわりのみなさんの助けにより、経営者への第一歩を踏み出したと言っても過言ではありません。

本書でも書きましたが、「**常に相手の立場に立ち、何事に対しても考え抜くビジネス姿勢**」を大切に考えています。それが、当社の行動指針である「**すべてを尽くす**」に繋がり、お客様、取引先、社員、社員の家族等、すべての関わる人の喜びを第一に考える企業文化の礎になっています。

中国の故事に、「人を知る者は智なり、自ら知る者は明なり」という言葉があります。智も明も「深い読みができる」という意味を表す大切なことなのですが、人を知る以上に、自分を知ることははるかに難しい、という戒めの言葉としても受け止めることができます。

土地持ち、金持ちの読者のみなさんは、人生やビジネスで成功された方が多いと思います。当社グループ及び私は、そのようなみなさんのお役に立てることで、まだまだ成長していかなければならないと思っています。みなさんとのお付き合いを通して、もっと人を知る努力をしたいと考えています。

その人付き合いを積み重ねることで、ようやく自らの欠片を見つけ出し、自らをわずかながらでも知ることが可能になるのかもしれません。

会社って、誰のもんやろな？

お客様とともに新しい街を創りたいという気持ちを持ち続け、仕事に精進していくことで、この答えが見えてくると信じています。

２０２５年１月吉日

信和グループ 代表 前田裕幸

《著者略歴》
前田 裕幸（まえだ ひろゆき）
信和ホールディングス株式会社代表取締役社長。1967年、大阪府豊中市生まれ。15歳から、飲食店や工場、建築現場などの社会人経験を積み、1989年、信和建設株式会社へ入社。1999年、同社代表取締役社長就任。就任時の年商は10億円であったが、2012年には信和グループ全体で100億円を超える。その後もグループ会社を増やし、2022年には500億円を超え、2025年にはグループ全体の年商1000億円規模の企業に成長させる。
現在は信和ホールディングス、信和建設のほか、信和不動産、信和ホテルズ、信和コミュニティの代表取締役に就任。現在グループ会社総数は19社と１医療法人。
自身の現場監督や積算購買の経験を活かし、土地オーナーに具体的な提案を行う。
一級建築士／１級建築施工管理技士／１級土木施工管理技士／１級造園施工管理技士／建設業経理事務士２級の資格を保有。

〈編集協力〉
藤本 篤志（ふじもと あつし）
株式会社グランド・デザインズ　代表取締役社長。営業コンサルティング事業のほかに多数のビジネス書を執筆するベストセラー作家でもある。

三浦 希一郎（みうら きいちろう）
税理士　CFP
税理士法人 FP 総合研究所　理事・南森町事務所長

迷惑かけて死んだらあかん
土地持ち、金持ちが生きているうちにすべき相続対策

2025年４月30日　第１版第１刷発行

著　者　前田裕幸
発　行　株式会社ＰＨＰエディターズ・グループ
〒135-0061　東京都江東区豊洲5-6-52
☎03-6204-2931
https://www.peg.co.jp/

印　刷
製　本　シナノ印刷株式会社

ISBN978-4-909417-87-9

はじめに

Oculus Riftの登場に端を発した今回のコンシューマVRブームには、これまで幾度かあったVRブームにはなかった力強さを感じています。VRコンテンツが活躍する場は、遊園地やイベント、ネットカフェやゲームセンター、映画館など、日々広がりを見せています。

こうしてVRコンテンツの需要は増え続ける一方で、その制作については従来の映像コンテンツとは全く違う考え方が必要になる部分も多く、実際のところを語った情報はあまり一般には知られていません。現に、私に相談しに来る方の多くはVRコンテンツ制作に関する知識が少なく、そのため具体性にとぼしい相談内容であることがよくあります。

この本の制作中の呼び名は、

「広告代理店の人間がVRイベントを計画するときに初めて読む本」

という身も蓋もない呼び名でした。タイトルの通り、広告代理店の人から「話を聞かせて欲しい」「企画があるので相談に乗って欲しい」と来た時に私がいつも話している内容、紹介している事例をまとめた実践的なものです。

VR開発者用の本というよりは、今からVR開発者に仕事を発注しようと思っている人たちに、VRの得手不得手、よくある失敗例などをご紹介することでVRの基礎知識を蓄えてもらうことを目的としています。そうすることでVR開発者達とのコミュニケーションの齟齬をなくし、円滑に仕事の話を進められることを願っております。

本書によって1つでも多くのVRコンテンツが生まれることを祈っております。

2016年6月　著者

CONTENTS

本書について

本書は大きく分けて2つのパートで構成されています。

Part 1 VRを取り巻く状況

このパートでは、VRの基本知識について解説します。どうして、いまVRが盛り上がっているのか、またVRコンテンツ制作にあたり、どういったことを考えなければならないか、VRコンテンツの特性などについて解説します。

Part 2 事例で見るVRコンテンツ

このパートでは、実際に制作された事例を基に、費用規模や制作期間、スタッフ構成などとともに、制作会社からお聞きした制作時の工夫や苦労した点などをご紹介します。ご自身のコンテンツのヒントにしていただければと思います。

なお、以下のようなアイコンによって、コンテンツの特徴を示しています。

CG	CGをメインにしたもの		スマートフォンアプリ
実写	実写をメインにしたもの		PCアプリ
操作	インタラクティブ性のあるもの	入手	コンテンツを入手／体験可能なもの
回線	ネットワーク機能を持ったもの	コスト	比較的低い予算規模
全年齢	年齢制限のないもの	コスト	中程度の予算規模
R-13	年齢制限のあるもの	コスト	予算規模が大きいもの

また、各事例の「VR CONTENTS DATA」で示した「費用規模」は、実際の制作内容によって変動しますので、あくまで参考程度とお考えください。

Virtual Reality

Part 1

VRを取り巻く状況

Chapter 1　なぜ、いまVRがアツイのか？
Chapter 2　VRコンテンツの仕様を考える

このパートでは、VRが盛り上がっている背景、そしてVRとはどういうもので、そのコンテンツを考えるにはどんなポイントがあるのかを解説します。

Chapter 1

なぜ、いまVRがアツイのか？

近年見かけることが多くなった
「バーチャルリアリティ（VR：Virtual Reality）」ですが、
新しい技術というわけではなく、
過去にも普及を期待された時代がありました。
最初に、なぜ、今のVRがここまで注目を集めているのか、
簡単に紹介しておきたいと思います。

V R
Virtual Rearity

1.1 現在のVRブームを支えるもの

現在のVRブームは昔のブームと異なる部分があります。その大きなポイントとして、初の民生用VR機材の登場が大きく影響しています。これにより、今回のブームは本格的な普及へと進むものだとする声も多く聞かれます。

1.1.1 学術的な研究から民生利用へ

バーチャルリアリティ（VR：Virtual Reality）研究の歴史は長く、1968年にユタ大学のアイバン・サザランド氏により提唱されたヘッドマウントディスプレイ（HMD：Head Mounted Display）から始まっているとされています。その後、多くはアカデミックな分野での研究が進められ、他領域の技術が革新的な進歩をするたびに、それらの応用によるVR普及が取り沙汰されてきましたが、これまでに本格的な普及に至ることはありませんでした。

しかし、2012年に「Oculus Rift」（オキュラス・リフト）が登場することで、流れが大きく変わります。Oculus Riftはスマートフォンの技術を応用することで、大量生産可能な比較的低価格・シンプルな構造を実現しました。民生品となるコンシューマVR向けHMDの誕生が現実味を帯びてきたのです。その後、Facebook社がOculus Riftを開発したOculus VR社（現Oculus社）を買収したことにより、投資・開発が加速し、競合となるコンシューマ向け製品も次々と登場してきて、現在に至ります。

VRが本格的に普及すると目されている理由

コンシューマ向けの機材が登場したことも大きな要因の1つですが、さらにコンテンツの開発環境や流通の仕組みなどが整ってきていることも、今回のVRブームが本格的な普及へとつながる要因だと言われています。

その大きな役割を果たすのが、ゲーム業界から生まれてきた「ゲームエンジン」と呼ばれる開発ツールです。このゲームエンジンは、ゲーム開発で通常必要とされる処理を汎用化することでゲーム開発の工数を大幅に削減し、3Dゲームや3D映像制作の敷居を下げることに成功しました。主要なゲームエンジンとしては「Unity」（ユニティ）や「Unreal Engine」（アンリアル・エンジン）などがあります。これらのゲームエンジンはVRをターゲットとした開発を行いやすい仕組みを備えるようになっており、近い将来にはVR空間内での開発も実現しようとしています。

また、SNSやオンライン配信プラットフォームも普及してきており、制作したコンテンツの周知・配布もしやすくなってきています。HTC Vive（エイチティーシー・バイブ）を共同開発しているValve社は、ゲームのオンライン配信プラットフォームSteamを運営しています。同サイトでは従来からインディーズゲームの配信を行ってきましたが、最近ではVR対応コンテンツも増えてきています。さらに、YouTubeやFacebookでは360度全天球動画・画像の配信にも対応しており、スマートフォンで手軽にVRコンテンツを視聴できるようになりました。もちろんスマートフォンアプリとして制作すれば、Google PlayやApp Storeなどで無償／有償での公開も可能です。

これら、昔のVRブーム時には存在しなかった背景があるからこそ、今回のVRブームは本格的な普及へとつながると見る向きが多く、さまざまな業種・職種の人々がVR業界へと参入してきています。

表1.1に考えられる主なコンテンツの公開方法をまとめました。

表1.1 VRコンテンツの主な公開先

公開先	運営元	審査有無	備考
Oculus Store	Oculus	有り	Oculus Rift/GearVR向けのアプリストア
Steam	Valve	有り	HTC Vive向けのアプリストア
Google Play	Google	有り	Androidアプリとして公開可能
App Store	Apple	有り	iOSアプリとして公開可能
体験会	—	—	期間限定イベントなど
常設展示	—	—	遊園地やゲームセンターなど
Webコンテンツ	—	—	SNS利用含む

1.2

VRにできること、できないこと

VR

VRという未知の領域でコンテンツを制作するためには、VRがどのようなもので、何ができて、何ができないかを知っておくことが重要です。ここでは、VRの基本について簡単にご紹介します。

1.2.1 VRとは

そもそも、VRとはどういったものなのか、本書の読者であれば多かれ少なかれ、イメージをお持ちのことと思います。HMDをかぶることで、現実とは全く異なる視界が広がり、まるで別の場所へ瞬間移動したような体験を得られる、という感じでしょうか。

VR＝Virtual Realityの日本語訳には議論もありますが、誤解を恐れずにあえて言うのであれば“実際には存在しないが本質的な機能が同じであるような環境の体験”を表すものとして「人工現実感」という意訳がわかりやすいと思います。すなわち、人工的な映像や五感体験を通じて架空の現実感を与えるもの、というようなイメージです。

この人工的な現実感を与えるために、HMDで視界（視覚）情報を架空のものと置き換えているわけです。これは、人間の認識に影響を与える感覚として、視覚が占める割合は他の感覚よりも大きいと言われていますので、効果的な手法ということでしょう。

さらに視覚に加えて、触覚や嗅覚など他の感覚で補うことで、人工でありながら現実感が増していくことになります。

図1.1 VRが見せる架空の現実感

1.2.2 VRと周辺技術

VRと近い技術として「AR」がよく話題にあがります。「AR：Augmented Reality」は「拡張現実」と訳されます。マーカーと呼ばれる目印をカメラに映すことでCGが浮かび上がるものなどをご覧になったことがあると思います（最近ではマーカーがなくても表示できるものも増えてきました）。つまり、現実の視界にCGなどの情報を重ねて表示するのがARです。これに対して、CGなど架空の視界に没入するのがVRですので、アプローチや体験が異なります。

図1.2 ARは現実世界にCGを重ね合わせる

最近では、「MR：Mixed Reality」という言葉も注目され始めています。訳としては「複合現実」とされます。VRとARを複合した技術と言われていますが、本書執筆時点ではあまり一般的に体験できる環境がありません。

このように、現実世界と異なる体験を実現する技術にはいくつか種類があり、VRはそれらの一種ということを意識しておいてください。

VRでできること

VRは前述のとおり架空の視界でユーザーの視界を置き換えます。このため、映像化（視覚化）さえできれば、どのような表現も可能と言えます。過去でも現在でも未来でも、宇宙でも水中でもマグマの中でも、時間と場所を超えて表現が可能です。

一方で、映像を用意しなければならないので、VRと言われている範疇においてはユーザーが存在する現実世界へとシームレスに連携することはできません。しかし、外界を映すカメラ映像を組み合わせることでMR的なアプローチにより、VR空間と現実世界をシームレスに認知することができるようになるでしょう。

このように、VR/AR/MRの違いなどを意識しながら、ご自身が実現したいコンテンツおよびユーザー体験に基づいて、適切なアプローチを検討するといいでしょう。

1.2.3 VR用HMD

執筆時現在、日々さまざまなコンシューマ向けVR用機材（多くはHMD）が開発・発表されています。しかし、ここ数年の実績を踏まえると、以下のようにいくつかの代表的な機材を挙げることができます（ハコスコ、Google Cardboardはマウントしないので厳密にはHMDではありませんが、本書では同等に扱うものとします）。

【ハイエンドモデル】Oculus Rift、HTC Vive、PlayStation VR
【ミドルレンジモデル】Samsung Gear VR
【エントリーモデル】ハコスコ、Google Cardboard

これらの詳細はChapter 2で触れますが、それぞれの特徴によって適切なコンテンツが異なります。ご自身が考えているコンテンツに応じて、どのHMDを選べばよいかについても触れていきますので、ぜひ参考にしてみてください。

Chapter 2

VRコンテンツの仕様を考える

VRコンテンツの制作を始めるにあたって、
企画時に考慮しておかなければならない点がいくつかあります。
これらをはっきりさせておかないと、
開発者とのコミュニケーションも難しく、
プロジェクトが進まなくなってしまいます。
ここでは、開発者が求めるVRコンテンツの
基本仕様項目について、ご紹介します。

Virtual Rearity

2.1

出口の設定

VR

まず「どこで何人に体験させたいか」というのを強くイメージしてください。それによって使うべきハードが決まります。これを筆者は「出口」と呼んでいます。以降にVRの広告利用に関して代表的な例を上げますので、これを参考に、ご自身の企画ではどのような出口を目指したいか検討してみてください。

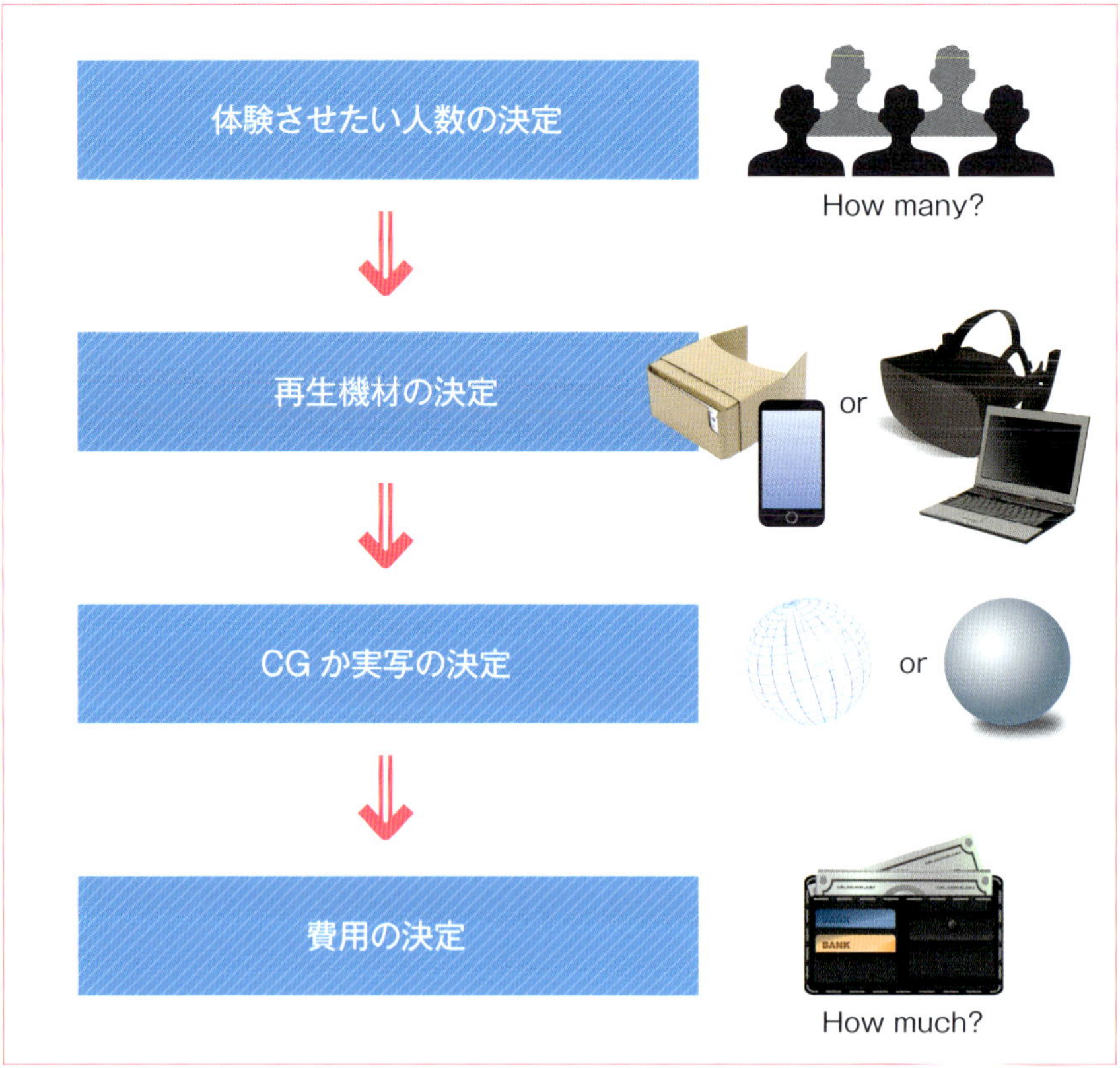

図2.1 作りたいVRコンテンツの出口を考える

2.1.1 アトラクション

図2.2 新鮮なユーザー体験をアトラクションとして提供する

代表例	大手 IT 企業制作のモーションチェア（動く椅子）型 VR コースター		
最大体験人数規模	小規模（100 名程度／日）	体験クオリティ	高い
マネタイズ可能性	常設を視野に入れるのであればマネタイズの可能性はある		
期待できる効果	メディア取材・SNS での拡散などによるプロモーション		

乗り物などの大がかりな仕掛けで刺激的な体験を提供するアトラクションはVRと相性のいいジャンルの1つです。体験時間としてある程度の長さが必要となるでしょうから、体験人数はそれほど多くは望めません。しかし、体験のインパクトや体験空間の演出など、ニュースとして取り上げてもらいやすい要素が多いので、マスメディアやオウンドメディアの発信によって大きなプロモーションを期待することができると思います。

メディアで発信していくにあたってリッチな体験を作り出すことが重要となりますので、Oculus RiftやHTC Viveなど、なるべくハイエンドな機材を用意したほうがいいでしょう。また、映像と連動して動く椅子などの装置を用意し、第三者からの見た目を派手に演出することで、ネット上での“バズ”を狙うのもいいと思います。

コンテンツ自体の体験人数は、入れ替えを含めて1時間あたり数人程度になり、また動く椅子などの装置を使うとそれほど多くの台数を置くこともできないので、全体で1日あたり100名程度しか体験できないと考えてください。

2.1.2 高額商品の購入者特典

図2.3 特別な体験を購入者限定で提供する

代表例	某有名ブランドの購入者だけが見られるファッションショーのウォークスルー体験		
最大体験人数規模	小規模（80名程度／日）	体験クオリティ	高い
マネタイズ可能性	基本的には販促品だと思うが、商品バリエーションとしてファンコンテンツの同梱版という位置づけで付加価値を付けるやり方もあるだろう		
期待できる効果	購入者特典とすることによる購入の動機付け、メディア取材・SNSでの拡散などによるプロモーション		

商品の購入者だけに提供する特別なコンテンツです。従来の特典とは一線を画した価値を提供できます。商品に関連したコンテンツが親和性も高いと思います。例えばファッションブランドであれば、購入したブランドが登場するファッションショーのウォークスルー体験などは喜ばれるのではないでしょうか。

このジャンルのコンテンツは、特別感を出すためにもクオリティの高さが求められ、また体験者数も限られるため、Oculus RiftやHTC Viveなどのハイエンド機材を数台という構成になると思います。

大がかりな装置が不要であれば体験者の回転率を上げることは可能ですが、現実的に考えて、1台で1時間あたり10人程度になるでしょう。3台で構成した場合は、1日（8時間）で240人の体験が可能となります。ただし、1日で240人という観客数はプロモーションとしては少ないでしょうから、やはり、メディアに取材してもらうなどのアクションが必要になると思います。

2.1.3 イベントの一部に体験スペースを設ける

図2.4 大きなイベントの来場者に立ち寄ってもらう

代表例	某大手航空会社ブースの VR 展示		
最大体験人数規模	中規模（200 名程度／日）	体験クオリティ	中程度
マネタイズ可能性	イベントテーマをより先鋭化したコンテンツなら検討できるかもしれないが、そもそもイベント内のブースなのでマネタイズは難しいだろう		
期待できる効果	体験者へのアピール、メディア取材・SNS での拡散などによるプロモーション		

イベント会場に体験スペースを設けて、来場者にコンテンツを体験してもらうケースです。イベントの性質にもよりますが、不特定多数の体験者を期待できるものや、コンテンツとの親和性が高いイベントであれば、ある程度の体験者数を稼ぐことが可能となるでしょう。

気軽に立ち寄れるため体験希望者は多くなる傾向にありますが、その分、配慮も必要となります。例えば、待機行列の整理や、待機中のお客さんが飽きて立ち去らないようにアピールするなど、遊園地やテーマパークのような工夫が必要となるでしょう。大道具・小道具を使ったり、VR コンテンツと連携したアトラクションの展示など、コンテンツ以外の展示ブース設計が重要となります。

また、コンテンツの魅力で客寄せをする必要があるため、ハイエンド機材でハイクオリティなものにするか、あるいはミドルレンジの機材でも説得力のある実写コンテンツとするなどの方向性が考えられます。

2.1.4 大人数の体験者を相手にしたい

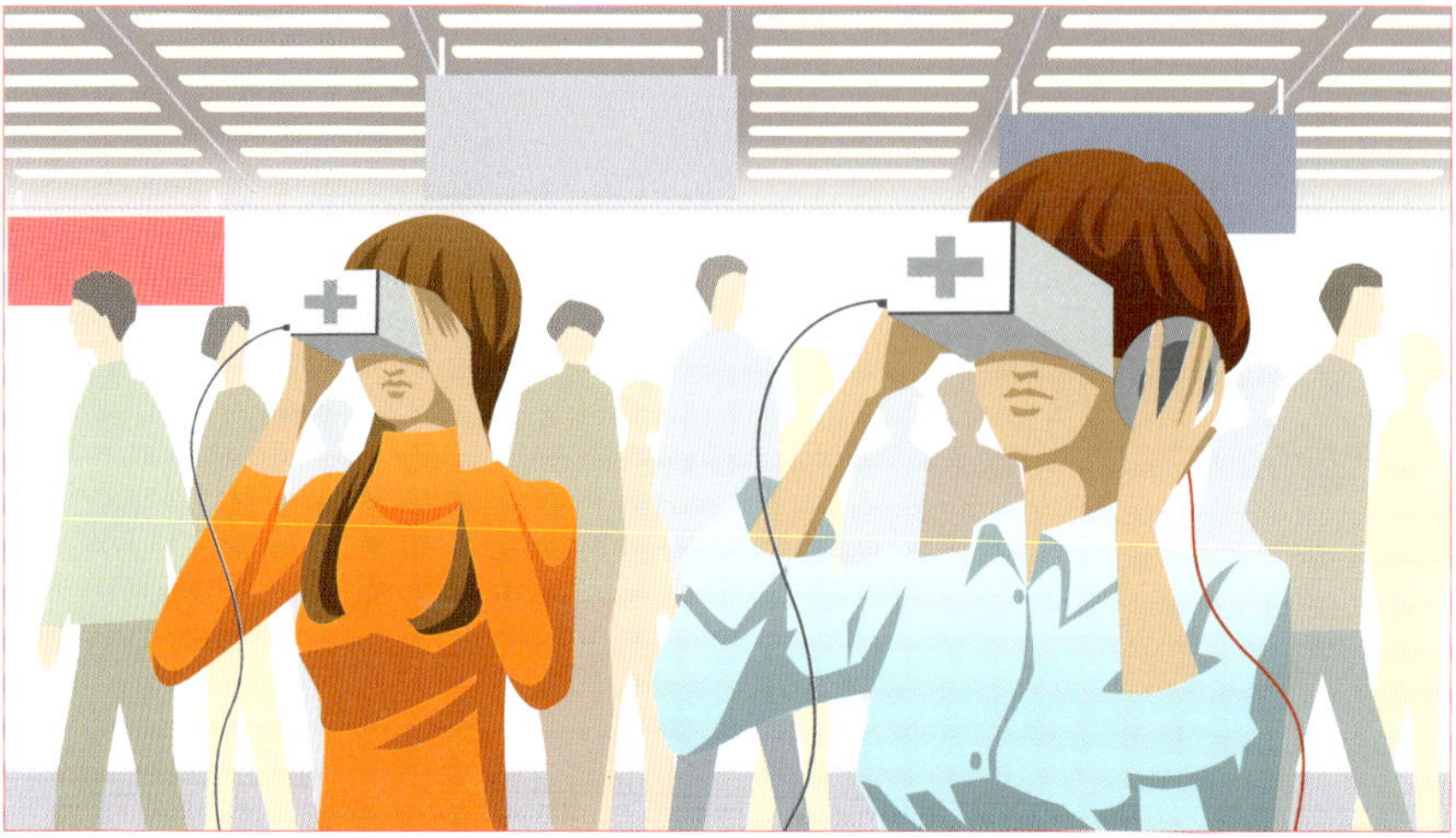

図2.5 大人数の体験者を想定したVRコンテンツ

代表例	某アイドルグループの全天球ライブ販売		
最大体験人数規模	大規模（機材の提供数次第）	体験クオリティ	中～低程度
マネタイズ可能性	機材が調達しやすいことや自宅でも体験可能なため、機材とセットで販売したり、アプリストアで課金したりとマネタイズしやすい		
期待できる効果	大人数の体験者へアピールできる、施策の話題性によりメディア取材・SNSでの拡散など		

とにかく多くの人にリーチしたい場合は、機材を安価で大量に用意する必要があります。その場合は、体験者自身のスマートフォンを使うハコスコやGoogle Cardboardなどのエントリーモデル一択となります。再生機材やコンテンツのセットアップは体験者自身で行うことになりますが、体験会に比べて圧倒的に大人数の体験者を見込むことができます。

ただし、再生機材がスマートフォンなので性能的な限界も考慮して、コンテンツのクオリティは専用機材と比べると低くせざるを得ません。そのため、コンテンツの価格を安くするなど、マスを意識した工夫が必要となります。

2.1.5 PlayStation VRでの配信

最大体験人数規模	大規模（PS VRのユーザー数相当）	体験クオリティ	高～中程度
マネタイズ可能性	このケースはコンテンツ販売をメインとした展開になる		
期待できる効果	コンテンツ販売		

普及台数の規模において期待できるのが、2016年10月13日に発売予定の「PlayStation VR」（PS VR）です。「PlayStation 4」に接続して使用するため、ハイエンドな専用機材に比べてより広く浸透していくものと思われます。

また、ゲーム機であるPlayStation 4の性能を使えるため、スマートフォンを使用するエントリーモデルの機材に比べてクオリティの高いコンテンツも提供できます。これならば、高クオリティでありながら大勢に向けての配信が可能なため、採算性も確保しやすくなるでしょう。

ただし、株式会社ソニー・インタラクティブエンタテインメント（SIE）のプラットフォームを使用するため、一定のクオリティが求められます（SIEによる審査があります）。開発自体も、SIEと開発者契約を結んでいる会社しか作ることができないので、プロジェクト体制はよく検討する必要があります。

2.2 再生機材を検討する

2016年は“VR元年”と呼ばれており、コンシューマVR向けの再生機材（主にHMD）も多くの製品が市場に投入されています。そして、VRコンテンツはターゲットとする再生機材を決めて制作する必要があります。再生機材はそれぞれ価格帯にも性能にも差があるので、提供したいコンテンツに応じて最適なものを選択しなければなりません。
まずは現在のところ、どのようなコンシューマVR向け再生機材が存在し、どういった用途に使えるのか、概要をご紹介いたします。

2.2.1 ハイエンドモデル

ハイエンドな機材はコンテンツのクオリティを高く設定できますが、ハイスペックな再生用PCが必要であったり、HMD自体が高価だったりします。

体験のリッチさを重視する場合の選択肢となるでしょう。

Oculus Rift CV1

図2.6 Oculus Rift CV1

開発元	Oculus 社
解像度	2,160×1,200（1,080×600 の有機 EL ディスプレイ 2 枚）
リフレッシュレート	90Hz
金額	約 26 万 5 千円（本体約 9 万 5 千円＋再生 PC 約 17 万円程度）
入手性	やや難（海外からの個人輸入のみ・1 人 1 台限定）
ソフトウェア制作難易度	低い
体験のクオリティ	CG・実写ともにハイクオリティを実現可能
注意事項	▶ 13 歳未満は使用禁止（身体発達中の子供が使用すると斜視を誘発するリスクが若干ある） ▶座って遊ぶもの限定（転倒防止のため） ▶有料展示は禁止 ▶無料展示でもイベント自体を積極的に推奨はしていない
調達方法	▶専用サイトから直接購入

概要

言わずと知れた現在のコンシューマVRブームの立役者です。専用機材なのでハイクオリティなコンテンツを提供できます。ただし、再生機材にもハイスペックが要求されるため、再生用PCなどを含めた機材費用が高めです。“最高のVR”と“(コンテンツを) DIYで誰でも作れる”という創始者パルマー・ラッキー氏の2つの思想が込められた製品です。

利用シーンについて

一方で、Oculus社ではパーソナルな体験用の機材として提供しており、有料イベントでの使用は禁止されていたり、座っての体験を推奨していたり、最高の体験を追求する同社ならではのガイドラインがあります。したがって、Oculus Riftをターゲットとするのであれば、家庭用としてコンテンツを提供する必要があるでしょう。

コンテンツの提供と制作について

コンテンツ自体は有料でも提供可能であり、複数の流通形態が存在します。また、独自のマーケットプラットフォーム「Oculus Home」も用意されています（発売には審査があります）。

ソフトウェアの制作にはUnityやUnreal Engineといったゲームエンジンが使えるので、とても生産性の高い制作が行えます。

HTC Vive

図2.7 HTC Vive

開発元	HTC社（Valve社が協力）
解像度	2,160×1,200（1,080×600の有機ELディスプレイ2枚）
リフレッシュレート	90Hz
金額	約28万円（本体約11万円+再生用PC17万円程度）
入手性	易（国内販売代理店あり）
ソフトウェア制作難易度	中（ドキュメントの整備状況に起因する）
体験のクオリティ	CG・実写ともにハイクオリティを実現可能
注意事項	▶7歳未満禁止・13歳未満非推奨（身体発達中の子供が使用すると斜視を誘発するリスクが若干ある） ▶立って遊ぶものもOK ▶有料展示もOK ▶「ビジネスエディション（商業用モデル）」もある
調達方法	専用サイトから直接購入。または国内販売代理店の店頭で購入

概要

台湾のスマートフォンメーカーであるHTC社が米国のValve社と協力して作ったHMDで、現在のところハイエンドVR機材においてOculus Riftと人気を二分している製品です。協力しているValve社は大手ゲーム配信プラットフォーム「Steam」を運営しており、HTC Vive向けのソフトウェアを流通させやすいのが大きな特徴となっています。

Valve社はそもそもVR機材を開発している中で、一時期はOculus社にも技術協力をしており、とくにポジショントラッキング（ユーザーの位置を認識しVR内に反映する機能）性能の優秀さが話題になっていました。本製品では「ルームスケールVR」と言われており、Oculus Riftよりもポジショントラッキングの範囲が広く、部屋中を歩くことも可能とされています。

利用シーンについて

イベントなどでの利用も想定しており、「ビジネスエディション」（http://www.htcvive.com/jp/enterprise/）が用意されています。これは、価格は上がるものの展示などで使用しても1年間の保証がついてくるというもの。展示やイベントでの使用となると、通常よりも早くパーツの消耗などが進むことになります。そのたびに修理したり買い直さなければならなくなることを考えれば、多少高価になるとしても保証が付いていた方が安心して運用できると思います。

ビジネスエディションで提供される主な特典としては「大量購入対応」「12か月間保証」「専用サポート」「フェイスクッション4つ（通常は2つ）」などです。

コンテンツの提供と制作について

先ほども触れたように、協力しているValve社の「Steam」は実績のある配信プラットフォームなので、すでに多くの利用者が居り、ソフトウェアを流通させやすいというメリットがあるでしょう。

ソフトウェアの制作においては、Oculus Riftと同様にUnityやUnreal Engineなどのゲームエンジンを使えるため生産性が高いのですが、HTC Viveのドキュメントが日本語化されていなかったり、そもそも存在がわからなかったりするので、やや難易度が高いと言えるかもしれません。このあたりは今後、改善されていくことを期待したいと思います。

PlayStation VR（PS VR）

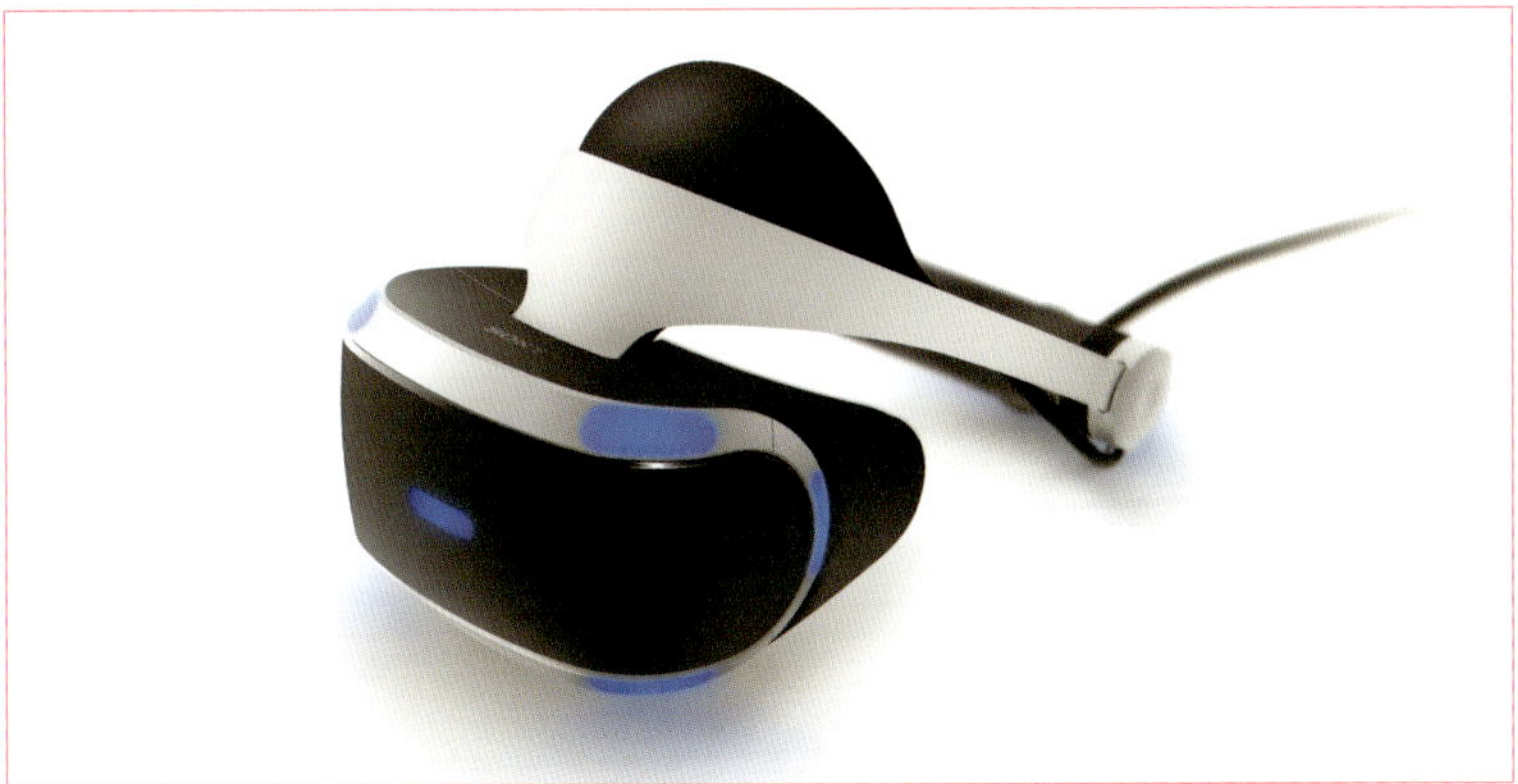

図2.8 PlayStation VR

開発元	株式会社ソニー・インタラクティブエンタテインメント（SIE）
解像度	1,920×RGB×1,080 有機 EL ディスプレイ（左右の目それぞれに 960×RGB×1,080 の映像を表示）
リフレッシュレート	90Hz/120Hz
金額	約 8 万 6 千円程度（PS VR 約 4 万 5 千円＋ PlayStation 4 本体 約 3 万 5 千円～ ＋ PlayStation Camera 約 6 千円）※ すべて税別
入手性	易：現在、人気集中により、販路はあるものの入手しにくくなっている（家電量販店、EC サイトなどで購入可能）
ソフトウェア制作難易度	高（SIE との NDA 契約・開発キットの入手など、一般の人が手を出すのは困難）
体験のクオリティ	CG・実写ともにハイクオリティを実現可能
注意事項	▶対象年齢は 12 歳以上 ▶座って遊ぶことを推奨（プレイヤーの安全重視）
調達方法	▶家電量販店や EC サイトで購入可能 ▶ソフトウェアの開発には開発用の PlayStation 4 が必要となり、購入には開発者契約の締結が必要

概要

ゲーム機PlayStation 4に接続して使用する機材です。ハイエンドながらも、他と比べて手を出しやすい価格、日本での販路が整備されている、ソフト提供を表明するメーカーが豊富にあるという状況などから、VR再生機材の最大勢力になると目されています。ただし、Oculus RiftやHTC Viveと違ってソフトウェア制作には制約があり、流通を考えないイベント専用のソフトウェアを作るとなるとかなりハードルが高く、費用もかなりかかることが予測できます。

利用シーンについて

PlayStation 4が家庭用ゲーム機であることから、メインは家庭用のパーソナルな利用シーンが想定されています。当然ながら、イベントのみでの利用はハードルが高いです。したがってPS VRをターゲットとする場合は、Oculus Riftと同様に家庭用としてコンテンツを提供する必要があるでしょう。

コンテンツの提供と制作について

PlayStation 4用のソフトとなるため、一般のゲームと同様の流通が可能です。ただし、一般のゲームと同様にSIEとの開発者契約が必要となり、誰でもコンテンツ制作ができるわけではありません。しかし、日本で最も普及するハイエンドVR機材と目されているので、イベントだけではなく、その後のソフトウェア販売も含めたプランを立てることで、利益確保も期待できるでしょう。

Column

ハイエンドモデルで使用するPCに注意

ハイエンドなVR用ヘッドマウントディスプレイのうち、Oculus RiftとHTC ViveはPCに接続して使用します。これらの性能をきちんと発揮させるためには、相応に処理性能の高いPCを用いなければなりません。次節で触れますが、VRのコンテンツは高画質な実写/CG映像を使います。また、1秒間に90回画面を描き換えなければならず、もしそれができないとVR酔いの要因になったり、体験の快適さが落ちたりします。そのためにハイスペックなPCが必要となるのです。

描画性能はグラフィックボードと呼ばれるPCパーツによって大きく左右されますが、このパーツは3Dゲーム向けに構成されたゲーミングPCでもない限り、搭載されていることは少ないです。そのような場合は、グラフィックボードの増設が必要となります。例えばOculus Rift CV1では、「NVIDIA GTX 970及びAMD 290 以上」という比較的高性能なグラフィックボードの使用が推奨されています。

また、ノートPCでは節電用の特殊な機構（Optimus）が搭載されており、その機構がOculus Riftとの相性が悪く、ごく一部の特殊なものを除いて事実上ノートPCでは動作しないようになっています。

そこで、株式会社マウスコンピュータのゲーミングPCブランドG-Tuneでは、非Optimusノートパソコン（デスクトップ用のCPU搭載）でかつNVIDIA GTX980（GTX970の上位モデル）を搭載したノートPC「NEXTGEAR-NOTE i71000」を開発しました。このモデルであれば、ノートPCでもOculus Rift CV1が動作可能です。

家庭での使用はもちろん、モニターを持ち運ぶ必要がない、コンセントも1つでいいなど、制作におけるクライアントへの確認やイベント展示などでもノートPCであれば扱いが楽になります。

VRコンテンツを展開する際にはヘッドマウントディスプレイに加えて、再生用のPCについてもよく検討したほうがいいでしょう。なお、グラフィックボードメーカーはVR向けにより低価格で高性能な製品を開発しており、今後PCの価格も下がっていくことが期待されます。

VR用HMDが動作するハイスペックなノートPC
「NEXTGEAR-NOTE i71000」

2.2.2 ミドルレンジモデル

ミドルレンジの機材では、PCではなくスマートフォンの利用を前提としています。今のところ、このカテゴリに属するものはSamsung Gear VRのみですが、イギリスや中国など海外メーカーを中心にスマートフォン向けVR用ヘッドマウントディスプレイが発売されていますので、今後、増えてくることも考えられます。

機材価格とコンテンツの表現力のバランスを考えると、有力な選択肢と言えるかもしれません。

Samsung Gear VR

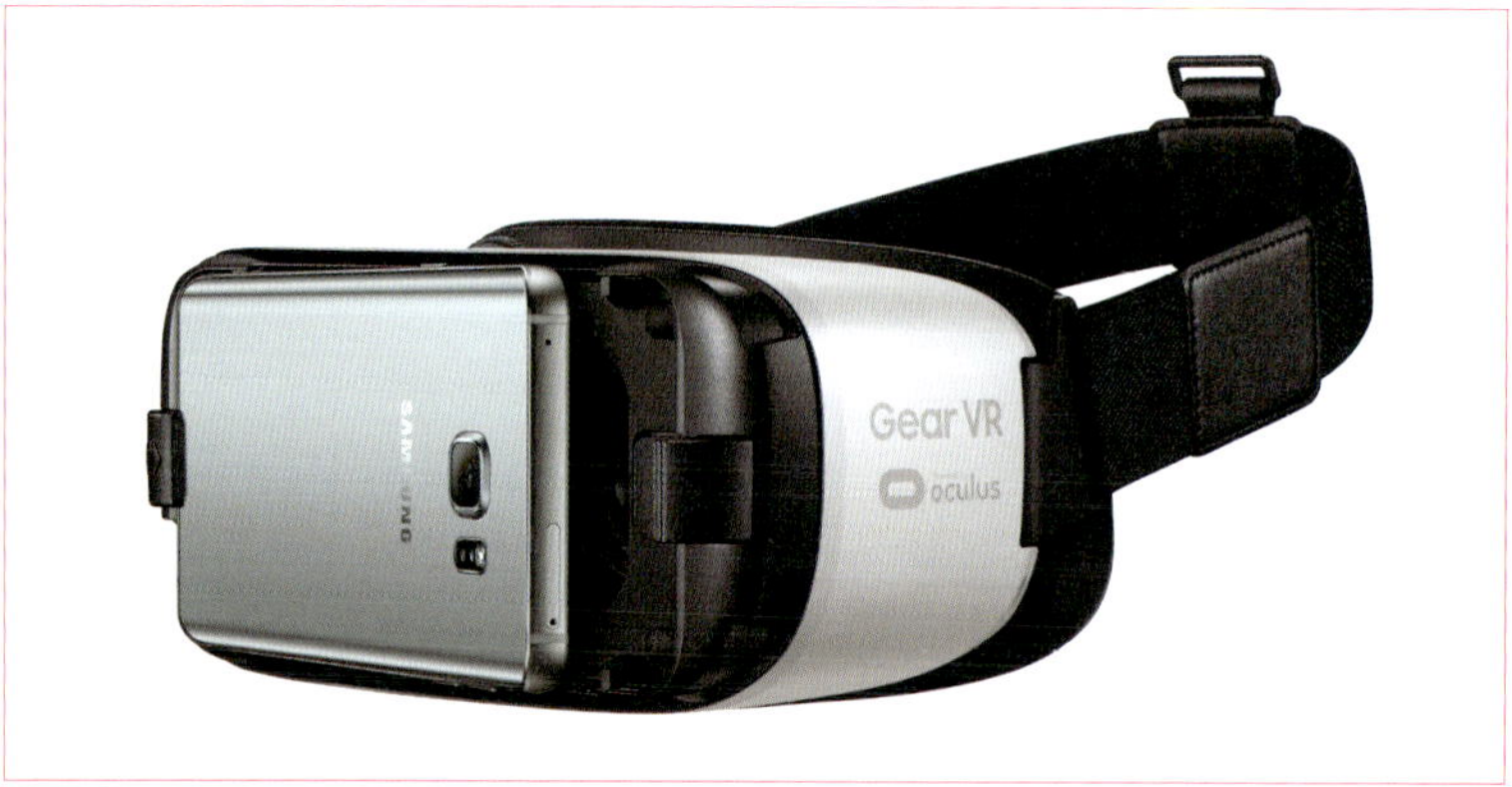

図2.9 Samsung Gear VR

開発元	Samsung 社（Oculus 社が協力）
解像度	2,560×1,440（Galaxy S6/S7 シリーズのスペックに依存）
リフレッシュレート	未公表
金額	約 7 万 5 千円（本体約 1 万 5 千円＋ Galaxy S6（中古）約 6 万円）
入手性	易（家電量販店で購入可能）
ソフトウェア制作難易度	やや高
体験のクオリティ	実写はハイエンド機と比べても遜色なく、CG はハイエンド機には劣るものの実現は可能
注意事項	▶ 13 歳未満は使用禁止（身体発達中の子供が使用すると斜視を誘発するリスクが若干ある） ▶座って遊ぶもの限定（転倒防止のため）
調達方法	▶家電量販店で購入可能 ▶再生機材である Galaxy 本体が必要。回線契約のない白ロムなどでも使用可能

概要

スマートフォン（Galaxy S6/S7シリーズ限定）を再生機材として使用する、Samsung社がOculus社と共同製作したモバイルVR機材です。従来のスマートフォンを使ったVRと違って、高感度ジャイロセンサー、遅延回避のための特殊な処理などがヘッドマウントディスプレイ側に用意されていて、かなり快適なVR体験ができます。

最大のネックは「Oculus Storeの審査を通さない、いわゆる野良アプリ」を禁止していること。イベント専用のアプリを使いたい場合は各端末から個体情報を抜き出し、それをプログラムに組み込む必要があります。これがとても手間のかかる作業で、イベントで「好評だからあと10台追加」と言われても一日がかりの作業になります。

利用シーンについて

Oculus Riftとは異なり、パーソナル用途に限ることはしていません。表現できるクオリティや機材調達のしやすさ、ガイドラインで禁止されていないなどの理由から、イベントでも多く使われています。

コンテンツの提供と制作について

コンテンツはOculus Riftと同様、「Oculus Store」という専用のマーケットプラットフォームが用意されています。

ソフトウェア制作も基本的には、Oculus RiftやHTC Viveなどと同様、UnityやUnreal Engineなどのゲームエンジンを使って制作できます。ただし、高性能PCと異なりスマートフォンの処理性能を考慮しなければならないため、独特のノウハウも必要となってきます。

2.2.3 エントリーモデル

エントリーモデルの機材では、スマートフォンの利用が前提となります。また、機材自体も安価を実現するために簡易的な仕組みとなっており、性能はスマートフォンに依存します。そのため、表現できるクオリティはあまり期待できません。

機材自体はとても入手しやすく、セットアップや装着もほとんど必要ないので、イベントで気軽に体験してもらうことや、安価なので機材とコンテンツをセットで提供するといったことが柔軟に行えるでしょう。

ハコスコ

図2.10 ハコスコ（一眼）

開発元	株式会社ハコスコ
解像度	使用するスマートフォン次第
リフレッシュレート	使用するスマートフォン次第
金額	単体では 1,200 円（スマートフォン代含まず） ▶アプリ提供メニューと併せて一万個で単価 350 円のオリジナルプリント機材を購入可能
入手性	易
ソフトウェア制作難易度	低い
体験のクオリティ	CG・実写ともにクオリティはあまり期待できない
注意事項	▶一眼タイプは年齢制限なし（二眼タイプは他の VR 再生機材と同様に注意） ▶各種のイベントで機材と動画コンテンツのセット販売実績あり ▶コンテンツ提供プラットフォームとして「ハコスコストア」があり、無料の通常アップロード、URL を知っている人だけに限定公開するアップロードに加え、有料でダウンロードコードによる制限付きアップロードも用意されている
調達方法	▶単体は Amazon.co.jp で購入可能 ▶一括大量購入やオリジナルプリントは専用サイトで受付（コンテンツ配信メニューもある）

概要

機種を限定しないスマートフォンを再生機材として使用するモバイルVR機材です。段ボールで作られており、機材を安価に調達できます。Oculus Riftの開発者キット（DK1）が販売された後、国立研究開発法人理化学研究所（理研）の藤井直敬先生がひらめいて製品開発しました。その後、藤井先生によりプロジェクトを法人化し、機材の販売のほか、ソフトウェア開発、コンテンツ作成者がアップロードできるコンテンツストアの開発まで、ワンパッケージで提供しています。

最大の特徴は、さまざまなスマートフォンで使用できること。安価で容易に機材を入手して簡易VRを楽しむことができます。また、他の機材のような二眼式の場合は身体発達中の子供が使用すると斜視を誘発する可能性があると言われており、多くの機材で年齢制限を設けていますが、ハコスコの一眼モデルでは斜視誘発のリスクが問題にならないため、全年齢のユーザーにVRを楽しんでもらえます。ただし、立体視はできません。

利用シーンについて

機材価格が安価であったり、セットアップや運用が容易であったり、さらには一眼タイプは年齢制限もないことからイベントでもよく利用されています。ユーザーが自分で組み立てることも簡単なので、書籍や冊子などと一緒に流通することもできます。

また、一眼向けのコンテンツは開発のハードルが低く、Webコンテンツでも利用可能なため、WebからVRへと移動する動線も作れて応用範囲を広く検討できます。

コンテンツの提供と制作について

全天球画像／動画の投稿・共有サービス「ハコスコストア」が用意されており、ユーザー登録さえすれば、誰でも手軽にアップロードできます。また、YouTubeなどの全天球画像／動画を再生する他社製のアプリも利用できます。

全天球画像／動画自体も手軽に制作できる環境が増えてきているため、他のVR再生機材用コンテンツと比べて、ハードルが低いと言えるでしょう。

Google Cardbord ／クローン製品

図2.11 Google Cardbord（写真提供：ハコスコ社）

開発元	Google 社
解像度	使用するスマートフォン次第
リフレッシュレート	使用するスマートフォン次第
金額	▶ 1,500 円程度（スマートフォン代含まず） ▶オープンソースハードウェアなので格安のクローン製品も多数存在
入手性	易
ソフトウェア制作難易度	低い
体験のクオリティ	CG・実写ともにクオリティはあまり期待できない
注意事項	▶禁止事項は特になし ▶ただし二眼のため斜視誘発のリスクを考慮すると 13 歳未満の体験は制限したほうが良いと思われる ▶ Web コンテンツとの親和性が高く、Web から VR への動線を作りやすい
調達方法	▶ Amazon.co.jp で購入可能 ▶クローン製品も町工場などでも製作可能

概要

Google社が設計し、オープンソースとして設計図を公開したスマートフォンを使用するモバイルVR機材です。GoogleのアプリストアGoogle PlayではCardboard対応のアプリが多数公開されており、YouTubeやGoogle MapでもCardboard対応モードが用意されています。

利用シーンについて

ハコスコと同様に、非常に扱いやすい機材と言えるでしょう。設計図がWeb上で公開されているため、素材（段ボールやレンズ、磁石など）を用意すれば個人でも製作が可能です。

コンテンツの提供と制作について

ハコスコと同様、スマートフォンで再生できる全天球画像／動画であれば視聴可能です。先ほども触れたように、YouTubeではCardborad表示に対応しているため、アップロードさえすれば手軽に全天球動画を視聴できます。

また、アプリとして制作すれば、Google Playで流通させることも可能です。

2.2.4 まとめ

以上をまとめると、表2.1のようになります。実現できるクオリティがあまり期待できなくても、手軽さや入手性を重視するという選択肢もあるでしょうし、実写であればそれほどクオリティが気にならないなど、コンテンツ内容の相性もあります。一方で、特別な体験を提供するために、機材やコンテンツのクオリティを追求する場合もあるでしょう。

機材ごとの特徴をつかんで、価格と性能のバランスを考えながら、適切なものを選ぶようにする必要があります。

表2.1 VR用再生機材の比較

機材名（開発元）	必要費用	入手性	ソフト制作	クオリティ	
				CG	実写
Oculus Rift CV1（Oculus）	約30万円（PC含む）	△	容易	◎	◎
HTC Vive（HTC & Valve）	約30万円（PC含む）	○	やや難	◎	◎
PlayStation VR（ソニー・インタラクティブエンタテインメント）	約10万円（PlayStation 4本体含む）	◎	難	◎	◎
Gear VR（Samsung & Oculus）	約6～12万円（スマートフォン含む）	◎	やや難	○	◎
ハコスコ（一眼）（ハコスコ）	約1,200円＋スマートフォン代	◎	容易	△	△
Google Cardboard（Google）	約1,500円＋スマートフォン代	◎	容易	△	△

2.3 コンテンツの撮影方法（実写かCGか）を決める

出口と再生機材が決まったら、次はコンテンツの映像をどのように作るかを検討します。VRコンテンツの映像には大きく分けて実写のものとCGのものがあり、さらに細かく分けるとプリレンダリングCG、実写にリアルタイムCGを組み合わせた表現などがあります。

2.3.1 実写で撮影する場合

実写コンテンツの場合、まず複数台の広角カメラを使って全方位撮影を行います。それらの動画を合成（スティッチング）することで、一枚の「全天球動画」にします(図2.13)。この全天球動画をVR用再生機材上で専用プレイヤーにより再生すると、あたかもその空間にいるような感じ（没入感）が得られます。

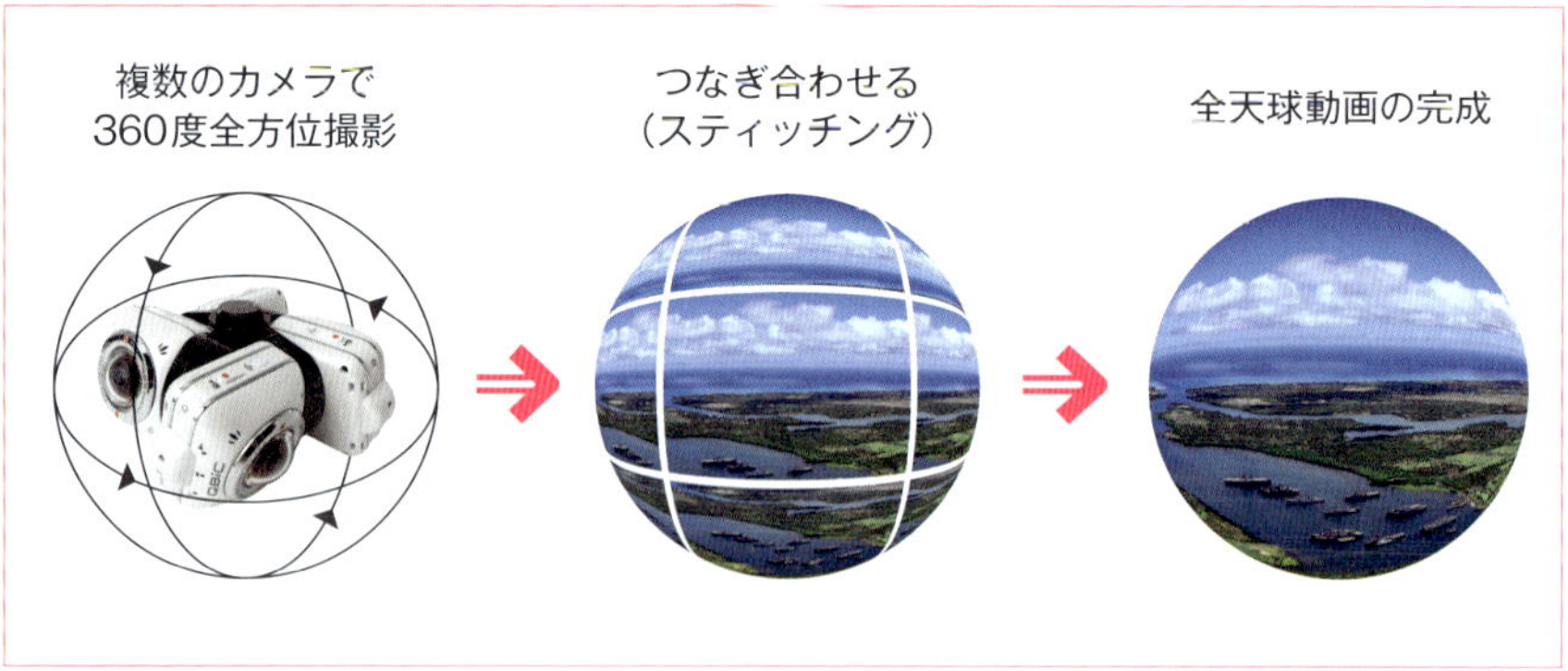

図2.12 全天球動画の作り方

図2.13 完成した全天球動画の例

現実をありのまま撮っている安心感

現実にあるものをそのまま見せたいという時はCGよりも実写の方が適しています。「これは嘘偽りなく現実に存在しているものだ」という安心感をユーザーに与えることができます。

例えば家などの不動産物件、行楽地、ホテルなど、行きたい場所の下見に使う場合はCGよりも実写の方がいいでしょう。

実写コンテンツの長所

制作の手間がCGよりもかからない

実写コンテンツは先ほども触れたように、撮影機材を使って撮影します。一方、CGの場合は、すべて人間の手によって作り出さなければなりません。例えば、建物があって、人が出てきて、太陽が昇って……というVR空間を作りたい場合、実写であればロケーションを決めて撮影すれば済みますが、CGの場合は建物も人も太陽も全部作らなければなりません。これは、制作コストはもちろん、時間もかかります。また、全部を作るということは、クオリティを担保するにも大きな労力が必要となります。

しかし、実写ならば撮影機材を用意すれば、目の前にあるものを取り込むことができます。しかも、撮影機材の性能次第ですがクオリティについても、ある程度は担保できるわけです。この手間の少なさが、CGと比べた場合の実写の長所だと筆者は考えています。

コンテンツの尺が短ければコスト面で優位

また、実写の場合、「何分のコンテンツか」によって制作期間が変化します。長ければ長いほど、撮影にもスティッチングにも時間がかかりますが、逆に言えば、短くてパっと終わるものであれば、CGで作り込むよりも実写撮影の方が費用対効果の高い場合があります。

実写コンテンツの短所

コンテンツの尺が長いとコスト面で不利になる

実写コンテンツの場合、先に述べた尺の長さによって長所と短所が入れ替わることがあります。動画の尺が長くなればなるほど、スティッチングや編集という後加工のコストがかさみ、ある部分を超えると、CGで作るよりも高くなる場合があります。

撮影できるものが限られる

実写では「撮れるものしか撮れない」というのも短所と言えるでしょう。宇宙空間、断崖絶壁や火山の中など危険で入り込めないような場所をVR空間で再現したい場合は、撮影自体が不可能だったり、危険手当を追加する必要が発生したりします。

いずれはドローンなどの技術が進んで、無人でもVR用の映像を撮影できるようになるかもしれませんが、本書執筆時点ではまだ、そこまでの性能を備えたドローンによる撮影技術は登場していません。

撮影したものしか表現できない

実写コンテンツは通常のモニタで見る動画コンテンツのように、撮影したものを再生するだけのものです。そのため、撮影後に時間や場所を変えることは技術的に困難ですので、その点ではCGに比べて自由度が劣ります。

また、動画がどれほどにリアルだったとしても、空間内を自由に動くことができません。物をつかんだり、動かしたりすることもできません。このように空間内へ働きかけられるかどうかを「インタラクティブ性」と呼びますが、これがないと受動的なユーザー体験となり、ユーザーは30秒ほどで飽きてしまいます。そのため、飽きさせない、動画コンテンツとしてのコンセプトや撮影位置、撮影方法などの工夫が求められます。

3D表現がしにくい

現在のところ多くの360度撮影機材の標準機能では、いわゆる両眼立体視による3D映像を撮ることができません。もちろん3Dで撮影する方法もありますが、難易度が高く、スティッチング費用などもかさむため、高コストになってしまいます。

2.3.2 CGで作成する場合

CGはTVゲームのように、約0.01秒に1回のタイミングで描画内容を計算し、ユーザーが見る画を作っていきます（「リアルタイムレンダリング」と言います）。したがって、VRの場合、再生機材で0.01秒以内に計算可能な画のクオリティが、すなわちそのコンテンツのクオリティの上限となります。

見ているだけではない、世界に干渉できるVR

CGの最大の特徴はインタラクティブ性を持たせることにより、さまざまに変化する世界を作り込めることです。これは受動的に見ているしかない実写コンテンツでは実現できないものです。

例えばゲームやトレーニング用のコンテンツなどはユーザーの操作が欠かせないでしょうから、必然的にCGで作ることが多くなるでしょう。

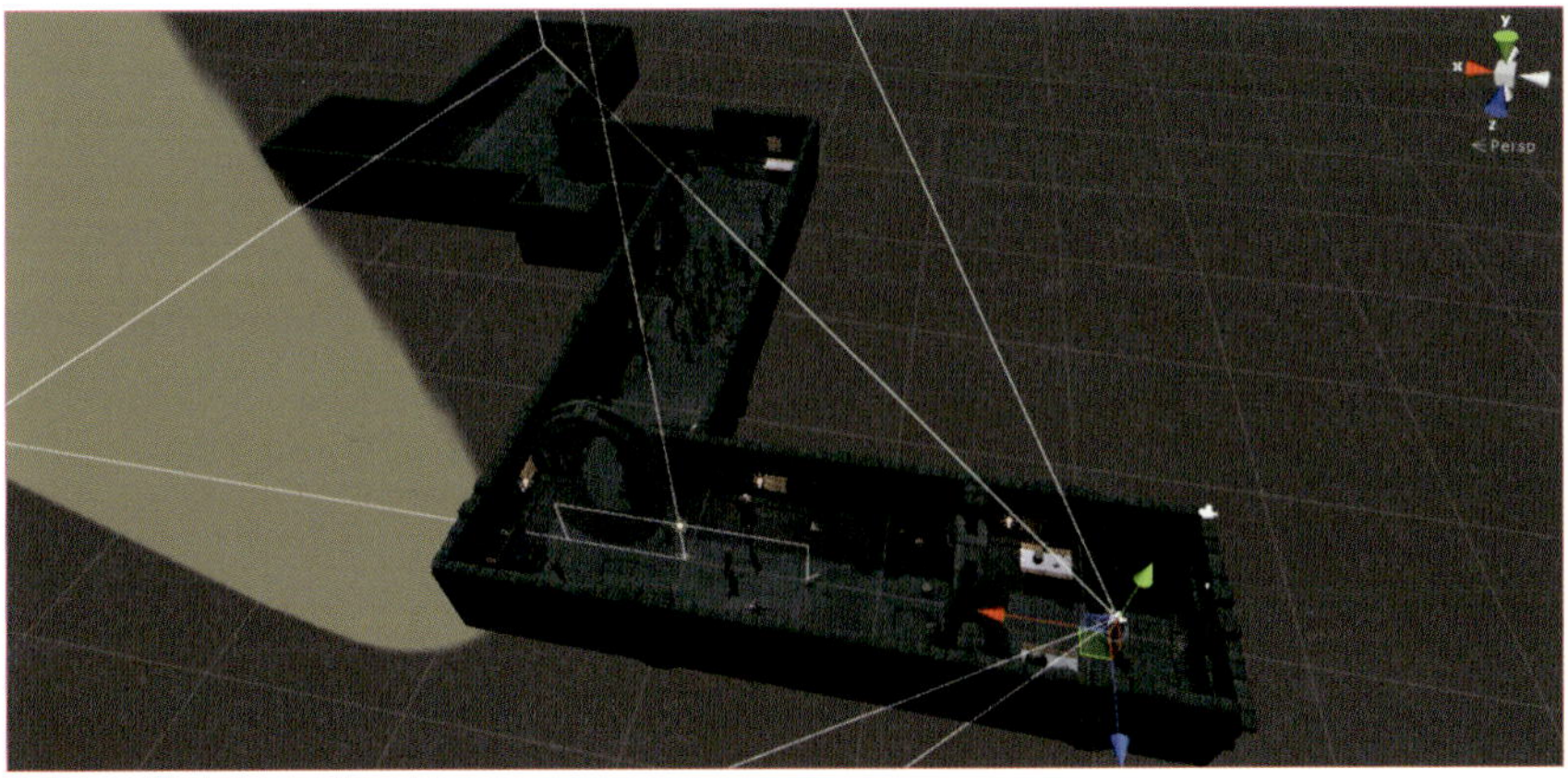

図2.14 CGで作ったVRの世界。ユーザーが進む迷宮を作り出した例

CGコンテンツの長所

手軽にインタラクティブ性を持たせられる

CGの最大の長所は、何と言ってもインタラクティブ性です。実写コンテンツはビデオなどと同じく「記録」なので、撮った後に撮影場所や撮影時間を変えることはできません。しかし、CGならゲームと同じようにその場でリアルタイムに画を作って

いきますので、ユーザーの操作に応じて、画を変えることが可能です。ユーザーが移動したければ、実際に移動できるのです。

特に、VR空間内で出てくる人間がこちらに反応してリアクションを返してくれる、なんてこともCGならできます。実写でこれをやろうとすると、ユーザーの操作を予測してあらかじめリアクションを用意しておかなければならず、とても困難といえるでしょう。こちらの操作に対してリアクションしてくれる人がいると、「VR空間内に本当に人がいる！」という実在感が増しますので、体験がよりリッチに感じられます。

再生機材の描画性能を余すことなく使い切れる

実写コンテンツは撮影機材の性能にクオリティが引きずられます。再生時の表現は撮影時のクオリティを超えられません。このため、現在の標準的な4K撮影でさえも、Oculus Riftなどのハイエンド機材の解像度を100%使い切ることはできません。

しかし、CGコンテンツであれば作成時の設定次第なので、ターゲットとする再生機材に合わせた最適な解像度で制作できます。実写以上に高解像度なVR空間を楽しむこともできるわけです。

CGコンテンツの短所

コストがかさみやすい

CGコンテンツの短所はお金がかかることです。VR空間まるごと、極論すれば、細かなゴミから大きな建物まで全部CGデータとして作らなければならず、その分、開発コストがかかります。

特に、インタラクティブ性を追求して、移動できる空間を増やせば増やすほど、作らなければならないCGデータの数が増えていき、どんどんコストが高くなっていきます。

再生機材に求められる性能が高め

また、CGはリアルタイムに描画、すなわち演算をしていくので、Oculus RiftやHTC Viveなどのハイエンド機材に見合うハイクオリティなコンテンツでは描画計算するためのPCも高スペックな物が必要となります。例えば、1台20万円クラスのPCが必要になったりします。

また、同じ理由により、Samsung Gear VR、ハコスコ、Google Cardboardなどのスマートフォンを利用した再生機材は、スマートフォンの性能の限界により、リッチで綺麗なCGを作りこむのには適していません。

制作者の技量が大きく影響する

また、CGは作り手の技量によって、再生機材にかける負荷が大きく異なることがあり、熟練者かどうかによって成果物としてのコンテンツのクオリティが大きく変わります。

CGコンテンツの短所をカバーする方法

特にユーザーの立場からすると、ハイクオリティなCGコンテンツを再生するためにはハイスペックな再生機材が必要という点が、体験するハードルを上げる大きな要因になります。また開発者からすれば、Samsung Gear VRではある程度のクオリティを表現したいところですが、スマートフォンの描画性能とCG描画による負荷のバランスを見極めて制作するのはなかなか困難です。

しかし、CGコンテンツならばこれを回避する方法もあります。あらかじめ全部のCGを事前に描画計算しておき、あたかも実写の全天球動画であるかのように扱って制作する方法です。このような手法で制作するCGを「プリレンダリングCG」と言います。

プリレンダリングCGの長所

プリレンダリングCGは、実写とCGのいいところを両取りをすることができます。すなわち、CGコンテンツの特徴であるハイクオリティな映像を、実写コンテンツのように低スペックなPCでも動かせるのです。

プリレンダリングCGの短所

一方、短所もCGと実写双方のものを引き継いでしまいます。まず、実写と同様にインタラクティブ性を盛り込むことが難しくなります。また、CGであることに変わりがないので、空間を丸ごと作らなければならず、コストがかさみます。

2.3.3 CGと実写の合成について

技術的には、CGと実写を合成することもできます。最近の映画では当たり前ですよね。同様に、VRコンテンツにも応用できます。これによって映像内で適材適所に、CGと実写を使って体験をリッチにしていくことも考えられます。

合成を考える場合、実写の上にCGを重ねることが一般的だと思います。しかし、実写の中にCGをなじませるのは技術的にかなり難しく、映像のように万能になんでも合成できるというところまでは、執筆時現在の技術では実現に至っていません。

一番の問題は「CGと実写部分のなじみ」でして、ここに神経を使います。例えば、筆者の経験上で比較的やりやすかったものだと、白い雲や煙といった、あまり存在を主張しないものはCGと実写が違和感なくなじみました。また、AR（Augmented Reality：拡張現実）のように空中に字幕を出すなどの表現（図2.16）は、そもそも現実とかけ離れすぎており「なじんでいないことが当然」なので、これも違和感がありませんでした。車の運転席をCGで作り、背景を実写で合成するものも、ユーザーが見ている範囲に実写とCGの境界がなかったので違和感を感じずに済みました。

Column

フォトリアルと不気味の谷

ちなみに、実写と見間違うくらいリアルなCGのことを「フォトリアルなCG」などと言います。写真（フォト）のようにリアルだという意味です。VR制作でよく用いられるゲームエンジンでは、このフォトリアルな表現を追求した機能を備えており、多くの制作者たちが日々、どこまでリアルに近づけられるかを研究しています。

一方で、リアルさを追求したCGでは「不気味の谷」という言葉を聞くことがあります。これは、例えばCGのキャラクターを段階的にリアルな人間らしい表現にしていったとき、最初のうちは好感を持たれるものの、ある時点で突然強い嫌悪感に変わり、さらにリアルになるにしたがって再び好感へと転じるという人間の感情反応について表した言葉です。

とくに描画処理の負荷が高いVR用のCGでは、この不気味の谷を感じるケースが起こりがちです。そのため、あえてリアルにはせず作り物であることが明確な二頭身のキャラクターだったり、人間以外の姿をしたキャラクターを使ったりすることで、この不気味の谷現象を避ける選択肢もあります。いずれは、制作ソフトウェアの改良や再生機材の性能向上などによって本当に現実と見間違うくらいのCGも登場するかもしれませんが、現時点ではフォトリアルとは逆の表現を模索するのも一案だと思います。

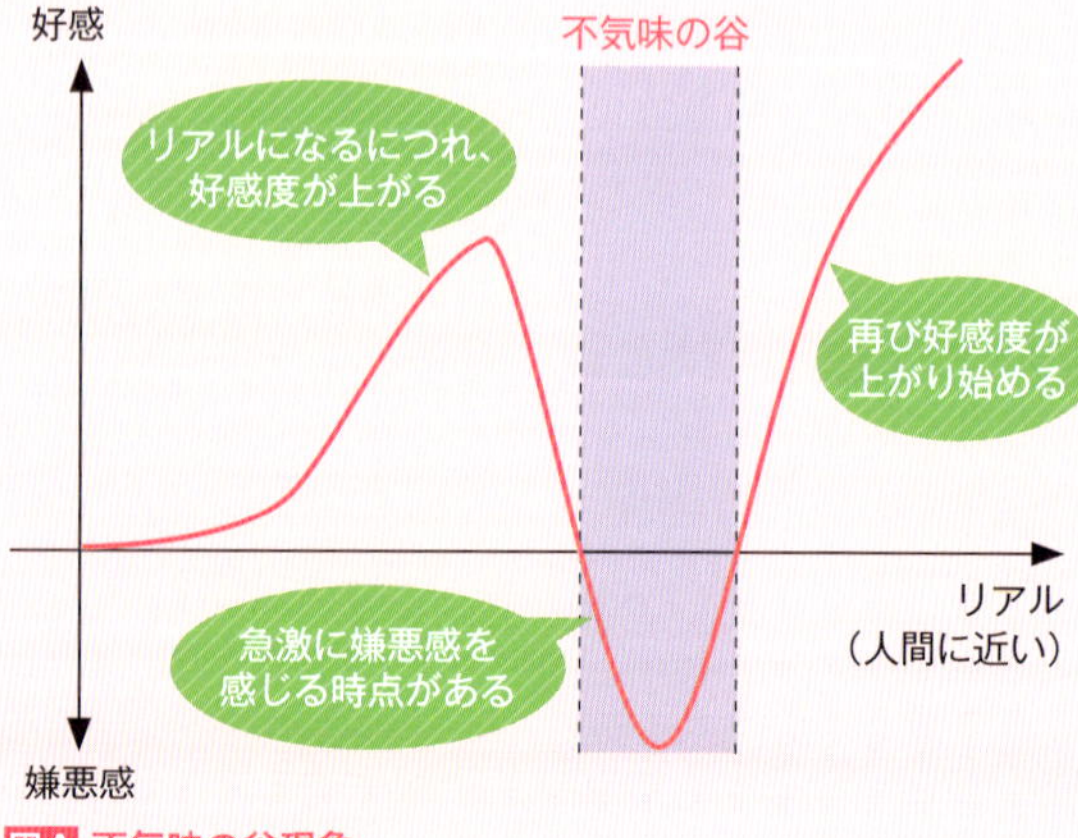

図A 不気味の谷現象

図2.15 実写にCGを合成した例

逆に違和感があったものを挙げると、ビルなどの建物は実写とCGの境界がまったくなじみませんでした。色味の問題もありますし、実写との接点を検知する特徴点判定のプログラムがまだ一般化されていないという問題もあります。ただし、これらは本書の原稿を書いている時点のもので、制作ソフトウェアなどもどんどん進化して改良されていくものだと思います。

CGと実写の合成の長所

実写では撮影しにくい内容を作り出せる

実写の短所でも触れましたが、実写によるVR動画は実際に撮影する必要があるため、撮影対象も限られてきます。しかし、実写にCGを加えることで、実際に撮影せずとも望んだ映像を作り出すことが可能となります。

例えば、炎の中の撮影などは、実写で撮影しようとすると安全対策などを講じる必要もあり、コストが高くついてしまうでしょう。そんなときは、炎をCGで合成することで、安全に炎の中の映像として作り出すことができます。

また、実写では目で見えているものが、そのように撮影されます。例えば、晴天下で車を外から撮影する場合。車内と車外の露出差が大きすぎるため、車内が極端に暗くなってしまうでしょう。しかし、運転席などは後からCGで合成することで、晴天下であっても、あたかも運転席が見えているかのような表現が可能となるわけです。

立体感を出せる

実写撮影では、多くの場合は立体視できない動画になることをお伝えしました。しかし、CGを合成することで、手前に3Dの立体物があるような表現になるため、立体感を得られるようになります。

インタラクティブ性を持たせられる

実写撮影した部分は、ユーザーの操作に応じたインタラクティブな反応を盛り込むのは難しいですが、CGであればそうした反応を用意できますので、単純な実写映像よりもユーザーを飽きさせることなく、視聴させられるでしょう。

CGと実写の合成の短所

CGと実写を合成した場合、何と言ってもコストがかかるのが最大の短所でしょう。実写撮影してさらにCGを作成して、しかもそれらを合成するのですから、これは想像に難くないと思います。

また、CGを合成する長所でもあるインタラクティブ性ですが、これも持たせれば持たせるほど制作コストを肥大化させるので、効果的な演出だけに絞り込むなど、工夫が必要となるでしょう。

2.3.4 選定のポイント

以上の特徴を踏まえ、作りたいコンテンツを実写にするかCGにするか、自分の中で指針を決める必要があります。主な判断基準を挙げておきますので、参考にしてみてください。

どんなものを見せたいのか

まずは、VRで何を見せたいのか、よく考える必要があります。VRは従来の映像作品とは異なり、体験としてのインパクトがとても大きいコンテンツです。その体験も含めて、ユーザーに何を提供したいのかを検討する必要があります。

クオリティはどのあたりを目指すのか

どれくらいのクオリティを実現すればよいかを考えてみましょう。先に説明した通り、実写とCGでは実現できるクオリティの限界が異なります。また、最高級のクオリティを追求できれば一番いいのですが、コストが指数関数的に肥大化してしまいます。コストパフォーマンスをよく考えて、目指すべきクオリティを設定しなければなりません。

どれくらいの長さ（分数）のコンテンツにするのか

コンテンツの体験時間を検討することも必要です。実写にしても、CGにしても、長さによって制作コストが変わってきます。実現したいコンテンツに最適な（ユーザーに楽しんでもらえる適度な）長さを考える必要があります。

インタラクティブ性はどの程度盛り込むのか

それぞれのコンテンツの特徴でも触れましたが、実写とCGではインタラクティブ性の持たせ方が異なります。インタラクティブ性が必要ない、主に受動的なコンテンツであれば実写でも実現可能でしょう。しかし、ユーザーの意思で移動したり、中の要素に働きかけて反応させたりしたいのであれば、CGが少なからず必要となります。

それぞれに適している内容とは

これまでに挙げた観点を総合的に考える必要があります。

例えば、低コストで短時間のコンテンツで良ければ実写での制作が適しているでしょう。撮影機材を使用するだけですので制作コストも抑えられますし、ユーザー体験としても短時間のコンテンツであれば、それほどクオリティは気になりません。

一方で、超ハイクオリティで長時間見てもらい、納得するまで体験してもらう場合はCGで作った方がいいかもしれません。そもそも実写では実現できるクオリティに限界がありますし、CGであればインタラクティブ性を盛り込むことも容易です。しかし、コストは肥大化しやすいので、明確に達成したい基準を設けておくべきでしょう。

CGと実写の費用のクロスライン

もし、実写でもCGでもどちらでも良い状況なら、予算・長さ・クオリティから決めることもできます。図2.16のグラフをご覧ください。ざっくりとした、コンテンツの長さとコストの相関関係を表したものです。

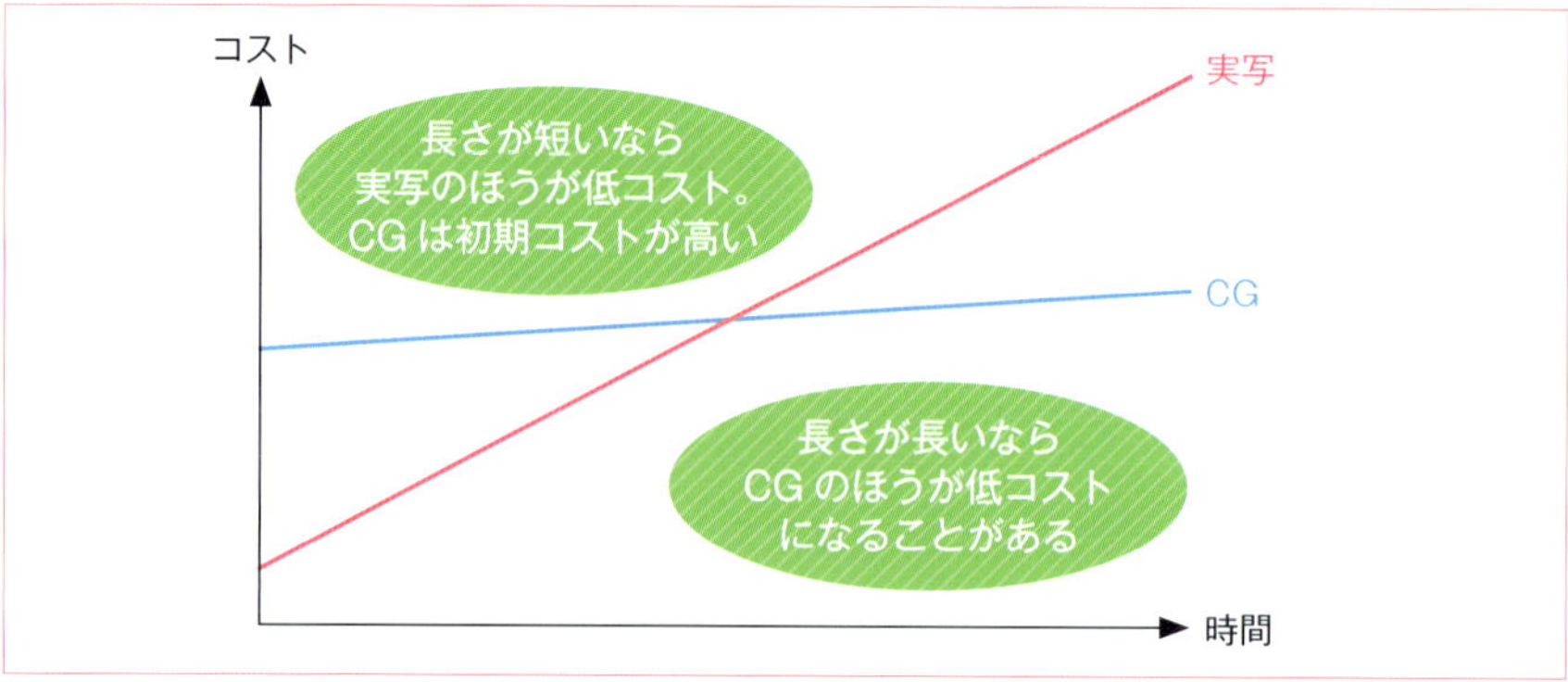

図2.16 コンテンツの長さとコストの相関関係

ユーザーの体験時間が短いうちは実写の方が低コストですが、時間が長くなるにつれて高くなっていきます。一方、CGは最初に空間を作る工数があるため高コストですが、一度作ってしまえば設定を変更していくだけなので、時間が長くなるにつれて工数は低くなります。このように、時間に応じた価格のクロスラインが存在します。

また、CGの場合はクオリティの調節も可能なので、クオリティを少し下げることでクロスラインをもっと短い時間のほうへ持ってくることもできます。

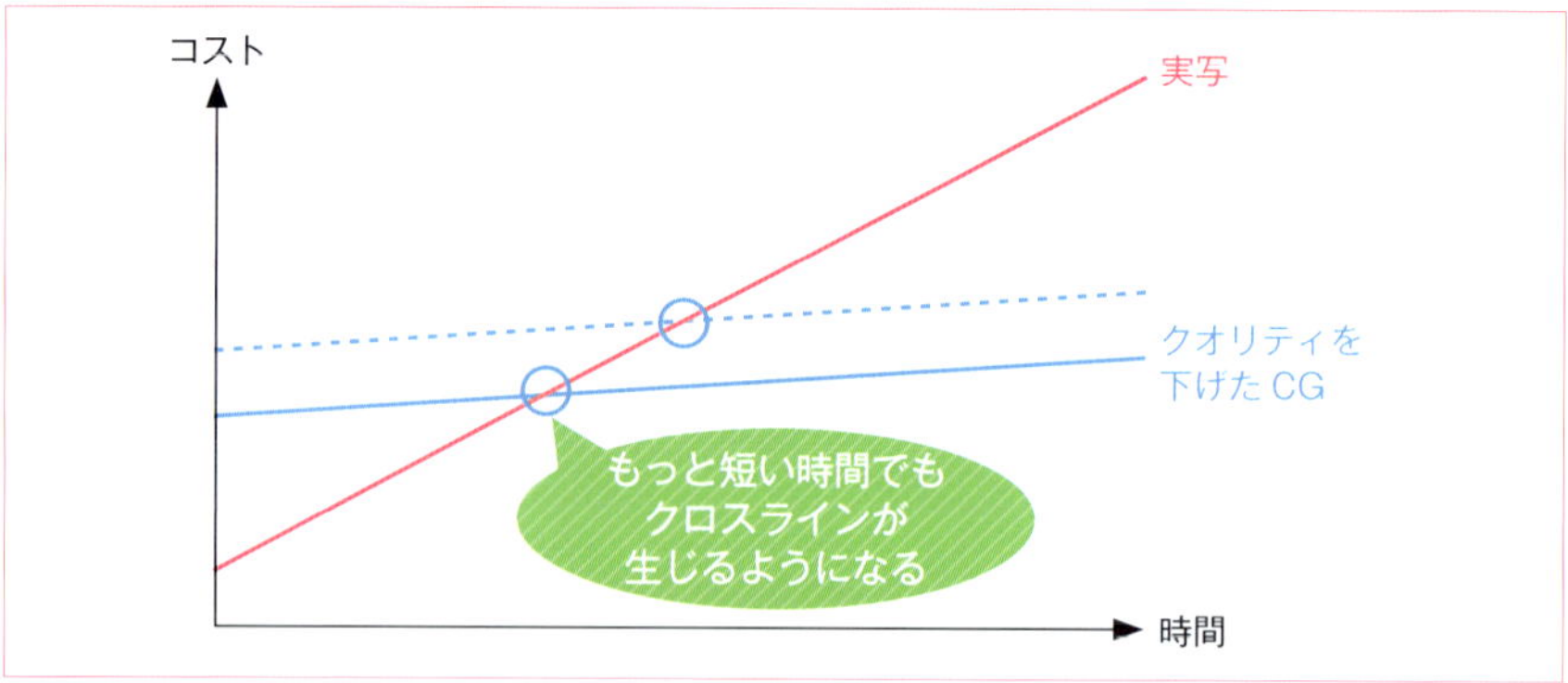

図2.17 クオリティを下げたCGと実写のクロスライン

2.4

制作・運用方法を検討する

VR

VRコンテンツを提供するにあたって、運用方法も検討しておく必要があります。特に、家庭用に配信するのでもない限り、さまざまな面で検討が必要となります。また、実際に制作を始めるために、どういった観点から制作者を選定すべきかについても紹介します。

2.4.1 現場での運用を想定する

家庭向けに配信するのであれば、ユーザーにセットアップを含めて自分で対処してもらいますが、展示などで提供する場合は、現場での運用を検討しておく必要があります。

ネットワーク対応

複数台の機材を使った展示をする場合、ネットワークに対応させて、それらを一度に同期させるのも一案です。もちろん、ネットワーク機能への対応にコストはかかりますが、後述するスタッフによるアテンドが楽になります。例えば、10台の機材をバラバラに運用しようとすると、ユーザーの誘導から装着→コンテンツの開始作業→機材の脱着→次のユーザーの誘導という作業が各機材で並行して進行するため、現場が非常に混乱しやすくなります。これは筆者も体験済みです。ネットワーク対応で同期させておけば、これらの作業が同時に進行するので管理がしやすく、混乱を減らすことができるでしょう。

特に、イベントでの展示の場合はお客さん（ユーザー）が多く集まるので、大人数が一度に同期して体験している様子は傍から見ても興味を引くものとなり、アピール効果も期待できると思います。

あるいは、ネットワークに対応させて、遠隔地と中継するコンテンツも考えられます。これにより、あたかも遠隔地にいるかのような体験を提供できるのです（このような体験を「テレイグジスタンス」と言います）。

スタッフィング

現在のVR機材は、説明なしに扱えるほど簡略化されているわけではないので、ある程度のアテンドが必要となります。特にハイエンド、ミドルレンジ機材の場合は、できればユーザー1人に対してアテンド人員を1人付けた方がいいでしょう。

一般の方は、我々が思っている以上に精密機械を雑に扱います。また、HMDを初めて装着する方も多く、この機械をどう装着すればいいのかわからないものです。装着・脱着に時間がかかれば、それだけユーザーの体験回転率も下がります。ですので、ベストな状態としては装着・脱着時にユーザー1人につきアテンドする人員を1人、もしくはユーザー2人につきアテンド人員1人を付けた方がいいでしょう。

トラブル対応

展示には、機材トラブル、ネットワーク障害などはつきものです。素早く対応するために技術を知っている人間が1人以上待機していることが理想です。

また1週間程度の展示なら大丈夫ですが、1年近い展示を考えている場合は機材の予備も揃えておいた方がいいでしょう。多くのユーザーに体験されるので、壊れる可能性が高くなります。

2.4.2 誰に制作を依頼するか考える

さて、ここまででだいぶ、作りたいVRコンテンツの仕様イメージができてきたと思います。では、それを実際に制作するにあたって、どのようなスキルを持った人に発注するのがいいか、考えてみましょう。VRコンテンツ制作には従来のコンテンツ制作技術を応用できますが、やはりVRならではの特性もあるため、必要な条件というのが出てきます。

おおよその目安を紹介しますので、参考にしてみてください。

実写コンテンツの場合

まずは、実写コンテンツを制作してもらう場合のポイントを紹介します。

カメラマンのスキル

実写で特に難しいのは「動くもの」「揺れるもの」の撮影です。綺麗な動画を作るため、またVRの最大の課題（後掲「体験の最大の敵「VR酔い」」を参照）となる体験者が酔わない動画にするために1フレーム単位での修正が必要になります。この修正をできる人が良いカメラマンと言えます。

また、ライブハウスや日中の室内など、撮影空間内に明暗差が大きい、明るい場所と暗い場所が存在するところでの撮影経験があるか？　というのも重要です。現在の全天球カメラは動画の露出調節機能が存在しないため、明るい場所に露出が合うと暗いところが真っ黒に、暗い所に露出が合うと明るいところが白飛びしてしまいます。

これは筆者の実体験ですが、車の運転席の中から撮影する全天球動画で、せっかくの素晴らしい景色なのに運転席内に露出が合ってしまい、背景の景色が完全に白飛びして酷いことになっていました。このような状況での撮影経験があり、うまく撮れるのは力量のある人だけです。

撮影機材を豊富に用意しているか

次に、保有している機材の豊富さも重要な点です。VRコンテンツの場合、特殊な条件で撮影することもよくあります。そのため、通常ではあまり必要としない機材が急に必要となることもあります。その際、機材がなければそもそも撮影自体ができなくなってしまいます。例えば、水中撮影用の機材があるか、車に装着するための機材があるか、またその機材を使いこなしているかなどは、発注する際の選定条件に加えてもいいでしょう。

CGの場合

CGコンテンツの場合であれば映像制作会社に発注すればいいと思われるかもしれませんが、それは早計です。VRではその特性上、映像系ではなく3Dゲーム系のCGの作り方が一番いいのです。映像制作会社では映画やCMなどの映像系のCGは得意でしょうが、3Dゲーム系の考え方とは異なる部分があるため、注意が必要です。

映像系と3Dゲーム系のCGデータの作り方の違い

映画などの映像作品のCGはプリレンダリングなので、数時間かけて1枚の絵が完成しても問題はありません。公開までに間に合えばいいからです。一方、3Dゲーム系のCGはユーザーの操作に応じて描画内容が変わるため、0.016秒以内に1枚の絵を完成させなければいけません。VRでもユーザーの頭の動きに応じて視界を変更しなければならないので、こういったことから3Dゲーム系のCGに近い考え方が必要なのです。

しかも、VRでは3Dゲームよりももっと短く、0.011秒に1枚の絵を完成させなければいけません。これを筆者は「ロールスロイスとF1」と呼んでいます。ロールスロイスもF1も、同じくタイヤが4つ付いている乗り物ですが、その生い立ちも作り方も思想もまったく違います。片やリッチな乗車体験を追求して作り込まれているものであり、もう一方は速さのために乗車体験を犠牲にしてでもあらゆる努力がされて作り込まれたものです。

0.01秒で絵を作るためには、その時間以内で描画計算を終えられるように、特殊なデータの持ち方、速度を上げるための工夫など、専門家にしかわからないさまざまなノウハウがあるものです。そのノウハウを豊富に持っているのが3Dゲーム系の開発をやったことがある会社（スマートフォンゲームのような2Dゲームではダメです）であり、彼らがVRに必要なデータを作るのに適していると考える理由であります。

また、CGならではのメリットであるインタラクティブ性を入れる場合、やはりゲーム系のノウハウがある会社の方がやるべきことをわかっています。

VRディレクション

VRコンテンツは、まだまだノウハウが蓄積され続けている領域であり、ハードウェアもソフトウェアも、制作方法も運用方法も、あらゆる面でセオリーが確立されているわけではありません。また、VR酔いを始めとした健康面でのネガティブな体験のリスクもあります。

VR制作者たちは日々、試行錯誤しながら、新しい知見やノウハウを貯めていっているので、VRコンテンツの企画を考える際には、できればVRのことをよくわかっている人にこれらの情報の統括をお願いするのがいいと思います。しかし、現状これらがわかっていてできる人が日本では数人しかいないため、探すのにかなり難航するかと思います。本書の巻末には、Part2で紹介するコンテンツを開発した制作会社の紹介をしていますので、彼らに相談してみるといいと思います。

Column

体験の最大の敵「VR酔い」

VRの感想として聞かれがちなのが「酔った」というもの。視覚だけを置き換えるVRでは、他の感覚で感じている情報と視覚情報にずれが生じて酔うことがあります。例えば座って体験しているのに歩いている映像を見ていると、映像と体の感覚がずれているために酔いを感じることがあります。

人間の体は視覚以外にも加速度や重力を感じる器官、触覚や温度を感じる器官などさまざまな器官を通じて得た情報を脳内で統合して状況を認識しています。そのため、1つの感覚だけが他の情報とずれていると脳が混乱して酔いにつながると言われています。

VR酔いを体験してしまうとVRへの抵抗感が強まってしまい、二度と体験したくないと思う人も出てくるでしょう。そのため、VR制作者はこのVR酔い防止に細心の注意を払っています。扇風機で風を起こしたり、VR内の移動のために実際に歩いてもらったりするのも工夫の1つで、視覚以外の感覚で体験を補うことで酔いを軽減しようというものです。今後、事例が増えるにつれて、こうしたノウハウはどんどん溜まっていくことでしょう。

Part 2

事例で見る VRコンテンツ

このパートでは、扱う素材によって実写系・CG系・その他（周辺技術・ツール）に分けて、事例を紹介します。

Chapter 3

実写系コンテンツ

大人数への提供を考えた場合、
機材はスマートフォンを使うものが望ましく、
その場合のコンテンツは実写の方が
処理の負荷が低くていいでしょう。
ここでは、実写をメインに扱っている
コンテンツの事例を紹介します。

Virtual Rearity

3.1 ダイハツ トーテム 360°パノラマMOVIE

LIFE STYLE株式会社

ダイナミックなステージを全天球で見られる

ササるPoint!

- 世界的に有名なシルク・ドゥ・ソレイユのパフォーマンスが自宅で垣間見られる。
- 本ムービーのための特別演出バージョンのパフォーマンス。
- YouTubeでの公開により、一般的なスマホやPCで閲覧できる。

2016年6月26日まで東京・お台場で公演され翌年5月まで各地を巡業しているシルク・ドゥ・ソレイユによる「トーテム」の360度全天球ムービーです。日本公演史上初の試みとなりました。

動画 **https://youtu.be/91MFYJ3a9TI**（2017年5月までの予定）

VR CONTENTS DATA

URL http://totem-jp.com/

費用規模

※実際の制作内容によって変動します。

主な展示イベント	YouTubeにて公開中
展示期間	2016年2月～2017年5月予定
体験者数	約100,000人（2016年7月現在）
使用機材	・スマートフォン（展示イベントではGear VRを使用） ・PC

特徴 制作会社コメント

・シルク・ドゥ・ソレイユ「トーテム日本公演」（2016年2月～2017年5月）開催を記念して制作しました。
・実際のパフォーマンスを全天球カメラで撮影するにあたり、シルク・ドゥ・ソレイユ全面協力の下、特別に360°VR動画用の演出をしていただきました。
・企画段階よりシルク・ドゥ・ソレイユをはじめ関係各社と連携を取りながらプロジェクトを進めました。

制作工程

・企画・プランニング 担当しました
・撮影 担当しました
・編集 担当しました
・VR用ムービー出力 担当しました
・プロモーション 担当しました

スタッフ構成

＜内部＞
・デザイナー：1名
・プランナー：1名

＜監修＞
シルク・ドゥ・ソレイユ／フジテレビ

制作スケジュール

2015年12月　企画製作のフジテレビと初顔合わせ
2016年　2月　シルク・ドゥ・ソレイユとミーティング
　　　3月初旬　撮影
　　　3月下旬　納品
　　　　3月末　YouTubeにて公開

制作会社コメント

本格的な話を始めたのが2月ですが、かなり急ピッチで話がまとまり、そして、何のトラブルもなく公開まで持って行けました。弊社はGoogle認定パートナーとしてGoogleストリートビュー撮影で培ってきた3,000件以上のパノラマ制作実績があり、それらの経験が寄与した結果だと思います。

著者はココに注目！

今回の事例では3月初旬撮影、同月下旬納品と標準的な360度全天球撮影と比べてかなり急ピッチな納品となっております。撮影分数とカット数にもよりますが、実際は1か月強くらいの時間を見積もって計画をしてもらえると、受注側としてはありがたいです。

今回の事例では関係なかったようですが、カメラ自体を動かす撮影の場合、手作業での微妙な修正を余儀なくされて制作時間が多くかかるリスクがあります。

発注する際には「カメラが動くかどうか、撮影時間はどうか、カット数はどうか」というのを最初に伝え、おおよその作業時間を確認しておくといいでしょう。

3.1.1 ステージショーを未体験の人々に伝える360度映像コンテンツ

2016年2月3日から、追加公演、最終公演を経て6月26日で東京での公演をすべて終えた「トーテム」は、世界でも名高いニューサーカス・エンターテインメントであるシルク・ドゥ・ソレイユの最新作です（2017年5月に向けて日本各地を巡業予定）。コストをかけた可動式ステージにプロジェクションマッピングを駆使し、人間技とは思えないアクロバットを繰り広げ、ショー全体をつらぬくストーリー性や、音楽パフォーマンスも組み込んだスタイルは旧来のサーカスとは違った興奮と感動を味わわせてくれるものです。

シルク・ドゥ・ソレイユの「トーテム」ロゴ

シルク・ドゥ・ソレイユのエンターテインメントを知らない人にも「トーテム」の魅力を伝えよう。そういった目的で作られたのが「ダイハツ トーテム 360°パノラマMOVIE」です。ステージの中心に360度、全天球で撮影できるカメラシステムを設置、周囲でシルク・ドゥ・ソレイユのアーティストが磨き込まれたテクニックを披露しています。また“人類が両生類の状態だった頃から、飛びたいという究極の欲求までの、驚くべき人類の進化の道筋をたどります”という「トーテム」のストーリーがうかがえるように、両生類と原始人のコミュニケーションから、空中ブランコ、一輪車によるアクションなどのシーンが盛り込まれています。

当作品を担当したのはLIFE STYLEの360度動画プロモーションサービス「Flic 360」。東京・南青山とベトナムに制作チームを持ち、日本国内で100社以上、世界では3,000社以上のVRクリエイターネットワークを構築している企業です。

カメラの周囲でシルク・ドゥ・ソレイユの華麗なパフォーマンスが繰り広げられる

3.1.2 屋内版Googleストリートビューの撮影・制作・プロモーションを手がけてきた

LIFE STYLEが手がけている事業はVR関連事業のほかに、Googleストリートビュー事業があります。同社はGoogle認定パートナーとして、Googleストリートビュー（屋内版）の撮影・制作・プロモーションを手がけてきた実績があり、それをもとに開発した360度動画プロモーションサービス「Flic360」を提供しています。3D CGではなく、実写VRに特化しているというのがポイントでしょう。

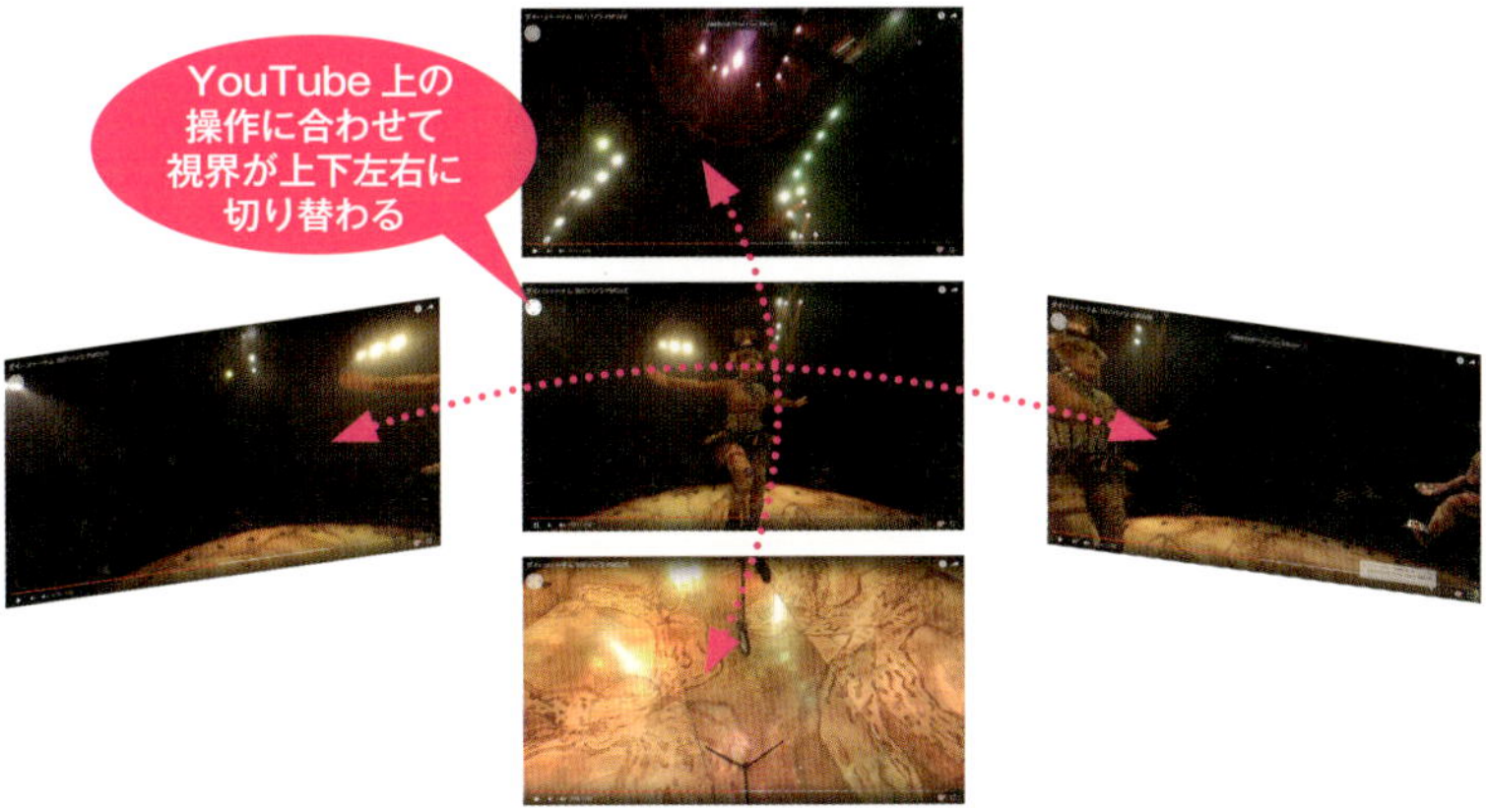

YouTubeの360度動画。操作に応じて視点が上下左右に切り替わる

「ダイハツ トーテム 360°パノラマMOVIE」の他にもテーマパークのライトアップシーンを撮影したコンテンツ、大学の施設・キャンパスのコンテンツ、観光紹介コンテンツなどがあり、現実にある世界をVR HMDで楽しんでもらうための作品を多く手がけています。使用しているカメラもシームレスで、どの角度から見てもつなぎ目を感じさせません。ゆえに没入感が強く、まるでコンテンツを撮影した場所にワープしたかのような感覚を覚えます。また屋内撮影の経験が多いからこそ、狭い場所、暗

狭い車内でもハイクオリティな360度コンテンツを制作できることがうかがえる

遊園地の事例では園内マップにより視点選択が可能。このようなアプリも制作可能なようだ

い場所での撮影スキルも高いとみました。新型トラックの運転席を紹介しているコンテンツを見ると、ロケーションを選ばずハイクオリティな360度写真／動画を作ってくれる企業との印象が濃くなりました。

3.1.3 KGIを意識したコンテンツ作り＆プロモーションを意識

「ダイハツ トーテム 360°パノラマMOVIE」の制作スケジュールを見てみましょう。企画製作するフジテレビとの打ち合わせは2015年12月だったそうですが、シルク・ドゥ・ソレイユとの打ち合わせは2016年2月。3月初旬には撮影を行い、下旬に納品するというハイスピードなプロジェクトとなっています。

本格的な話をしたのはシルク・ドゥ・ソレイユとの打ち合わせ時期からだそうですが、何のトラブルもなかったとのこと。振り付けはシルク・ドゥ・ソレイユの演出家が担当。撮影時にはカメラの位置を考慮し、その場で演技内容を決めた部分もあるそうです。プロフェッショナル×プロフェッショナルだからこそ実現できた現場だったのではないでしょうか。「言い換えると、弊社にプロジェクトを任せていただければ、大船に乗った気持ちでいていただけるのではないでしょうか！」と、いただいたコメントにも自信があらわれています。

VRコンテンツの制作に関しては、KGI（Key Goal Indicator＝重要目標達成指標）を意識したコンテンツからプロモーションを第一に心掛けているそうです。他業種の方々をどんどん巻きこむことにも躊躇せず、目的を達成することを重視しているのですね。

「VRは未開の業界だからこそ、スピード感を持ってプロジェクトを進行しています。Googleストリートビューの実績とネットワークをはじめとしたIT業界からVRを盛り上げて行きます！」

この事例の注目点

- プロモーション向けの特別演出をすることで、短時間で魅力を伝えるのに最適な内容とした。
- YouTubeとFacebookで公開することによってイベントなどの限られた場所だけでなく、多くの人にリーチできる公開方法を採用した。

3.2 VR観光体験 - 北海道美唄市 -

株式会社ダブルエムエンタテインメント

CG 実写 操作 回線 全年齢 R-13 入手 コスト

日本初のVRを用いた自治体シティプロモーション。VRムービーを活用した観光ガイドが比較的低コストで制作可能です。

動画 https://youtu.be/MsOHLfiiXmA

ササるPoint!
- 観光情報を視覚的にわかりやすい表現で取得できる。
- 知る人ぞ知るローカル情報にもフォーカスしている。
- 今後は音声解説、多言語対応予定。

VR CONTENTS DATA

URL http://wm-e.jp/

費用規模

※実際の制作内容によって変動します。

主な展示イベント	Google Play/AppStore にて無償公開
展示期間	公開中
体験者数	—
使用機材	・スマートフォン （スマートフォン用 HMD の使用を推奨）

制作会社コメント
特徴

・360度の画像と映像で観光地に行ったかのような景色を体験できます。
・その土地特有のシーンや限定的なショットなども盛り込んでおり、場所だけでなく時間・季節さえも問わずに旅行気分を楽しめます。
・ホットスポットインフォメーションとして要所に解説を加えています。ガイドブックがなくてもスポットの情報を得ることができます。

制作工程

・企画 担当しました
・撮影 担当しました
・編集 担当しました
・アプリ開発
・解説

スタッフ構成

＜内部＞
・プランナー：1名
・カメラマン：1名
・動画編集：1名
＜外部＞
・プログラマー：1名

制作スケジュール

2015年2月	企画立案
3月	美唄市へ企画持ち込み
4月	美唄市議会にてプロジェクトの実施が決定（5か年計画） アプリ開発・検証作業発注
4月中旬	アプリの動作仕様、UIデザインを決定
4月下旬 ～5月上旬	第1期リリース分コンテンツの撮影
5月中旬	動画編集、アプリへの組み込み
5月下旬	検証
6月上旬	ストア申請（市職員立会いのもと登録操作）
7月上旬	ストア申請通過に伴い一般公開

制作会社 コメント

とかく急ピッチで作業が進みました。アプリ開発を委託したタオソフトウェア社は2か月に1回訪問する間柄だったので意思疎通もスムーズに運び、アプリの動作仕様も既に同社にてデモで制作していた仕様に非常に近かったこともあり短期間で制作することができました。

最初はApp Storeにてリジェクト（特定条件下でエラーが発生していたため）されてしまい焦りましたが、緊急申請をして無事予定リリース日に間に合わせることができました。

著者はココに注目!

かなり早い段階から北海道の観光を中心にVR制作活動されている制作会社で、噂は東京まで聞こえておりました。地方自治体との実績は他の制作会社にはあまりない、珍しい実績です。

北海道における実写系コンテンツの制作を頼みたい方は、ロケハンから何から何までお任せできるダブルエムさんはぜひ覚えておきたい会社です。東京の制作会社に頼むとロケハンだけでも往復の移動代がかさみますが、ダブルエムさんなら地元ですので、コストも抑えられることでしょう。

3.2.1 ハイコストパフォーマンスなVRコンテンツ

北海道札幌市に本社を置き、VR/ARコンテンツ・3Dパノラマムービー・WEBデザインを手がけているダブルエムエンタテインメント。VR担当社員構成は1人というミニマムなチームですが、同社はそれだけに低コストでコンテンツが作れるということをアピールポイントとしています。飲食店の店内360度パノラマコンテンツの制作費用帯は月額3,000円〜というプライスです。

PCブラウザ上で360°閲覧できるパノラマコンテンツを制作。低コストで導入できるのが魅力だ

スマートフォンアプリ「VR観光体験-北海道美唄市-」は、日本で初めて、VRパノラマコンテンツを使った自治体シティプロモーション施策としても話題になりました。スマートフォン単体でも機能しますが、Google CardboardなどのHMDを用いることで没入感がアップ。美唄の美しい観光スポットと名物である美唄焼き鳥を調理しているシーンの全天球画像を組み合わせ、現地の雰囲気を色濃く伝えることに成功しています。

同アプリの制作費は100〜250万円。プログラムと検証作業は外注し、企画・撮影・編集を同社が担当。企画持ち込みからプロジェクト開始まで2か月で、さらに3か月でアプリ仕様設計・撮影・編集・開発を行っています。

3.2.2 オフラインでも使える設計

「VR観光体験-北海道美唄市-」にはホットスポットインフォメーションとしての機能が持たされています。全天球画像内に設置されているポイントにカーソルを合わせると、そのスポットの解説が表示され、ガイド情報を得ることができます。従来の写真と文字だけで構成される観光ガイドとは一味違う説得力を感じました。

多くの観光スポットを持つ地ゆえに、ガイドとなる情報は多い方がいいのでしょう。現在のバージョンは文字情報ですが、今後のアップデートで音声解説を導入。音声入力機能とあわせてインタラクティブ性を高める予定だそうです。また英語、簡体、繁体、タイ語にも対応予定があるそうです。

全天球ムービーは360度コンテンツの特性を熟知したディレクターがロケハンを行いカメラの向きや高さ、周囲対象物との距離感を吟味して画角を選定しているとのこと。そもそも人間が実際に見ている視野は360度ではないので、全天球ムービーでは撮影時にカメラマンが見ていない方向でどのように映っているかを把握するのは困難です。このあたりは経験豊富であればこそ、効果的な映像を撮影できるというものです。解像度はHDとなっています。なおオフラインでも使えることが自治体からの基本的な要望だったために、動画部分はアプリ本体に内包してありますが、インストール時に多くの時間を割いてしまうため、後からダウンロードできる仕様も考えているそうです。観光ガイドとなれば、旅行のお供として随時閲覧されるでしょうから、こうしたユーザビリティへの配慮も重要な要素となるのでしょう。

ホットスポットインフォメーションの例。季節限定のシーンもVRなら時間を超えて体験可能だ

現在は文字情報のみだが、音声解説や多言語にも対応予定とのこと。訪日外国人が増加していく中でわかりやすい観光ガイドとして期待される

3.2.3 あえてローカルフードを取り入れる企画力

「観光コンテンツの場合、風光明媚なスポットのみ集めがちです」という同社。スタンダードな作り方では拡散効果が薄いと考えたのでしょうか。「VR観光体験-北海道美唄市-」には前述したように、美唄焼き鳥というローカルフードのコンテンツも組み込んでいます。

「まだまだVRの認知度が低いので、『VRとは何か』が口頭説明で非常に伝わりにくい。そこで企画時にどれだけ具体性の高いサンプルを見せられるか、を売りにしています」。

ダブルエムエンタテインメントの三田健太社長は、元来ニコニコ動画で数々のコンテンツを公開してきた人気配信者。自分が楽しいと思えることを本気で取り組んできたからこそ、全世界でのべ2,000万人という多くの視聴者に恵まれていました。そしてインターネットを使ったバズの効果も肌感覚で知っているのでしょう。そこから導き出されたのが「同じ串がズラっとならぶ焼き台を写し、同時に現地で食べたくなるような『飯テロ』コンテンツにしました」というローカルフードのコンテンツ。景観だけではなく食も一緒に合わせることで、その地域が持つカルチャーを伝えようとしています。

「最先端技術をいかに噛み砕いて、一般の方々が享受できるコンテンツに仕上げるかが当社の使命だと思っています。VRを目的ではなく手段として使い、裾野を広げ、文化として涵養《かんよう》させるための企画相談であれば、身体を張って答えを出すことができます」。

培ってきたネットワークを生かし、同社の事例を大手メディアのニュースにできる影響力、情報発信力も持っているそうです。

この事例の注目点

- ローコストでも実施可能な制作体制を備え、予算を多く割けない中小店舗や自治体などでも採用しやすい。
- 360度パノラマの特性を熟知したディレクターが効果的な画角などを選択。
- 自らネット動画で多くの視聴者を獲得した経験を生かし、コンテンツのバズらせ方まで含めて相談可能。

3.3 リノベーション不動産体験

BOX VR

ユーザーの購買意欲をかきたてる

ササる Point!

- リノベーションのメリットを実感してもらえるように素敵な生活シーンを表現。
- 感覚に訴えるための音楽やテンポに配慮した構成。
- リクルーティングにも活用した（従来の200%以上の集客効果）。

リノベーション後の快適な生活シーンを表現した360°実写コンテンツです。

動画 非公開

VR CONTENTS DATA

URL https://www.facebook.com/BoxVR.jp

費用規模

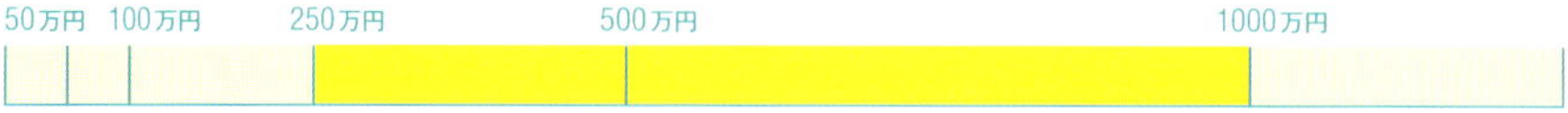

※実際の制作内容によって変動します。

主な展示イベント	・ショールーム ・合同就職説明会の出展ブース
展示期間	・2016年3月2日（水）：合同就職説明会 ・2016年4月～現在：ショールーム
体験者数	非公開
使用機材	・Gear VR ・Galaxy S6

特徴 制作会社コメント

・不動産SHOPのナカジツ様の大名古屋ビルヂング内ショールーム用VRコンテンツです。「ナカジツのリノベーションで叶えられる暮らし」をテーマにショールームに来ていただいたお客様に楽しんでもらい、ナカジツ様の先進的なリノベーションスタイルを感覚的に体験していただけるコンテンツです。

・さまざまなリノベーションルームで外国人2名が快適に暮らす様子を音楽に合わせテンポよく見せていきます。理解よりも感覚的に「ナカジツのリノベーションは格好いい」といったイメージを持ち帰ってもらうことを重要視しました。

・本VRコンテンツは上記ショールームだけではなく、新卒採用イベント（合同企業説明会の個社ブースにてGear VR 4台で展示）でも活用されました。数多ある企業ブースの中でVRを導入されている企業様は少なく、学生の着席数も昨対200%以上を達成。集客イベント時の興味喚起ツールとして非常に有用であるとクライアントも実感されていました。

制作工程

・企画・設計
・映像撮影 担当しました
・モデル手配 担当しました
・監督手配 担当しました
・編集 担当しました
・アプリ開発 担当しました
・展示

スタッフ構成

＜内部＞

・プロデューサー：1名
・プログラマー：1名
・ビデオエディター：1名
・撮影アシスタント：1名

＜外部＞

・監督：1名
・AD：2名
・ヘアメイク：1名
・スタイリスト：1名

制作スケジュール

2015年12月上旬　初顔合わせおよび打ち合わせ
2016年　1月上旬　企画提案、ショールームロケハン
　　　　1月下旬　スタッフ打ち合わせ、制作準備
　　　　2月上旬　撮影
　　　　2月中旬　編集・スティッチング・BGM付け
　　　　2月下旬　チェック及び修正
　　　　3月上旬　納品

制作会社コメント

通常のTVCM制作スタッフにVRチームを入れた編成で撮影しました。クライアントへのチェック時にはヘッドマウントディスプレイが必要になるので、納品までに数回足を運ばなければならず、通常よりも時間をかける必要がありました。

著者はココに注目!

全天球動画制作において撮影、スティッチ、編集、展示までできる会社は他にもありますが、モデル手配までできるのは大きな特徴だと思います。VRにはさまざまな業種の制作会社が参入していますが、BOX VRさんは従来からTVCMを手掛けられているということもあり、プロモーション映像の制作に長けておられるようです。

制作会社コメントにもあるように、クライアントチェックのたびに機材を持参して確認してもらうのはとても大変で、筆者も今後この部分にかかるコストをどう下げるかが課題だと感じています。

セオリーが確立されていないVRコンテンツ制作においては決めること、確認することがたびたび生じるもので、打ち合わせも回数を重ねると無視できないコストになります。発注側でも機材を用意してもらうことで、お互いが面会せずとも確認やチェックができるようにし、コストを下げることで双方のメリットになると思います。

3.3.1 リフォーム後の快適な暮らしをVRでアピール

建てたときは先進性のある環境だとしても、時間が経つにつれコモディティ化してしまうのが住宅。子供たちが独立すれば使わない部屋が増えるし、効率性を求めたレイアウトが老いてきた自分たちにとって負担を強いるものになっていきがちです。

現在の住処を終の住処とするために、現在の環境や住む人の体力に合わせたリフォームは重要です。

しかしパンフレット上の、楽な生活が送れるようになるといった文言を読むだけでは決断できない方も多いことでしょう。そこで愛知県の不動産SHOPナカジツは、同じく愛知県にある映像制作会社の映像ボックスと、自社開発のダンボール製VRゴーグルを販売する印刷会社ネッツが提携して立ち上げた共同プロジェクト・BOX VRにVRコンテンツの制作を依頼。リフォームしたあとの素敵な空間をVRで体験できるシステムをショールームに設置しました。

コンテンツの狙いを尋ねたところ、「ナカジツのリノベーションは格好いいといったイメージを持ち帰ってもらうことを重要視しました」とのこと。確かにリフォーム

ショールームでの展示。VRによる没入感のある体験は商品を陳列していなくても強力に訴求できる手法だ

という商品においては、図面や静的な写真、文章で完成後をイメージしてもらうよりも効果的な、ビフォー、アフターを見てもらうのにVRは最適な手法と感じます。さらに、商品のイメージアップをはかった快適な音楽やテンポの良い構成なども商品イメージの向上に効果的なようです。このように体験によって商品イメージを訴求できるのは、動的なVRコンテンツならではのメリットです。

他に賃貸・販売物件のプロモーションをするときにも、BOX VRのVRコンテンツは有効ではないでしょうか。

従来のプロモーション映像よりも生活空間を一層リアルに感じることができる

3.3.2 ユーザーサポートも重要視している

BOX VRのチームはプロデューサー1名、営業1名、エンジニア3名の計5名。映像撮影、モデル手配、監督手配、編集、アプリ開発の全フローを担当しています（同コンテンツの制作においては通常のTV CM制作スタッフにVRチームを入れた編成で撮影）。ニーズがあればアプリストアへの申請も対応できるそうで、クライアントからの要望にワンストップで応えています。

製作過程でトラブルはなかったのでしょうか。尋ねてみると、「クライアントへのチェックがヘッドマウントディスプレイになるので納品までに数回足を運ばなければならなかった」というお答えをいただきました。VRやHMDについての知見を持たないクライアントの場合、ユーザーサポートも重要になるということでしょう。

「HMDの装着〜体験〜HMD着脱までサポートをする、興味喚起をしてあげる、に配慮しました。具体的には頭を動かすのをサポートしたり、コンテンツ終了のタイミングでHMDの着脱を補助したり、そもそも何かわからない方には、コンテンツの概要、VRの概要を簡単に訴求し、体験に繋げる、などを行いました」。

3.3.3 リクルーティングにも効果的だったVR

また同コンテンツは合同企業説明会の新卒採用イベントでも活用。「2016年現在、数多ある企業ブースの中でVRを導入されている企業は少なく、必然的に注目度が高くなります。学生の着席数も昨対200%以上を達成。集客イベント時の興味喚起ツールとして、非常に有用であるとクライアントも実感されていました」と、かなりの手ごたえを感じているようでした。

BOX VRは広告業界で培った映像ノウハウでコミュニケーションとして機能する映像制作が得意。BOX VRではコンテンツ制作だけに留まらずVRの効果的な活用方法を企業に企画・提案していくそうです。

合同企業説明会でもVRコンテンツを展示。珍しい展示ということで学生も多く立ち寄り、非常に高い集客効果が得られた

「最近は企業の採用領域におけるVR制作も多く、VRを使ったさまざまなコミュニケーションでお客様と一緒に課題解決をしていくことをモットーにしています」。

この事例の注目点

- ユーザーの感覚に訴えて商品ブランドの向上を図っている。
- 不動産という、顧客が実際に目で見て確認したい商品についてVRは非常に有効である。
- 珍しさゆえにイベントにおける集客ツールとしてもとても効果的。

3.4 ルクルク

株式会社キッズプレート

手軽かつ気軽な バーチャル体験を提供する

CG 実写 操作 回線 全年齢 入手 コスト

特別な機材を必要としない手軽さが特徴のAR/VRハイブリッドアプリ。AR機能によりVRコンテンツへの動線を用意できます。

動画 https://youtu.be/BTgl_wzMOrw

ササる Point!

- ネコと同じ視線が体験できる。
- ネットワーク機能を最適化してあり電波状況が悪い場所でもスムーズにアクセスできる。
- スマートフォン／タブレットがあれば即体験可能。

VR CONTENTS DATA

URL http://www.ruku2.com/

費用規模

50万円 100万円 250万円 500万円 1000万円

※実際の制作内容によって変動します。

主な展示イベント	ネコ目線の世界を VR で体験！ ～ねこまみれ～
展示期間	2016 年 3 月 31 日～ 4 月 3 日
体験者数	約 1,000 人
使用機材	スマートフォン（iPhone 5S,iPhone 6）／タブレット（iPad 3）

制作会社コメント 特徴

・マーカーレス・クラウド型「AR」機能と360度パノラマ動画を活用した「VR」機能を統合したハイブリッドアプリです（商標登録済／実用新案特許出願中）。

・特別なHMD装置がなくても、スマートフォンやタブレットさえあればすぐにVRを体験できます。ポスターやチラシの他にもCMなどの動画にアプリをかざすだけでVRが起動しますので、難しいオペレーションは不要です。

・回線が混雑するイベント会場でもスムーズに体験いただけるよう、アプリのネットワーク機能を最適化してあります。

制作工程

・企画 担当しました

・動画撮影 担当しました

・アプリ開発

スタッフ構成

＜内部＞

・企画：1 名

・動画撮影：1 名

＜外部＞

・アプリ開発：2 名

制作スケジュール

2015年12月　打ち合わせ
　　　　1月　企画・構成
2016年 2月　撮影
　　　　3月　展示会

制作会社コメント

企画、実施まで2か月強ほどの時間がタイトではありましたが、ルクルクはVR素材を撮影すればすぐに配信できる月額制プラットフォームなので開発期間が必要ありません。そのため企画に時間を割くことができ、いかに来場者の方が楽しんでいただけるか、アイデアを練る時間を確保したおかげて展示会のコンセプトに沿った体験型コンテンツを提供することができました。

著者はココに注目!

この事例の最大の魅力は「スマートフォンのカメラをかざすだけで、VRがスタート」することです。この機能を活用したいないなら、「ルクルク」を使用するといいでしょう。

発注する側としては、複数の動画やコンテンツを用意する。物理的な展示物にも凝り、カメラで読み取るARマーカーや画像を用意する。これらを準備することで複数のコンテンツを、体験者自身が自分の意志で切り替えさせる遊び（インタラクティブ）を取り入れるといいでしょう。

複数のコンテンツを用意するため、その分コストもかかりますが、ただ見るだけのイベントよりも特徴を出したイベントを目指せると思います。

3.4.1 AR/VRのハイブリッドアプリ

ガジェットやテクノロジーに興味を持つ男性がターゲットであれば、ハイエンドなシステムで見せるリッチなVRコンテンツこそ高く評価されるかもしれません。しかし、例えばショッピングモールの催事スペースで、駅の通路で実施することを考えたらどうでしょうか。ウェアラブルの体験がなく、テクノロジーにも興味を持たない方々が多く来場する中で、どのように関心を持ってもらうべきか。キッズプレートが開発した「ルクルク」にそのヒントがあるのかもしれません。

「ルクルク」は、マーカーレス・クラウド型AR機能と360度パノラマ動画を活用したVRコンテンツを統合したハイブリッドアプリ。特定の形状のマーカーではなく、画像認識技術を用いて雑誌広告や、ポスター、チラシ、ブロマイド、TV CMなどをスキャンして、クラウド上にあるデータと照会。マッチしたら任意のVRコンテンツをダウンロードして再生します。

iOS、Android用アプリとして提供されており、ユーザーがアプリを導入すれば準備完了。あとはマーカー代わりになる被写体をアプリでスキャンしてもらうことで、目的のコンテンツを届けることが可能。難しいオペレーションは一切不要です。

アプリ画面。キッズプレートのWebページでは、マーカーレスARを体験できるターゲットサンプルが掲載されている

イベント展示の様子。画像にカメラをかざすことでVRコンテンツにアクセスできる

3.4.2 ネコの視点・目線を生かしたコンテンツ

2016年4月、東京ビッグサイトで開催されたインターペット2016のアイシアブースにおいて、「ルクルク」を用いたコンテンツ「ネコ目線の世界をVRで体験！～ねこまみれ～」が公開されました。人間とペットの暮らしを支えるアイテム・サービスが集まる場ゆえに、動物が好きな人が多く訪れるイベントです。それだけにテクノロジーと直結するコンテンツの見せ方には配慮が必要でしょう。「ネコ目線の世界をVRで体験！～ねこまみれ～」はタイトルからうかがえるように、人間の視点・目線ではなく、ネコの視点・目線を生かしたコンテンツです。スマートフォンの画面だけで楽

VRコンテンツではネコ目線の360度映像が楽しめる

しんでもよし、Google CardboardのようなスマートフォンVR HMDを使ってさらなる没入感を体験してもらうもよし。普段、ネコたちが家の中をどのように見て歩いているのかを追体験できるという内容は、ネコ好きの人たちの心をキャッチできたことでしょう。

当イベント時のテクニカルな面としては、キャッシュ機能を搭載しているとのこと。大規模なイベントでは想像以上に現場の回線状況が悪いため、ダウンロード型だとコンテンツが再生されるまでに時間がかかってしまい、利用者のストレスと直結してしまいます。そこでコンテンツのデータをイベント前に取り込み、スムーズに表示されるようにしました。「体験できる人数が制限されるVRはこの通信への対策が大切です」。

データをキャッシュをしておくことでユーザーがストレスを感じることなくVRコンテンツに没頭してもらえる

3.4.3 購買力を高めるための施策として

旅行ツアーを促すポスターをスキャンしたら、現地の全天球動画が再生される。モデルの写真をスキャンしたら、そのモデルの姿を全周囲から見ることができる（着ている衣類・アクセサリーをじっくりと見せることができる）など、プロモーションしたい商材と直接リンクさせるためのコンテンツともマッチするでしょう。

「ルクルク」という名前ではなく、企業名に変えるなどのオリジナルのアプリ制作も対応可能。同時にアプリ配信のために各種ストアへの登録作業も請け負っています。

再生させるコンテンツは基本的に実写動画。外注を使うことになりますが、3D CG VRコンテンツも開発可能です。コンテンツを別途用意しての、アプリのみの受注にも対応しています。

同社は現在、VRを世界で一番簡単に体験できるプラットフォームづくりに協力してくれる仲間を募集しているそうです。特に募集しているのがプログラマー。認識技術やディープラーニングに興味がある人、インターネットとVRを連携させて新しい異体験を構築してみたい人。VRだけではなく、ARにも興味がある人とチームを組みたいとのことでした。

「世界を変えようという熱意と意欲がある人、該当する人はぜひ一緒に働きましょう！」

この事例の注目点

- 特別な機材を必要とせず、スマートフォン／タブレットがあれば閲覧できる。
- マーカーではない画像でもARで認識でき、VRコンテンツへアクセスする動線を提供可能。
- キャッシュ機能を備えており、回線が不安定なイベント会場でもユーザーにストレスを感じさせることなく提供できる。

Chapter 4

CG系コンテンツ

インタラクティブ性を盛り込んだり、
現実とは違う世界を表現する場合には
CGがメインになります。CGを扱うVRでは、
実写の場合以上に機材など再生環境への配慮が必要となります。
ここでは、CGをメインに扱っているコンテンツの事例を
紹介します。

4.1 恐竜戯画

株式会社積木製作

子供たちに大人気の恐竜が目の前に迫る

ササる Point!

- 子供にも人気の恐竜をテーマとしたコンテンツ。
- 精巧なCGで描写され、恐竜のスケール感が味わえるVRならではの体験。
- マルチプラットフォーム対応により、さまざまな年齢でも体験できる。

CG 実写 操作 回線 全年齢 R-13 入手 コスト

精巧な3DCGの恐竜が跋扈する世界を巡るコンテンツ。恐竜たちが動き、戦い、空を飛ぶ様が目の前で繰り広げられます。

動画 https://youtu.be/TxHodRT2K3Q

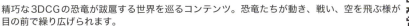

VR CONTENTS DATA

URL http://tsumikiseisaku.com/

費用規模

※実際の制作内容によって変動します。

主な展示イベント	福井県観光PRイベント in ベルサール秋葉原
展示期間	2015年5月2日（月）
体験者数	約200人
使用機材	・Oculus Rift DK2　x　2台 ・PC（G-Tune デスクトップ）　x　2台

制作会社コメント 特徴

・「恐竜戯画」は積木製作の完全オリジナルコンテンツです。恐竜のクオリティの高さ、魅力的なストーリーラインで大人も子供も楽しめるコンテンツに仕上がっています。

・Oculus Rift版、ハコスコ版、Gear VR版を用意し、お客様のニーズによってさまざまな展示方法を提案できます。

・また、オリジナルVRコンテンツと機材をセットでレンタルできるという他にはないサービスを提供しています。昨今のVRに対する意識の高まりを受けて、VRをイベントで使いたいけど新規で開発するまでの予算はないといったお客様のニーズに対応することができ、リッチなコンテンツでありながらVR導入の初歩としてご使用頂くことが可能です。

制作工程

・企画 担当しました

・ストーリー制作 担当しました

・恐竜のモデリング

・恐竜モデルのモーション／リグ付け 担当しました

・Unityによるシーン構築 担当しました

スタッフ構成

・Unityによる全シーンの構築、オーサリング：1名

・恐竜のモーション、リグ付け:1名

制作スケジュール

2014年11月　ストーリーの決定
12月　恐竜モデルのアセット制作
リグ付け、アニメーション、UV展開、背景シーンの制作
2015年　1月　Unityでのキャラクター配置、オーサリング
2月　完成

制作会社コメント

恐竜の世界を陸、海、空、すべてのシーンで表現するためUnity内のシーンが膨大になり、フレームレートを確保する事が非常に難しかったです。弊社で得意とするハイクオリティなCG表現を維持しつつ、膨大なシーンを処理するための最適化にかなり時間を割いています。また、恐竜を間近で見上げたり、股の間をくぐったり、巨大さを感じることができる演出を多く盛り込んでいます。

著者はココに注目!

コンテンツのクオリティも高く、さらにはOculus Rift、HTC Vive、Samsung Gear VR、ハコスコと幅広いVR機器に対応していますので、年齢制限の都合で二眼立体視式のものが使えない子供が多いイベントでも問題なく展開ができます。また当事例のコンテンツはイベントへの出展メニューも用意されているので、試験的にVRコンテンツをイベントで展示したい、というときにもお願いしやすいですね。

もちろん恐竜を生かした新規のコンテンツ制作も請け負っていて、オールラウンドで対応できる制作会社です。

4.1.1 “恐竜”という幅広いファン層を持つ人気コンテンツ

太古の世界に生きていた「恐竜」。いまとなっては化石などの痕跡から、その生態や姿形を想像するしかない巨大生物は、毎年のように展覧会が催され、多くの人を引き付ける人気テーマの1つとなっています。そんな人気テーマである恐竜を扱ったコンテンツが積木製作の「恐竜戯画」です。このコンテンツでは、ひとたびVR機材を装着すれば、人類がまだ存在しない6,500万年以上も昔の世界で、恐竜たちが駆け巡るシーンを目撃することができます。

体験してみて感じるのは、その迫力のすごさ。映画とは違い、スケール感までもリアルに感じられるVRだからこそ、CGで作り出された恐竜であっても、まるで目の前で生きて動いているかのような感覚を覚えます。スケール感だけで言えば、博物館に展示されている骨格標本なども相当の大きさを感じられる展示ですが、やはり動かない骨と、CGとはいえ生物の姿で体験者の目の前を元気に動くVRでは、後者のほうがその生態を想像するのに有効だと思います。VRは教育などに応用することで、教科書からは学べない感覚を伴った知識を習得するのに最適なメディアとなるのではないでしょうか。

恐竜のスケールを感じられるようなカメラワークなど演出にもこだわりが感じられる

陸・海・空と、さまざまなシーンで恐竜が生活しているシーンを迫力満点に体験できる

告知ポスター。人気のティラノサウルスなど7種類が登場する

4.1.2 内製であるがゆえに柔軟な対応が可能

本コンテンツはストーリー作成からアニメーション、背景シーン制作、Unityでのシーン構築など、恐竜の3DCGモデル作成以外、全工程を積木製作で内製しています。そのため、クライアントの要望に応じた柔軟な対応も可能なようです。分業が進んだ体制においては、小さな変更であっても複数の会社に渡って対応が必要になるケースがあり、それによって完成が遅れたり、余計にコストがかさんだりしてしまいます。しかし、完全内製であれば、コミュニケーションも十分に取れますし、クオリ

マルチプラットフォーム対応。機材とセットにしたレンタルメニューも提供しておりイベント主催者としては心強い存在だ

ティは当然ながら、余計なコストも削減できます。

また、ターゲットプラットフォームにも柔軟に対応が可能とのこと。VR機材には一眼式のものと二眼式のものがありますが、二眼式機材の多くは視力発達や斜視誘発への影響から低年齢者の使用を禁止しています。そのため、幅広い年齢の体験者が集まるような場合には、一眼式と二眼式の両方を用意しておくことが望まれます。実際、「恐竜戯画」も特に子供ウケが良かったようですし、テーマによっては機材の幅を広げておくという配慮も必要になりそうです。

複数プラットフォームへの対応となると、費用がかなりかさんでしまうのではないかと思ったのですが、積木製作からは「数十万円で対応可能です」との回答をもらいました。これも、完全内製であるがゆえにコスト削減可能な同社ならではの強みかもしれません。

なお、積木製作はこのコンテンツを2014年から開発しており、VR制作会社の中でも長めの実績を持つ制作会社です。そのため、多くの経験を基に、VRに最適なストーリー展開についての研究が進められていて、「現在であれば、もっとストーリーをVR向けに迫力のあるものに変更します」とのこと。VRアトラクションとして求められる体験を追求していくということでしょう。コンシューマVRの歴史はまだ浅いので、最初期から開発に携わって多くの知見を有している制作会社は、新しいコンテンツ制作においても非常に頼りになる存在といえるでしょう。

不特定多数の来場者があるイベントでは、さまざまな可能性も考慮に入れながら対応の準備をしておくことが肝要

4.1.3 運営にもVRならではの配慮が必要

VRコンテンツでもっとも避けなければならないと言われているのが「VR酔い」です。視覚だけを没入させることの多い現在のVRでは、他の感覚が視覚と連動してない場合に、乗り物酔いのような状態に陥る恐れがあります。一度、そういった体験をしてしまうと、VRは酔うものだというネガティブなイメージがついてしまい、二度とは体験したいと思えなくなってしまうかもしれません。そうしたことを危惧して、VR開発者たちはVR酔いの防止に細心の注意を払っています。PCの処理が止まらぬように映像の質を落としたり、演出上有効であっても激しいカメラワークを避けたりして、VR酔いの防止を最優先事項にしている開発者は少なくありません（VR酔いについては48ページのコラムを参照してください）。

そのようにVR酔い防止に気を使ったコンテンツであっても、体験者の個人差によって酔いを感じる人が出てくる可能性をゼロにはできません。そこで、恐竜戯画では事前に体験者が注意事項を一読しサインするという手順を設けることで、入念な注意喚起をしたそうです。これによって体験者のほうでもVR酔いへの心構えができますし、体験後の余計なクレーム防止にも寄与します。実際、恐竜戯画では展示の際に、酔いを訴える体験者は出なかったそうです。

体験希望者には事前に注意事項を読んでサインしてもらうようにした。初体験の人には想像しづらいリスクなのでこうした注意喚起は有効だろう

この事例の注目点

- VRによる体験のすごさが伝わりやすく、ファンも多い恐竜をテーマとしている。
- 子供にも人気のテーマであることから、低年齢層でも使用可能な機材も用意している。
- もっとも避けなければならないとされる「VR酔い」に対して、注意事項を読んでサインしてもらうなど入念な注意喚起を行った結果、VR酔いを訴える体験者は居なかった。

4.2 ソードアート・オンライン ザ・ビギニング Sponsored by IBM

株式会社ワン・トゥー・テン・デザイン

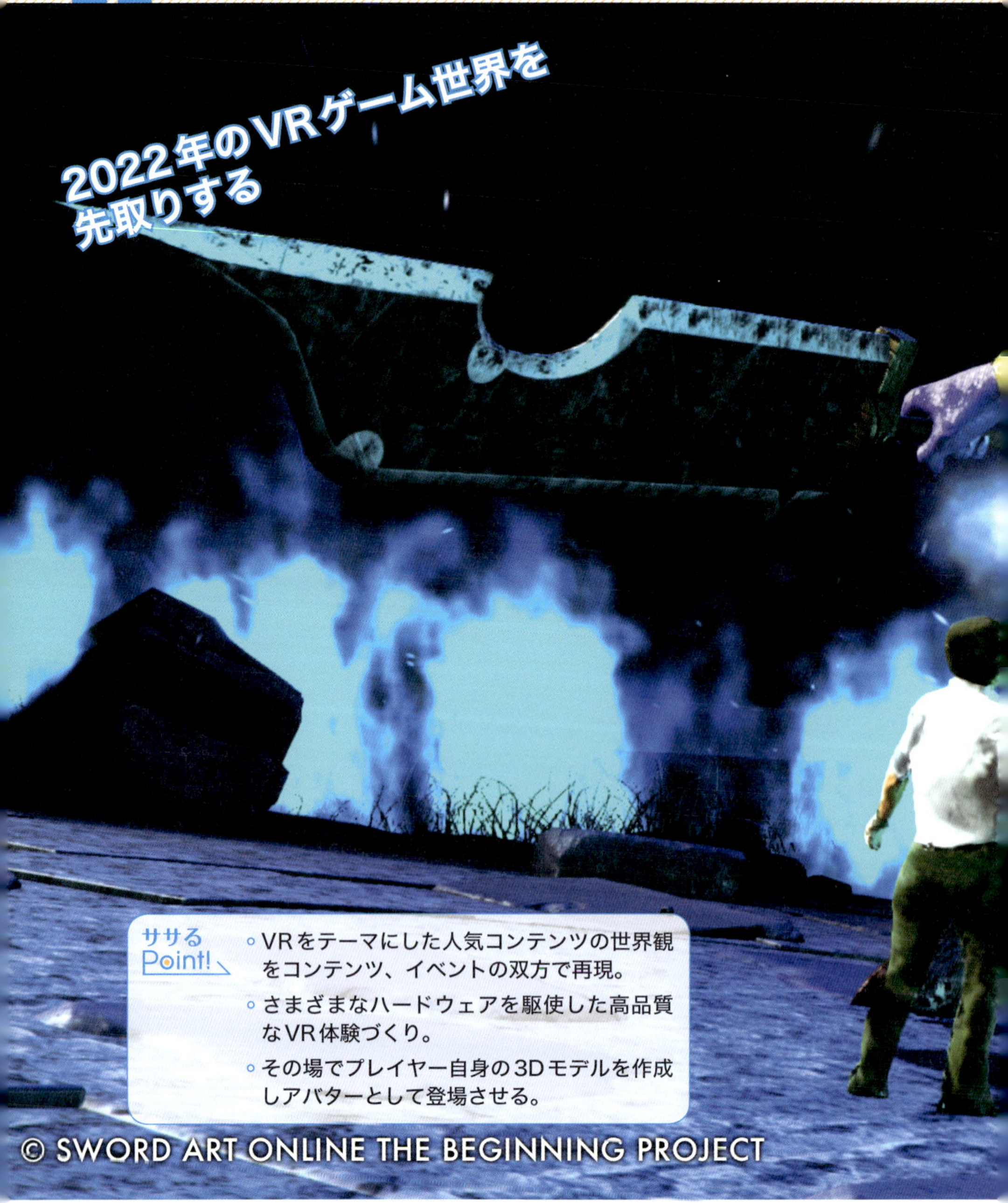

2022年のVRゲーム世界を先取りする

ササる Point!

- VRをテーマにした人気コンテンツの世界観をコンテンツ、イベントの双方で再現。
- さまざまなハードウェアを駆使した高品質なVR体験づくり。
- その場でプレイヤー自身の3Dモデルを作成しアバターとして登場させる。

CG 実写 操作 回線 全年齢 R-13 入手 コスト

VRゲームを舞台とした人気作品「ソードアート・オンライン」の世界へ入り込めるコンテンツ。3Dスキャンしたアバターで作品世界に没入できます。

動画 https://youtu.be/fcGhGEfHdWs

VR CONTENTS DATA

URL http://www.mugendai-web.jp/vrmmo-project/

費用規模

50万円　100万円　250万円　500万円　1000万円

非公開

※実際の制作内容によって変動します。

主な展示イベント	ソードアート・オンライン ザ・ビギニング Sponsored by IBM （招待制のクローズドイベント）
展示期間	2016年3月18日（金）～3月20日（日）
体験者数	約230人
使用機材	・Oculus Rift DK2 ・PC（GPU：GTX Titan） ・Leap Motion ・Ovrvision ・Microsoft Kinect ・9軸センサー（自社開発）

1
2
3
4 CG系コンテンツ
5

制作会社コメント
特徴

・大人気作品「ソードアート・オンライン」の世界に入り込めるコンテンツです。3Dスキャンによってプレイヤーの3Dモデルをその場で瞬時に生成し、アバターとしてコンテンツ内に投影。ソードアート・オンラインの世界を駆け巡ります。
・複数の機材をふんだんに組み合わせ、開催時の最高水準といえるVR体験を実現しました。
・体験イベント自体を「アルファテスト」という作品物語の一部として位置づけ、イベント会場のスタッフ衣装や機材デザイン、オペレーションなどVR体験前後もソードアート・オンラインの世界観に浸れるような演出をしています。

制作工程

・企画・プロデュース　担当しました
・コンテンツ設計　担当しました
・CGモデリング　担当しました
・CGモーション制作　担当しました
・ハードウェア開発・調整　担当しました
・サーバーサイド開発　担当しました
・フロントエンド開発　担当しました
・音楽制作
・イベント設計・運営
・プロモーション映像制作
・原作・シナリオ監修
・キャラクターボイス制作

スタッフ構成

＜内部＞

・クリエイティブディレクター／小川丈人
・エグゼクティブプロデューサー／椎名鉄兵
・プロデューサー／川副信雄
・スーパーバイザー／澤邊芳明
・テクニカルディレクター／北島ハリー
・エクスペリエンスプランナー／澤井宏和
・アートディレクター／戸田茜
・プランナー／松重宏和、瀬島卓也
・プロジェクトマネージャー／鈴木雄太
・ムービーディレクター／瀬島卓也
・デザイナー／大林巧、品川悠樹
・VRエンジニア／河合育夫、藤岡宏和、坪倉輝明
・3Dスキャン／横田達也、森岡東洋志
・デバイス/ハードウェアエンジニア／古山善将、徳井太郎
・サーバーサイドエンジニア／小谷俊介
・フロントエンドエンジニア／中村奈々、中原洋子、大柴直人、小野友資
・CGディレクター／白井慧
・CGモーションデザイナー／谷耀介
・CGアシスタント／山田真帆
・アシスタントプロデューサー／秋元寛子

＜外部＞

・bitztream、株式会社テー・オー・ダブリュー、左居 穣（minsak)、山口正憲（REELVISION)、削除（Diverse System)、明本 英男（Trive inc./DGZ)、青木淳（DGZ)、吉澤拓広、桑原勝、村口 晃俊、大野隆玄
・原作・シナリオ監修／川原 礫（電撃文庫刊）
・協力：KADOKAWA、バンダイナムコエンターテインメント、アニプレックス、A-1 Pictures、ジェンコ、SAO Project(『ソードアート・オンライン』製作委員会)
・キャラクターボイス：松岡 禎丞／戸松 遥／伊藤 かな恵

1 —
2 —
3 —
4 CG系コンテンツ
5 —

制作スケジュール

2014年12月	企画開始
2015年1～9月	企画方向性FIX、制作委員会確認
10月	制作開始
2016年1月	社内向けβテスト
3月初旬	クライアント向けβテスト
3月中旬	完成・公開

制作会社コメント

ソードアート・オンラインの始まりである2022年から遡ること6年前、2016年現在のテクノロジーでどこまでソードアート・オンラインの世界に近づけるか。

2022年の作品世界へ繋げるストーリー構築や世界観の再現、脳波コントロールという架空の技術を用いたVRMMOへのチャレンジなど、あらゆる面において、未知の領域であり誰も実現したことのないものだったため、これらをどのようにクリアするかが大きな課題でした。

著者はココに注目!

意外だったのが企画開始からFIXまでの期間。約10か月を要して企画を煮詰め、関係各所の調整を行っています。これは他の版権物を使ったコンテンツ制作（イベント）を行う際に頭に入れておきたい数字です。

そしてそこから6か月で完成まで仕上げたのは、さすが経験と実績を豊富にお持ちのワン・トゥー・テン・デザインさんだと思いました。この数字を基に他の制作会社に依頼しても断られてしまうレベルだと思うので、同規模のコンテンツを発注する際は、もう何割か期間を長く見積もっておいたほうがいいかもしれません。

4.2.1 現在の最高水準のVR体験を追求

ライトノベル、そしてTVアニメも大人気となったソードアート・オンライン。2022年の脳波コントロールを用いたVR MMORPGという設定で、プレイヤーはヘルメット型のデバイスを使ってゲーム世界にダイブします。

このシステムを、2016年現在のテクノロジーでどこまで再現できるのか。IBMの最新技術がいかにクリエイティブに貢献できるのかを体感してもらうために、このプロジェクトはスタートしたということです。3月中旬に開催された招待制のクローズドイベント「ソードアート・オンライン ザ・ビギニング Sponsored by IBM」の参加者は208人。しかしこのイベントの応募者は約10万人！それだけ多くの人が、現在においての最高レベルのVRを体験したいと願った事実は、今後のVRビジネスの追い風となるでしょう。

「ソードアート・オンライン ザ・ビギニング Sponsored by IBM」の内容は、複数の参加者をスキャンしてリアルなアバター（3Dモデル）を作成。VR空間内で、参加者同士がパーティを組んで、迷宮にいるモンスターを倒しにいくストーリーとなっています。

参加者募集のWebページ。10万人が殺到するという大きな反響があった

4.2.2 数多くの機材を駆使して完成度を高める

VR HMDとサーバーだけではなく、3Dスキャン（瞬時に全身をスキャン。3Dデータを生成することにより、自らの姿で仮想世界へダイブ）、VR向け3DカメラOvrvision（リンクスタート時とログアウト時の演出に使用）、モーションコントローラーLeap Motion（遅延を感じることなく手指の動きをVR世界内で反映）、自社開発した9軸センサー（つま先の加速度・角速度・地磁気をセンシングしてVR世界での歩行を可能に）など、多くの機材を活用して、リッチなVR体験を実現しているのが「ソードアート・オンライン ザ・ビギニング Sponsored by IBM」の特徴です。しかしシステム全体が複雑なため、オペレーションにも配慮が必要だったそうです。エンターテインメントコンテンツでは、体験者のワクワク感を演出したほうが何倍もVR体験を楽しんでもらえます。しかし、システムが複雑で着脱や準備に手間取ってしまっては興ざめしてしまい、没入感も半減してしまいます。そこで、当事例ではイベント設計から趣向を凝らしています。

「VR体験そのものだけでなく、オペレーションから会場の空間そのものを作品世界に登場するARGUS社（原作中の架空の企業）の空間とすることで、ソードアート・オンラインの世界への広がりを感じてもらう設計にしました」。

さまざまな機材を組み合わせて、現在の最高水準と考えられるVR体験を追求。作品世界に迫る挑戦が行われた

4.2.3 原作に傾倒している多数のスタッフを配置

大人気コンテンツであるからこそ、原作やTVアニメが持つ世界観を維持することも重要です。そして2022年のVRゲームとVRマシンのアルファテストを2016年現在に行っているという設定であるからこそ、イベント会場のスタッフ衣装や機材デザインにも気を配っています。

「ほぼすべてのセクションにおいて、原作へ傾倒しているスタッフを配置。作品世界観のクオリティアップや、原作に繋がるメタファーを各所に散りばめることで、2022年のソードアート・オンライン実現への期待感や、IBMのテクノロジーが切り拓く未来の可能性を体感できる設計をしました」。

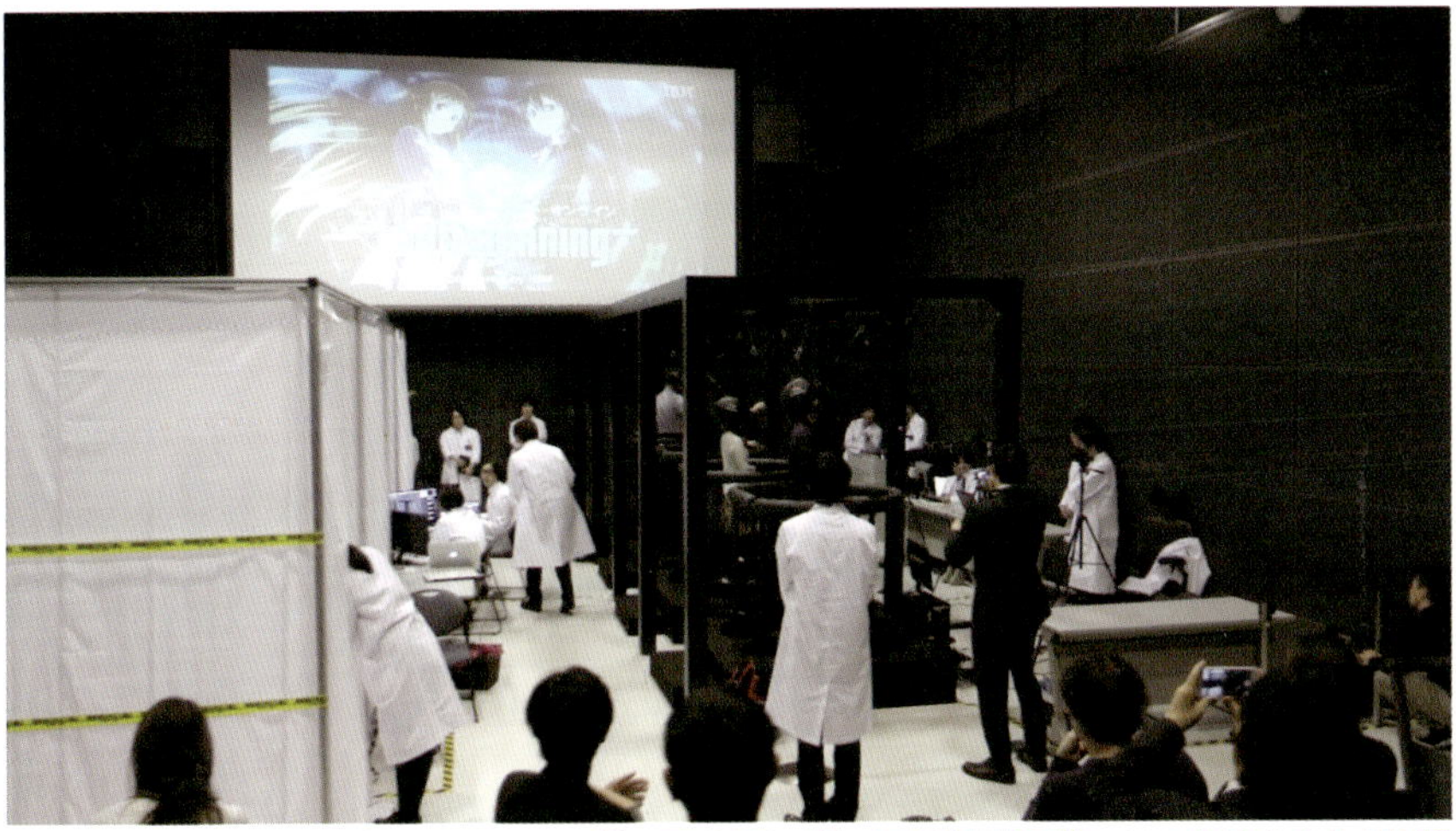

イベント会場は原作に登場するARGUS社の研究員に扮した担当者が運営。この体験会自体が物語の一部である「アルファテスト」という位置づけでイベントが設計された

企画から制作まで、ワン・トゥー・テン・デザインがすべての領域を担当。企画段階からアルファテスト（イベント）実施まで約1年4か月の期間を要した、これまでにない体験を設計する上での数多くの検証が必要だった、という苦労点もあったそうですが、結果としてメディアバイイング（広告を出すこと）を一切行うことなく、日本IBMとして過去最高のソーシャル・エンゲージメントを獲得したとのこと。実際に「ソードアート・オンライン ザ・ビギニング Sponsored by IBM」の情報は多数のウェブメディアに掲載され、未来の可能性をIBMのテクノロジーが切り拓くというメッセージを広く伝えることに成功しています。

原作ファンにはおなじみのVR体験開始（リンクスタート）のUIも再現し、自身が作品世界に入ったかのような体験を生み出した

コンテンツ内では原作の作品世界を再現しており、自分がストーリーの登場人物の１人となったかのような感想を持つ人も多かったようだ

体験した方々の感想を参照すると、VRの世界に入り込んだという感動と、ゲームを終えてVRから現実世界に戻ってきたという感動、その両方の感動があったそうです。また複数人での同時協力プレイということもあり、パーティを組んだ人たちとの距離感が一気に縮まったという声も。こうした感想は、応用分野の1つとして大きな期待が寄せられているソーシャルネットワークへのVR応用に対しても好材料になり

そうです。

2022年、実際にVRMMORPGが誕生している可能性もそう低くはないのかもしれません。

この事例の注目点

- 原作の世界観を継承し物語の一部とする体験会を設計したことで、体験時点にとどまらず体験前後もプレイヤーを楽しませることに成功。結果、話題性が高まり多くのメディアへ露出できた。
- さまざまな機材を活用して、公開時の最高水準のVR体験を実現した。
- その場でプレイヤーを3Dスキャンし、モデルをアバターとして登場させることで没入感や作品世界の再現性を高めた。

4.3 世界一のセカイ ～スポーツバーチャル体験！～

株式会社テレビ朝日メディアプレックス

世界レベルのスポーツ選手と同じ体験ができるコンテンツ。テレビ局のグループ会社だからできるハイクオリティな仕上がりです。

動画 非公開

ササる Point!

- 素人では味わえないアスリートの目線を誰でも気軽に安全に体験できる。
- まるでテレビ番組であるかのようなリッチな演出。
- 風や振動など体感のリアリティを増す仕組みが盛り込まれている。

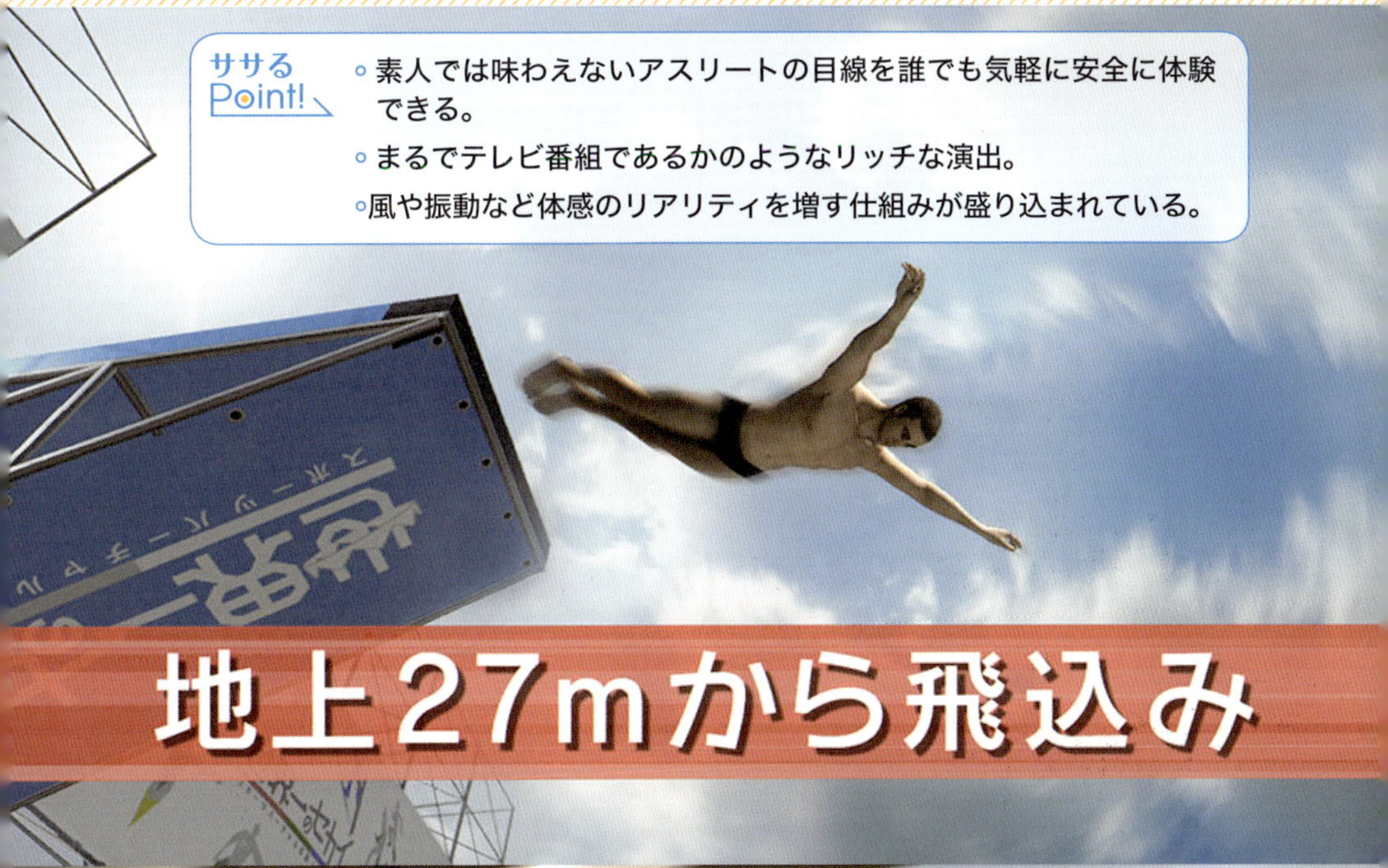

VR CONTENTS DATA

URL http://www.mediaplex.co.jp/

費用規模

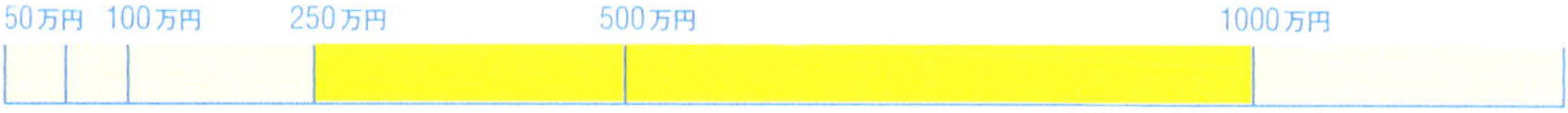

※実際の制作内容によって変動します。

主な展示イベント	テレビ朝日・六本木ヒルズ夏祭り SUMMER STATION 2015
展示期間	2015年7月18日（土）～2015年8月16日（火）
体験者数	約18,000人
使用機材	・Oculus Rift DK2 ・PC（G-Tune デスクトップゲーミング PC） ・振動ユニット内蔵バケットシート ・送風機

特徴 制作会社コメント

・野球・ハイダイビング・スキージャンプ・ボブスレーという4種目のスポーツについて、世界レベルのアスリート目線を体感できるコンテンツです。

・送風機や振動ユニットなどを使い、映像内容に合わせて椅子が振動したり、スピードが出てくると風を感じたりなど、体感ギミックにより、リアルな体験を実現しています。

・また、映像コンテンツの内容は、テレビ朝日コーポレートデザインセンターで企画とディレクションを行い、テレビ朝日クリエイトで3DCG制作を行うなど、テレビ朝日グループの総力を結集してリアルかつエンターテインメント性の高いコンテンツを実現しています。

制作工程

- 企画（テレビ朝日コーポレイトデザインセンター）
- CG制作（テレビ朝日クリエイト）
- シーンおよびギミック設置 担当しました
- VR基本開発 担当しました
- 外部デバイス連動処理 担当しました
- 機材設置 担当しました
- システムサポート 担当しました
- ナレーション

スタッフ構成

<内部>

- ディレクション：1名
- プログラマー：1名

制作スケジュール

2015年12月	キックオフ（おおまかな実現したい内容の共有、予算感のすりあわせ、役割分担の決定、企画自体のGOサイン）
2016年2月～4月	試作デモ制作（各種アイデアの荒いデモを作り、どのアイデアを採用するか検討）
5月	詳細開発仕様の決定 開発およびCG制作着手（CGについては開発と並行して出来上がったものから組み込み、順次バージョンアップ及びディテールを追加
6月後半	音声、CGと開発プロジェクトの全体結合、FPS調整、酔い対策の調整
7月前半	仮納品および最終微修正

制作会社 コメント

テレビ局の運営するイベントアトラクションとして、あらゆる年代の方にも楽しんでいただけるようにコンテンツ内容を工夫し、VR酔いが極力ないように気を使って制作しました。

また、単なる視覚による体験にとどまらず、コンテンツと完全連動した送風機や振動などによる「体感システム」を組み込み、よりリアルで爽快な体験を可能にしました。

著者はココに注目！

2年前、日本のVR界隈ではほぼ同時期に商業VRイベントを請け負った会社が6社あります。その黎明の5社のうちの一つがテレビ朝日メディアプレックスさんです（他はHome360°さん、桜花一門＆PANORAMANIA、積木製作、X社（非公開））。2年前から携わっているだけに、VRにおける面白さの演出、インタラクティブ性、モーションチェアを使った体感、夏休み中の長期運用など手慣れたものがあります。

今回の取材を通じて知ったのが、テレビ朝日以外のテレビ局のお仕事でもOKということです。他局のイベントを請けている会社さんでも、安心して制作をお願いできるようです。

4.3.1 世界レベルのアスリート目線を体感できるVR

GREEと提携したフジテレビ、技術展示会でドローンなどと組み合わせたシステムを発表した日本テレビ、VR研究を目的としてコンテンツ制作会社に出資したTBSなど、地上波を受け持つテレビ局も、VRコンテンツの研究開発に余念がないようです。そんな中、テレビ朝日のグループ会社であるテレビ朝日メディアプレックスは2013年からOculus Rift DK1でのVR研究をスタート。テレビ朝日のイベント時に、オリジナルのコンテンツを展示してきました。2015年のテレビ朝日 夏祭り、およびアドテック東京2015において「世界一のセカイ　～スポーツバーチャル体験！～」を展示。これは野球・ハイダイビング・スキージャンプ・ボブスレーという4種目のスポーツにおいて、世界レベルの試合を、参戦しているアスリート本人の目線で体験できるコンテンツです。

野球は時速160kmの豪速球をジャストミートしてホームランにするもの。ハイダイビングは地上9階ともなる27メートルの高さからの高飛び込み、スキージャンプはあの巨大なジャンプ台を滑り降りてテイクオフ、ボブスレーは時速100km以上のスピードで曲がりくねったコースをダウンヒル、迫力満点の体験ができます。

いずれも、実際の世界戦クラスの競技を知らなければ作成できないもの。想像だけでモーションを付けてしまうとリアリティがなくなってしまいます。テレビ朝日メディアプレックスのアドバンテージはまさにそこ。スポーツディレクターが監修しているためモーションも、3DCGも、ナレーションも抜かりありません。「テレビ朝日グループの総力を結集して、リアルかつエンターテインメント性の高いコンテンツに仕上がっています」。

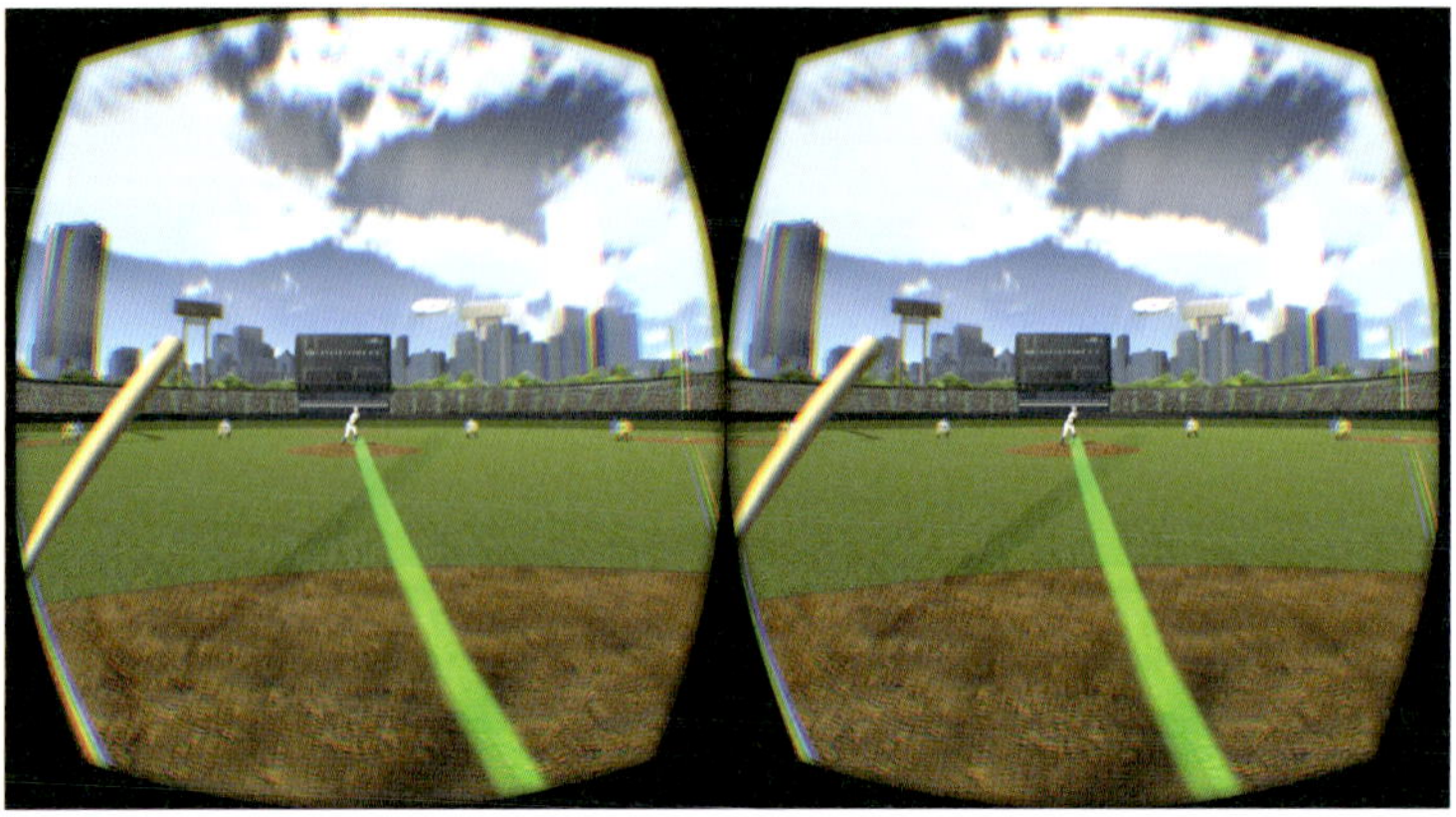

野球では、時速160kmの豪速球をジャストミートしてホームランを目指す

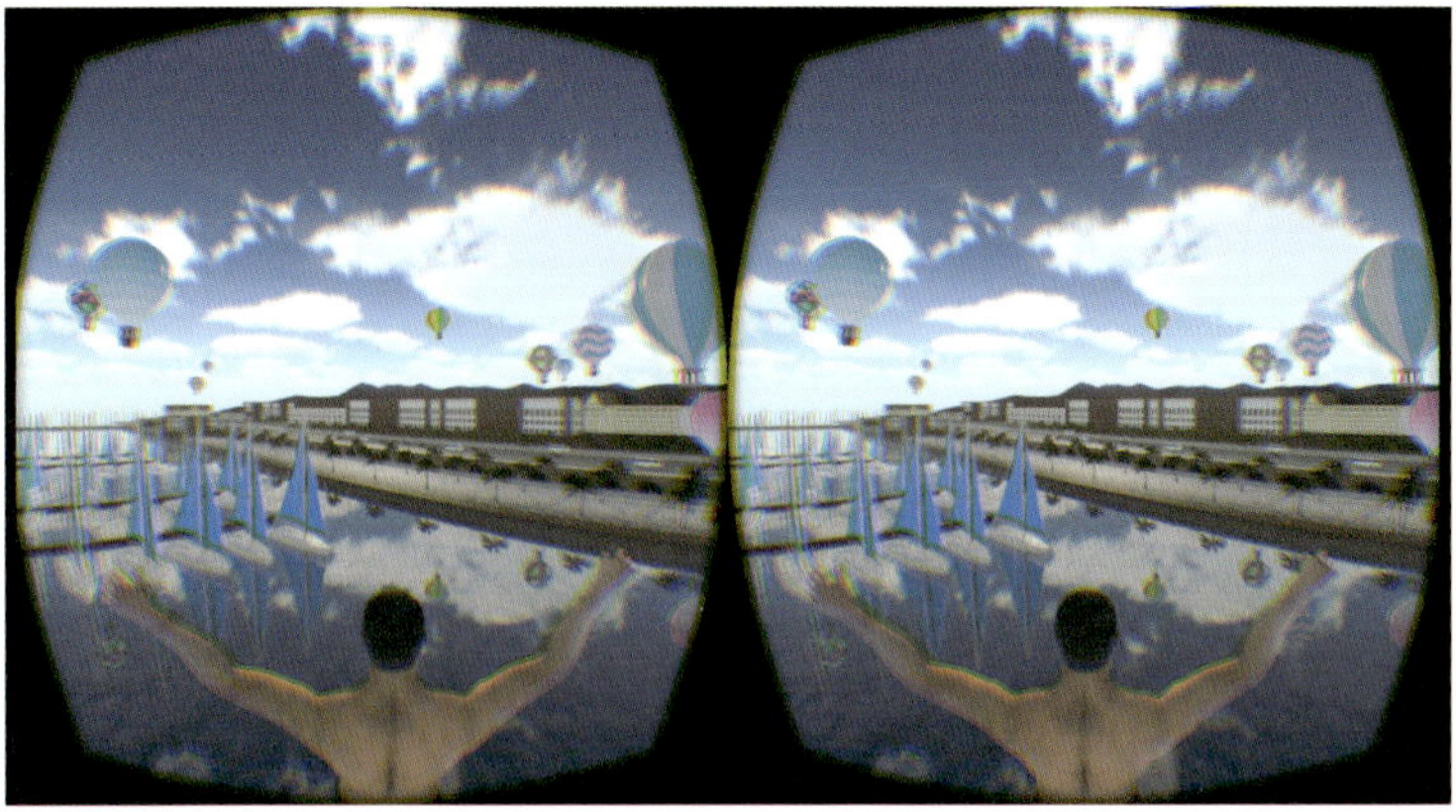

ハイダイビングでは地上27メートルからの飛び込みを体験

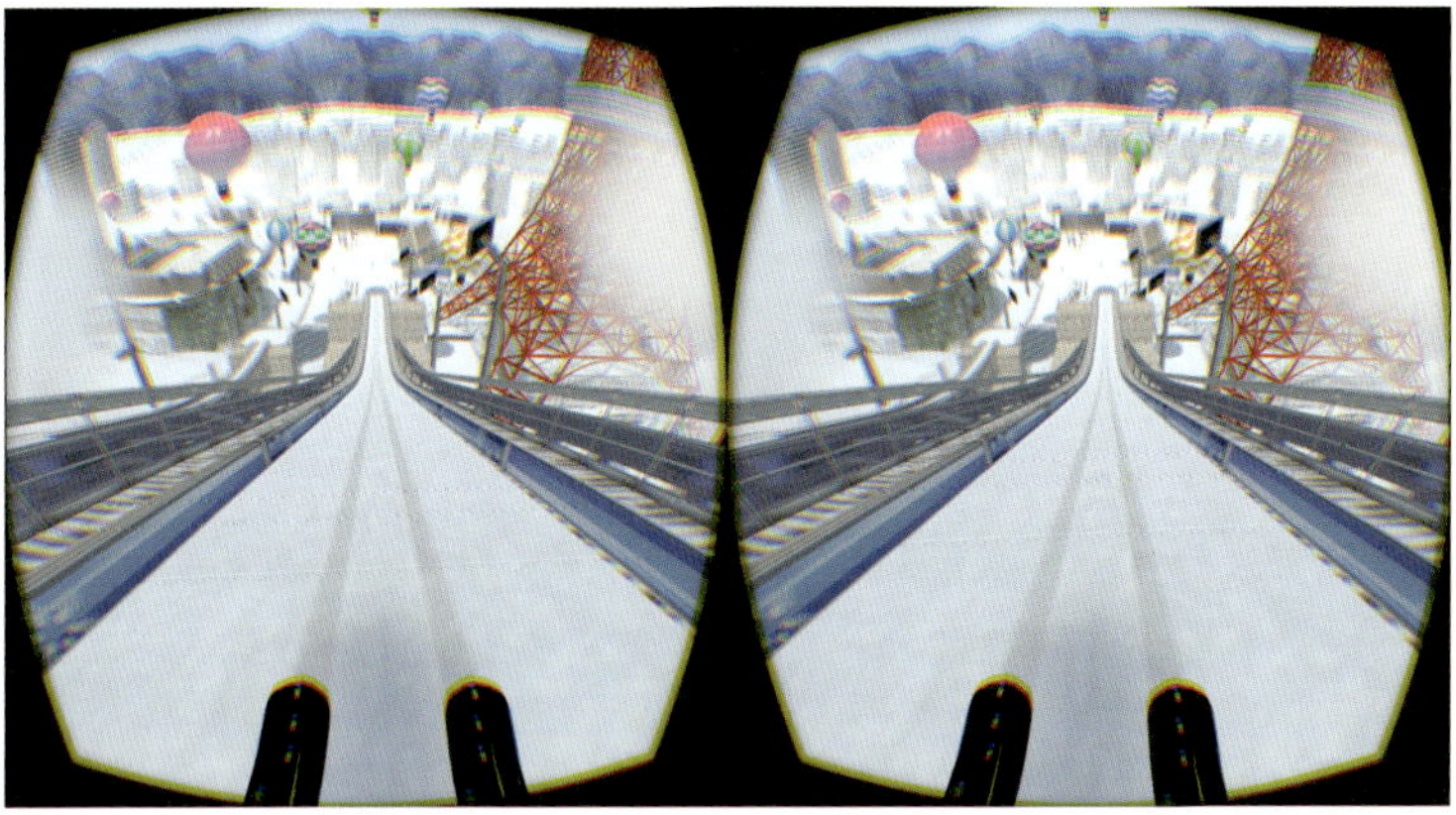

スキージャンプは素人ではまず不可能であろう体験を味わえる

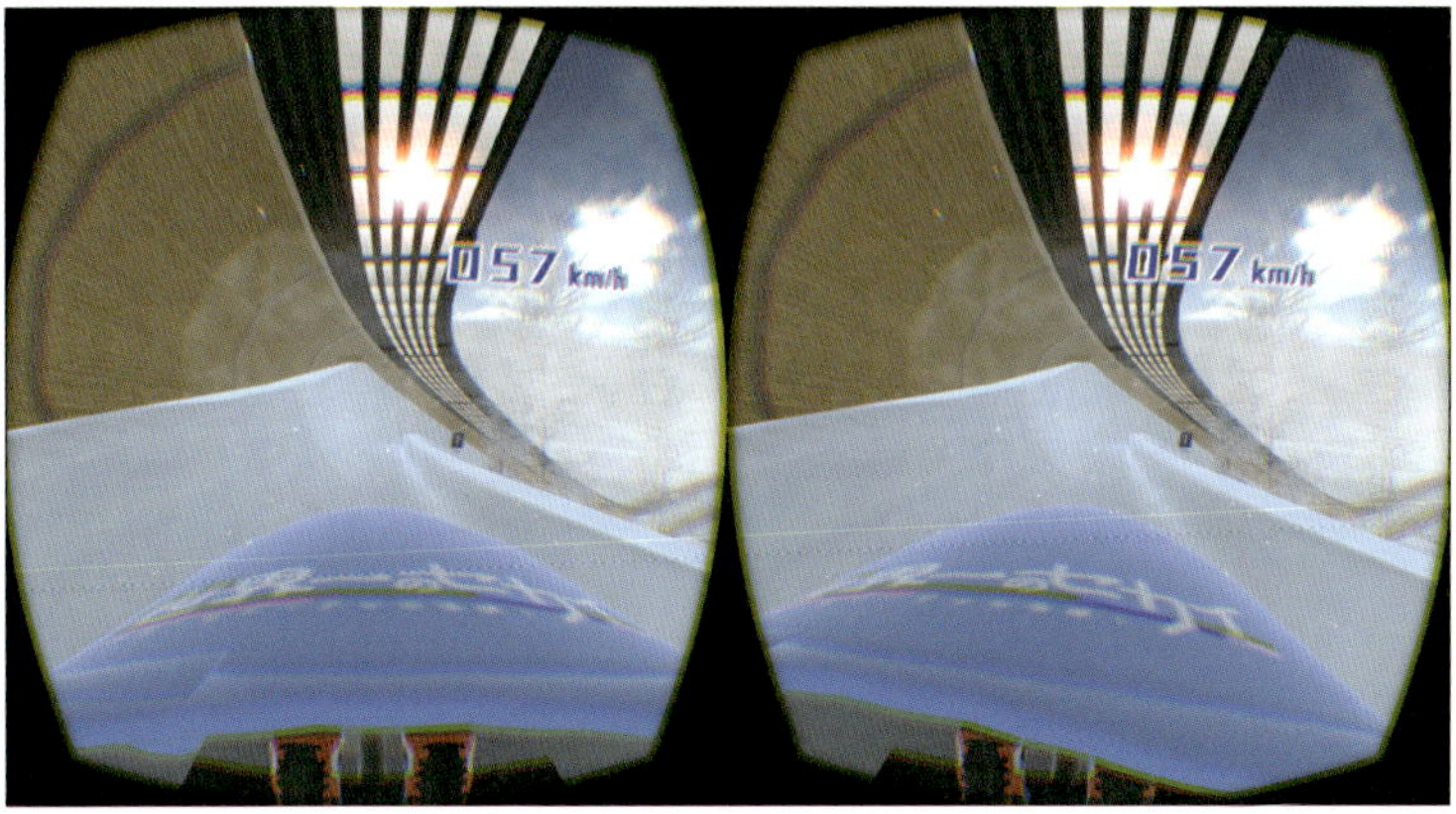

時速100kmで滑走するボブスレー。VRだからこそ安全に楽しめる

4.3.2 体験クオリティを高めるためのハードウェア

「世界一のセカイ～スポーツバーチャル体験！～」はテレビ局の運営するイベントアトラクションとして、あらゆる年代の人でも楽しめるようにコンテンツ内容を工夫し、VR酔いが極力起きないような内容にまとめたとのこと。視覚による体験にとどまらず、振動ユニットなどを使って映像内容に合わせて椅子を振動させたり、ファンを装着してスピードが出てくると風を送り出したりと、リアルで爽快感の強い体験をサポートする体感ギミックも組み込まれています。こうした工夫はVR酔いの防止にも効果的です。人間は視覚以外にもさまざまな器官で得られる感覚によって状況を認識していますから、視覚と他の感覚がずれると酔いを感じます。当事例では体感ギミックによって視覚以外の感覚を補強することで、酔いにくくなっているのでしょう。

CGはテレビ朝日グループ内の外注（テレビ朝日クリエイト、内製も可能)、ナレーションはテレビ朝日のアナウンサーを起用。まるでテレビ番組であるかのような、リッチでクオリティの高い仕上がりのコンテンツになっています。そしてシーンおよびギミック設置、VR基本開発、外部デバイス連動処理、機材設置、システムサポートをVRイベントの経験が豊富なテレビ朝日メディアプレックスが担当しています。

油圧を使ったレーシングシートとの連動、Wiiコントローラーからの制御、自作Arduino回路を利用したモーションセンサー操作、自転車のケイデンスセンサーを拾ってVRに反映など、ハードウェアの作り込みにも一日の長があります。

VR映像とシートの連動により、没入感の高い体験を提供できる

4.3.3 通常のVR開発ベンダーとして受託開発も行っている

ここまで聞いてしまうと、あくまでテレビ朝日関連のVRコンテンツのみ制作しているのかと感じます。しかし同社は通常のVR開発ベンダーとして受託開発も行っています。「他局よりのご依頼も大歓迎ですし、VR以外ですが過去にサイト制作受託などの実績もございます」。さらにはグループ外からの業務においても、CG制作及びタレントのブッキングといったテレビ朝日グループのリソースが利用できます。

得意なのはエンタメジャンルを中心に、誰でも楽しめるような健全なVRコンテンツ開発。CGベースのVR作品に加えて、VR動画の撮影やビューワー開発実績を積んでおり、VR動画のプロデュースも請け負ってくれるとのこと。さらにVR動画の配信プラットフォームもリリース予定だそうです。「VR動画配信にご興味のある方も遠慮なくお問い合わせください」。

この事例の注目点

- 世界レベルという普段は味わえない体験をVRとして提供している。
- テレビ局のグループ会社であることを最大限に生かした制作環境。
- シートや送風機など没入感を高める周辺装置も積極的に取り入れている。

4.4 ピクセルVRバトル ～マルチプレイ協力対戦～

株式会社シーエスレポーターズ

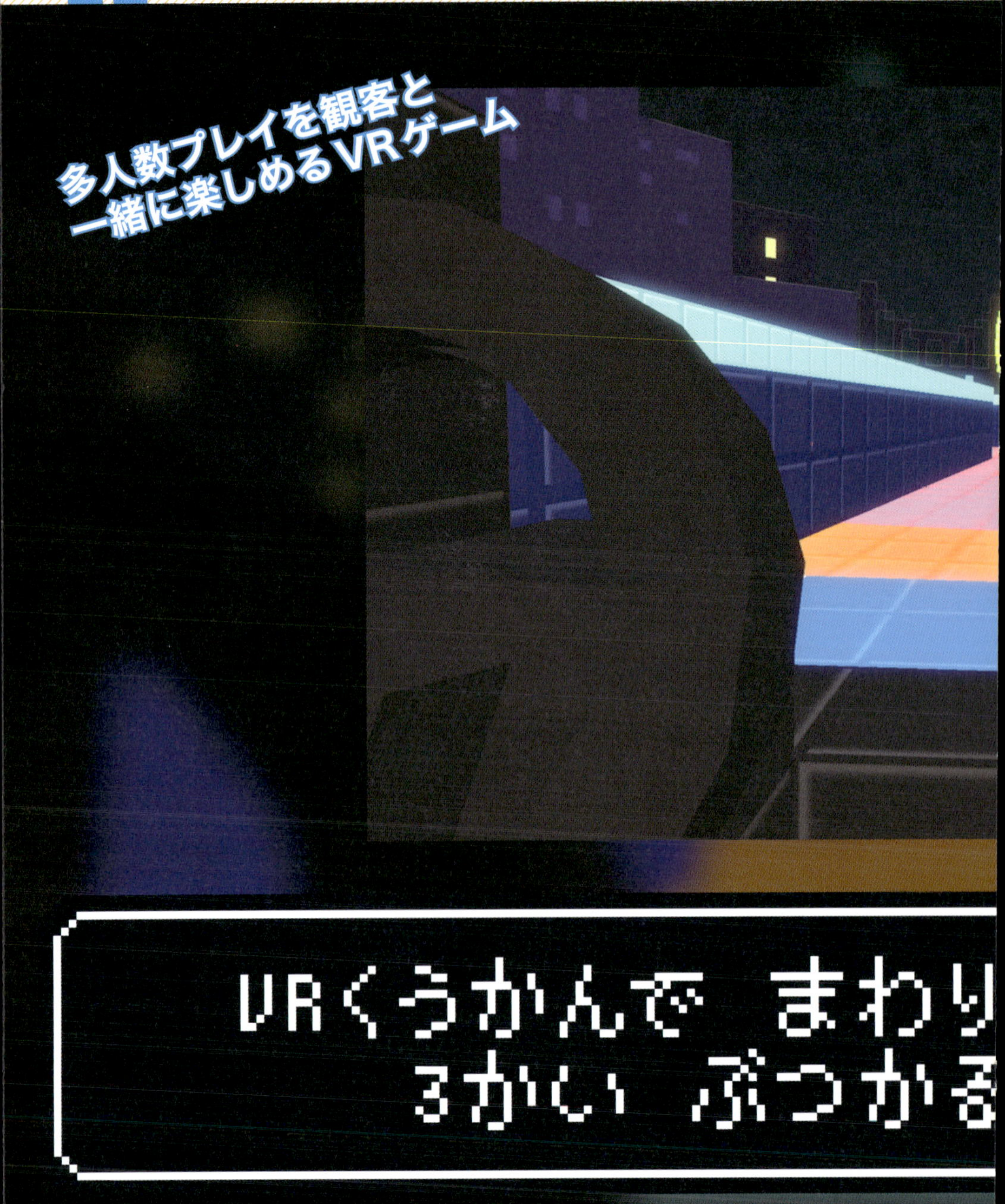

多人数プレイを観客と
一緒に楽しめるVRゲーム

映画「ピクセル」の世界観を体験できるマルチプレイ可能なVRゲームです。

動画 https://youtu.be/R6RMykfEzvo

ササる Point!

- 映画の世界観に浸れるゲームコンテンツ。
- 話題となった映画のソフトパッケージ発売記念（特製ゴーグル同梱版も発売）。
- Wi-Fiを使った４人同時マルチプレイ。

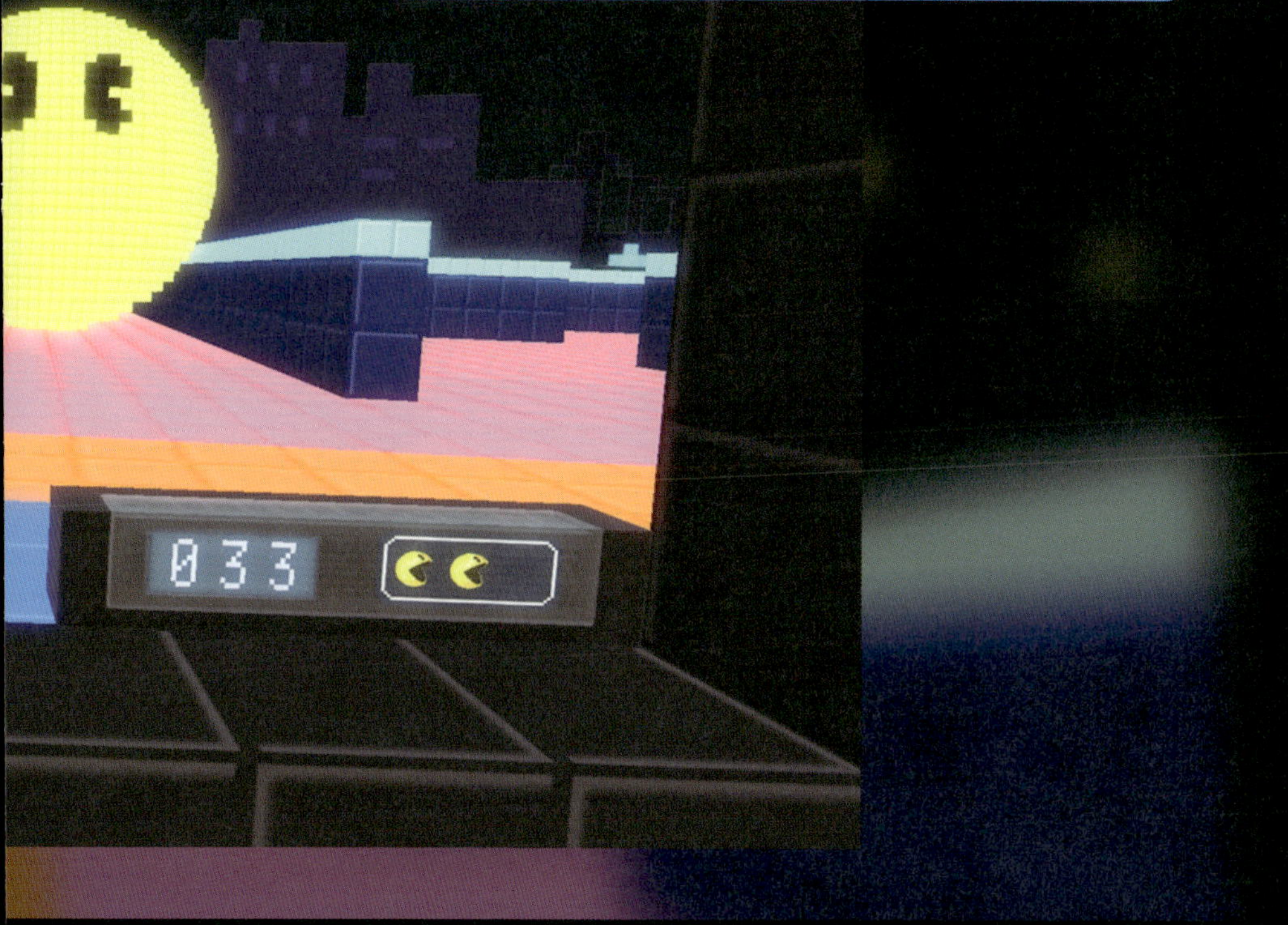

んで　おいつめよう!
ゲームクリア!

VR CONTENTS DATA

URL http://net-cp.com/pixel-vr/

費用規模

※実際の制作内容によって変動します。

主な展示イベント	Android/iOS アプリ（Google Play/App Store にて無料公開中）
展示期間	2016 年 2 月 2 日（火）公開
体験者数	—
使用機材	・スマートフォン（Android/iOS） ・VR ゴーグル（一眼 / 二眼両対応）

特徴 制作会社コメント

・映画「ピクセル」の世界観を体験できるゲームコンテンツです。スマートフォン用のVRアプリなので、手軽に楽しめます。
・4人マルチプレイ可能なので、友人や家族などと一緒に楽しめます。
・映画Blu-ray/DVDのプレミアム・エディションではオリジナルのVRゴーグルを同梱しています。すでにGoogle Cardboardなどスマートフォン用のVRゴーグルをお持ちの場合は、Google Play/App Storeからアプリをダウンロードすることで、本ゲームを楽しめます。

制作工程

・企画・プランニング 担当しました
・3DCG制作 担当しました
・BGM/SE制作 担当しました
・スマートフォンアプリ制作 担当しました
・端末検証 担当しました
・ストア申請代行 担当しました
・プロモーション 担当しました
・管理運営 担当しました
・監修

スタッフ構成

＜内部＞

・3DCGアーティスト：2名

・プログラマー：3名
・デザイナー：1名
・プランナー：1名

＜監修＞

・ソニー・ピクチャーズ エンタテインメント

制作スケジュール

2015年	11月	企画立案
	12月	モック版制作
		製品版の仕様確定
		製品版制作
2016年	1月	デバック
		納品
	2月	プロモーション

制作会社コメント

正攻法が確立されていないVRにおいて、当社ではモック版の制作を重要視しています。実際に体感することでプロジェクトメンバーが共通認識を持てるため、新しい価値が創造できると思っています。

著者はココに注目！

この事例は広告代理店にとって2つの意味合いがあります。1つは「イベント会場ではなく自宅に持って帰ってVRを楽しみ、広告にもなる」ということと、もう1つは「イベント会場で4人対戦バトルを観客に見てもらう」ということです。どちらもVR用HMDが苦手とする「大人数が来た時にどうするんだ。数をさばけないよ」という難問の一つの答えとなると思います。

特に4人対戦の模様を巨大モニターで流せば、大人数へ一度にPRすることができ、それに加えてHMDでの展示を行えば「広く浅くの巨大モニター」「狭く深くのHMD」を同時に展開できるので理想形の一つかもしれません。

4.4.1 ヴィンテージなゲームの世界観を生かしたコンテンツ制作

2015年9月に公開された映画「ピクセル」は、80年代のゲームで天才的なスキルを発揮したゲームオタクが、3D化された巨大ゲームキャラの攻撃に立ち向かい、世界を救うといういい意味でバカなノリのアクションコメディです。海外での評価は低かったものの、日本ではカルトな人気で洋画の興行収入ランキング22位という中堅ヒット作となりました。

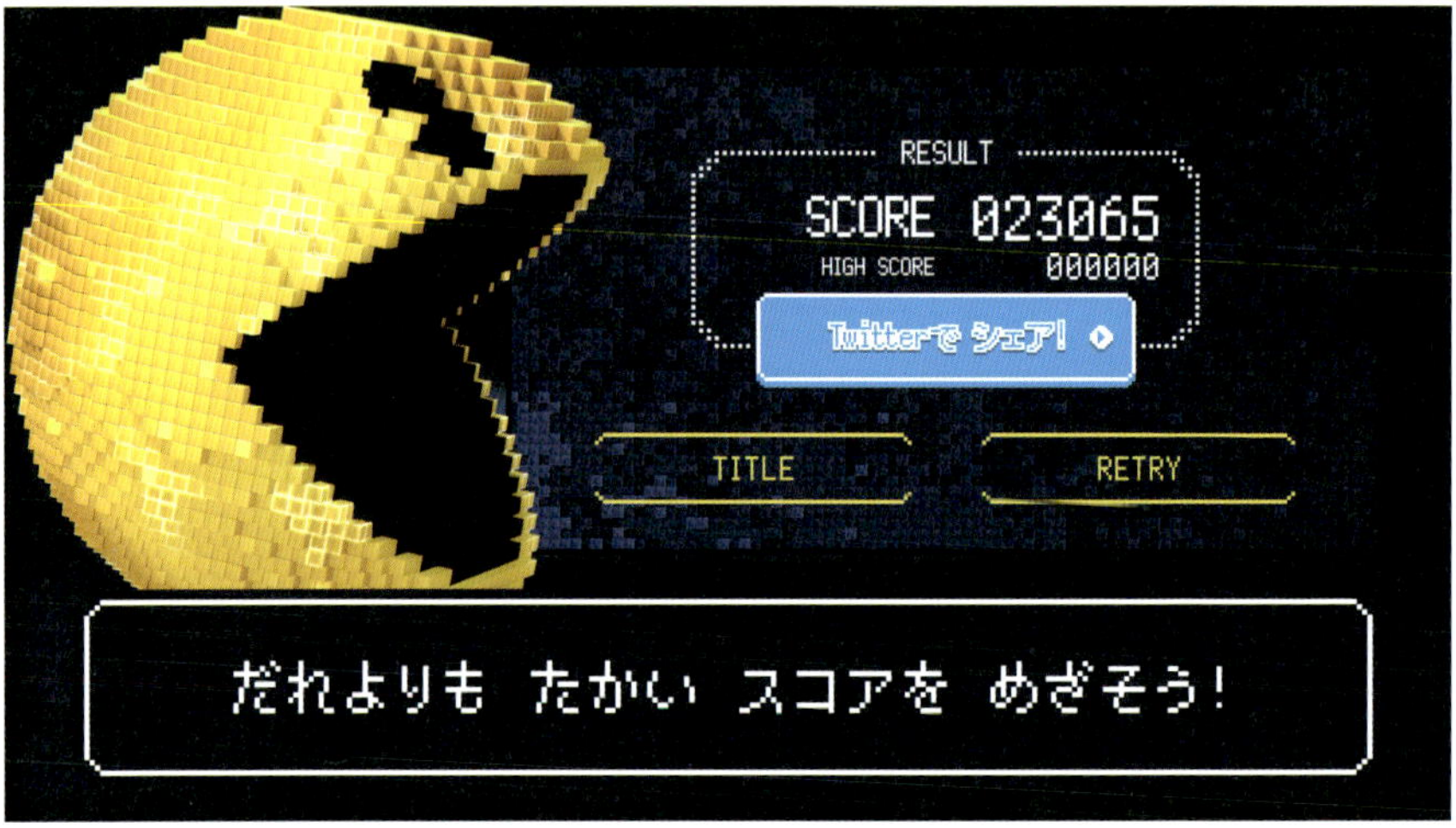

映画「ピクセル」の世界観を体験できるVRゲーム。スコア競争が可能

2016年2月にはBlu-ray/ DVDパッケージが販売されました。リリースを記念して無料で提供されたのがマルチプレイ協力対戦可能なスマートフォンアプリ「ピクセルVRバトル」です。Wi-Fiの近距離通信機能を用いており、4人までの同時プレイが可能。オリジナルのパックマンとは逆に、4色のモンスターとなってマップ内のパックマンを追いかけて捕まえる（ただしパワーエサを食べられてしまうと反撃される）という、映画の中のクライマックスシーンを再現しています。同コンテンツを制作したのはシーエスレポーターズです。

基本ルールが迷路内の鬼ごっこゆえに、現在向いている方角に向かって進んでいくというシンプルなUIで遊べます。しかし3Dゲームは一人称視点だけだと全体が把握できず、難易度が高くなるという弊害もあります。そこで上を向くことで、3Dマッ

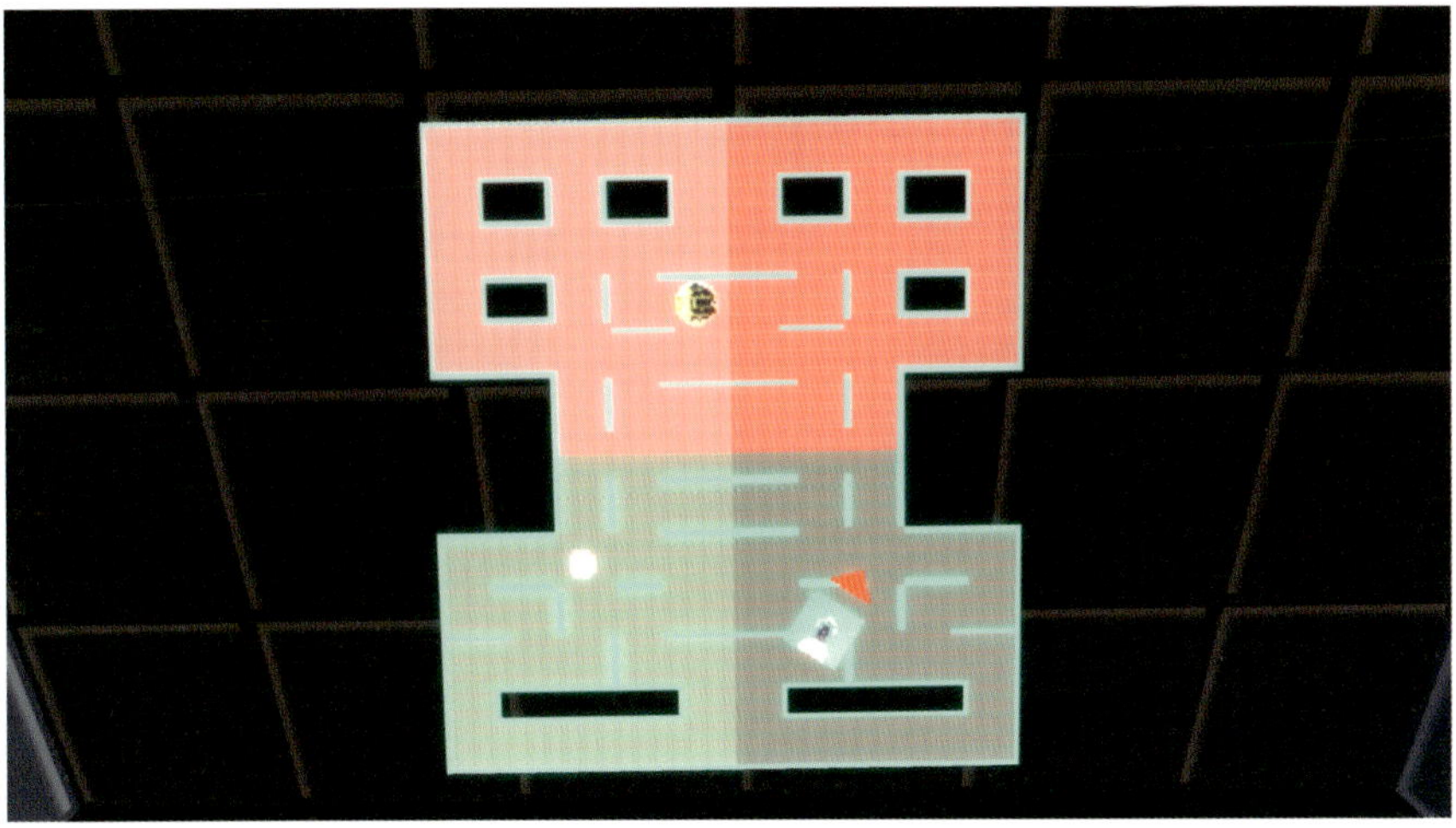

上を向くことでマップ全体の確認が可能

プ全体を俯瞰して見ることができるというギミックも組み込まれています。

なおBlu-ray版のプレミアム・エディションにはスマートフォンを使う簡易型の組み立て式VRゴーグルが付属。この付属ゴーグル、もしくはGoogle Cardboardなどを用いることで立体的にマップを見ることができます。

Blu-rayのプレミアム・エディションに同梱された特製のVRゴーグル

4.4.2 限られた開発期間の中での制作

映画の封切りからたったの5か月でBlu-ray/DVDが発売されました。記念コンテンツである「ピクセルVRバトル」の制作期間はもっと短く、厳しいスケジュールだったのではと筆者が予想していたら、実際の開発期間はたったの1か月しかなかったそうです。そのため映画のようなリアリティある背景にはできず、全体をピクセルアート的にしか表現できなかったとのこと。シーエスレポーターズいわく「開発期間さえあれば、映画のように町並みや車をリアルに作りたかったです」。逆に捉えるな

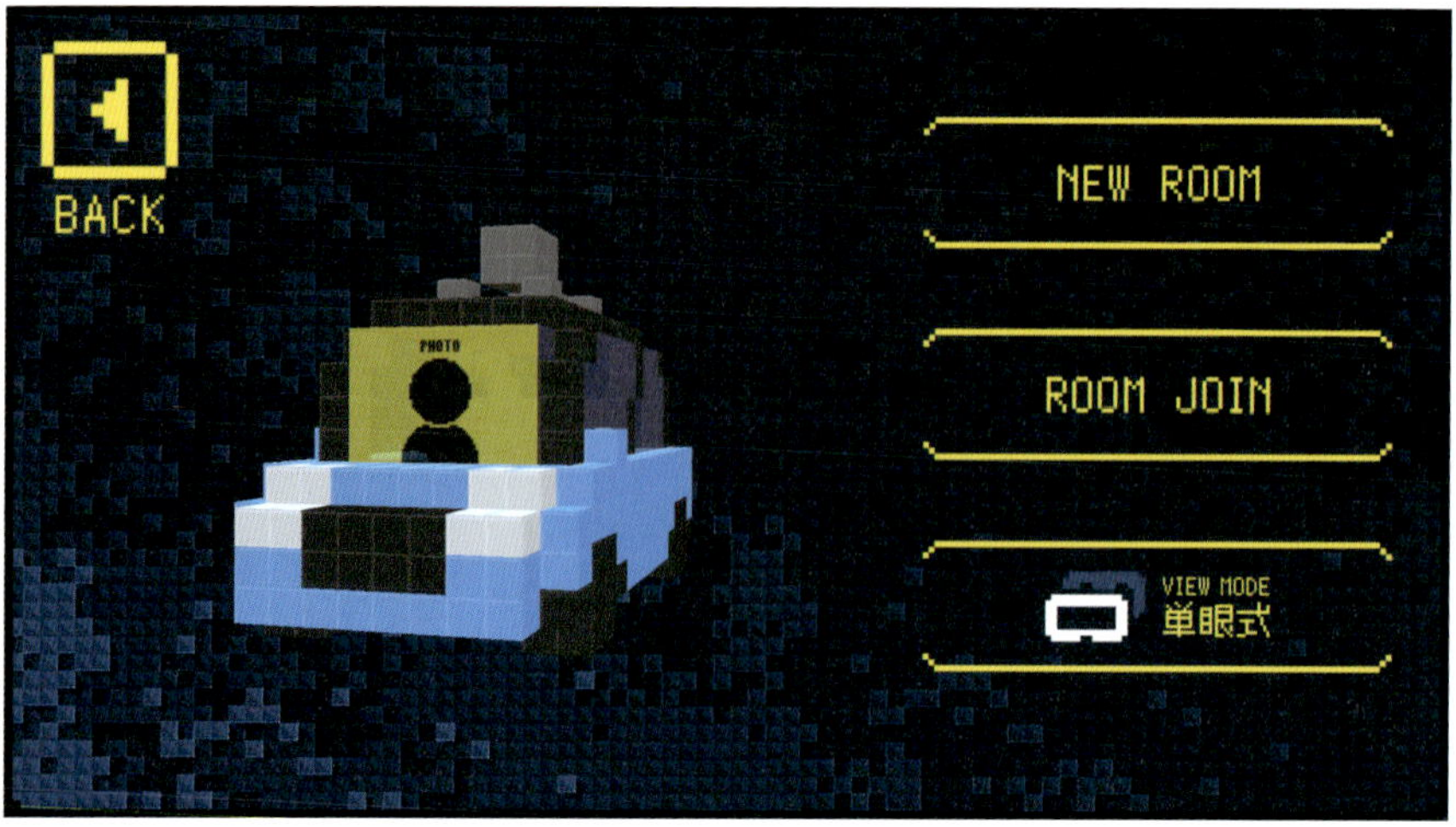

モード選択画面。複数人参加や単眼／二眼などが切り替えられる

らば、1か月というスケジュールであっても、企画立案、モック版制作、仕様確定、製品版制作、デバック、プロモーションといったフローをこなせるリソースがあるということ（付属ゴーグルはサナリスのスマホVRシートを選んだそうですが、ノベルティとして使えるVRグッズのテストや選定も受け持ってくれる姿勢はクライアントにとって安心感に繋がるでしょう）。大手のゲーム、玩具、音楽関連からの受託開発だけでなく、自社オリジナルの作品も多く手がけているだけあって、実務能力の高さに頭が下がる思いです。

参考までに、「ピクセルVRバトル」は開発期間とサーバー費用（ランニングコスト）をかけたくないという理由で、現在の仕様となっています。しかしインフラを整えることができるなら、通常のオンラインゲームと同じようなユーザビリティを重視した仕様で実装可能だといいます。

4.4.3 4つのスマートフォンの画面を観客に見せられるシステム

2016年2月2日（火）に開催された「映画『ピクセル』ブルーレイ＆DVDリリース記念Back to 80’ sトークショー＆VRゲーム体験イベント」では、高橋名人、浅香 唯さんに「ピクセルVRバトル」をプレイしてもらう一幕があったそうです。この時に、マルチプレイ用のスマートフォンの画面をネットワーク経由で1つの画面で見

イベントでは、プレイヤー４人それぞれの画面をネットワーク経由で取得して１つの画面に表示した。観客にも体験を共有する手法として必要となるだろう

せられるシステムを用意。各プレイヤーがどの位置にいるのかを観客に伝えることができました。

実況のムーブメントはスポーツだけに限りません。ライブなゲームイベントの実況もまた、オーディエンスの期待を盛り上げるスパイスとなります。シーエスレポーターズが制作したマルチモニターシステムは、観客がいる場でVRコンテンツの面白さを広く伝えることができます。イベント時のコンテンツやアーケードゲームで効くこのアドバンテージは、他社にはないものかもしれません。

この事例の注目点

- 原作映画の世界観を表現したUIで、作中の１シーンを体験できるコンテンツ。
- 頭の動きだけで可能なシンプルな操作系。
- 近距離通信による複数人マルチプレイ対応。
- マルチプレイ時に各プレイヤーの画面を同時に表示することで観客にもプレイ状況を見せられる。
- 一眼／二眼両対応により端末、ユーザー年齢を問わず体験可能。
- Android/iOSアプリとして各ストアで配布することにより多くのユーザーに届けられる。

4.5 TALKING CAST

株式会社ダイナモアミューズメント

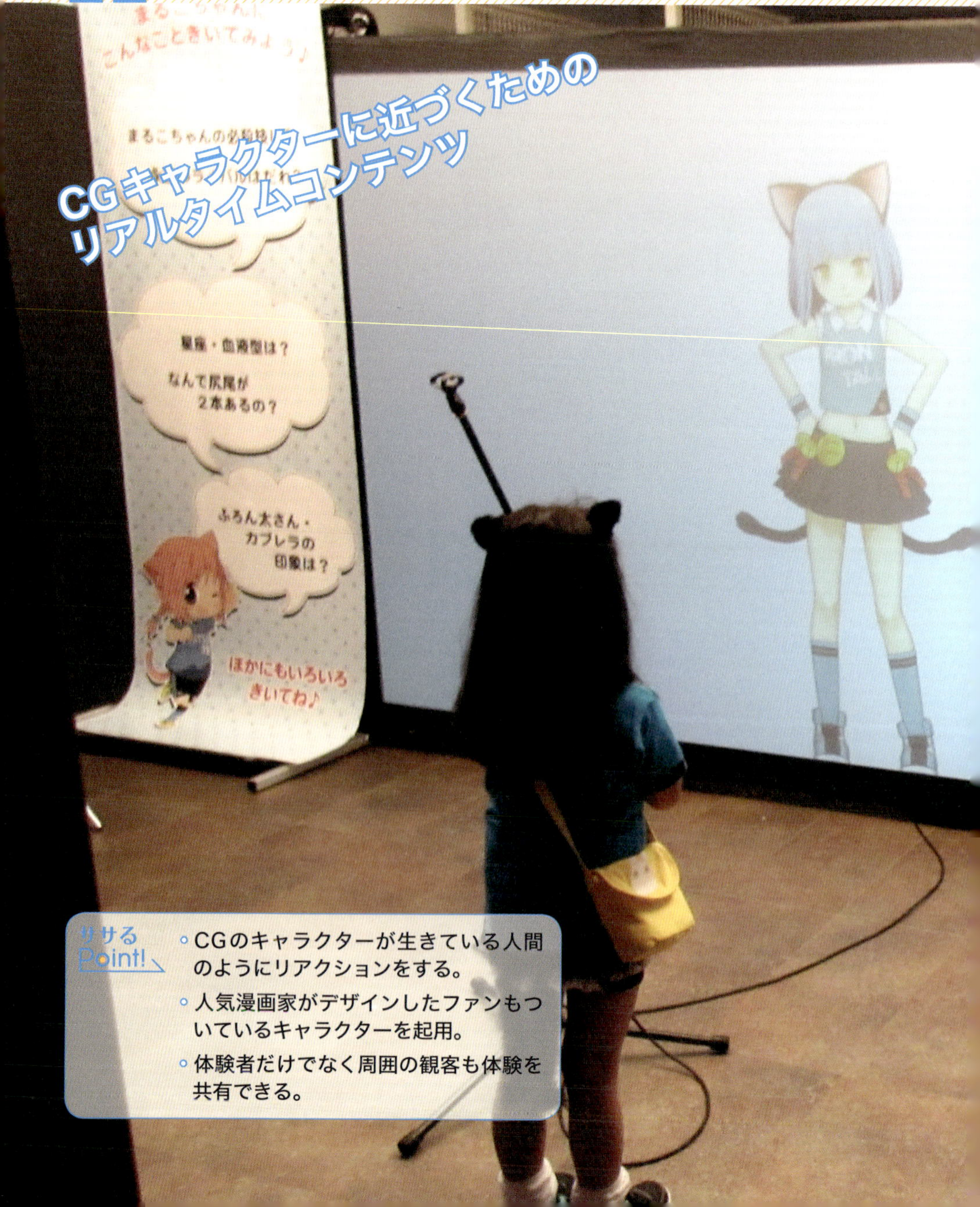

CGキャラクターに近づくための リアルタイムコンテンツ

ササる Point!

- CGのキャラクターが生きている人間のようにリアクションをする。
- 人気漫画家がデザインしたファンもついているキャラクターを起用。
- 体験者だけでなく周囲の観客も体験を共有できる。

CG 実写 操作 回線 全年齢 入手 コスト

体験者とオペレーターがCGキャラクターを介して会話するインタラクティブコンテンツです。
まるで意思を持ったCGキャラクターと会話しているかのような体験ができます。

動画 https://youtu.be/s4vtuGq9R-k

VR CONTENTS DATA

URL http://dynapix.jp/casestudy/talkingcast/kawasaki_oshaberi/

費用規模

※実際の制作内容によって変動します。

主な展示イベント	カワサキまるこのおしゃべり相談室（川崎フロンターレ ファン感謝祭）
展示期間	・ファン感謝祭（2015年7月4日） ・新体制発表（2016年1月16日） ・2016シーズンホームゲーム時
体験者数	非公開
使用機材	・PC ・マイク ・プロジェクター　など

制作会社コメント

特徴

・CGキャラクターとリアルタイムに会話できるコンテンツです。

・バックヤードのスタッフがモニター越しのゲストとの会話内容に合わせて、あらかじめ用意しておいた約20種類のモーションを選択しながらマイクに向かってしゃべります。

・モーションと待機状態はシームレスに切り替わり、マイク音を検知して口が動きますので、自然な動きが演出されます。

制作工程

・CGキャラクターモデル制作 担当しました

・アプリケーション開発 担当しました

・ディレクション 担当しました

・ハード調達 担当しました

・設置・調整 担当しました

スタッフ構成

＜内部＞

・プログラマー：1名

・デザイナー：2名

・ディレクター：1名

・ハードウェアエンジニア：1名

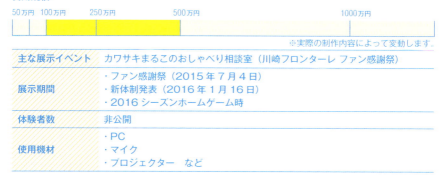

・運営スタッフ：1名
・声優（オペレーター）：1名

制作スケジュール

2015年5月　プログラム制作開始
6月　各種チェック
7月　完成・納品

制作会社コメント

同様のイベントを実施する際、リアルタイムモーションキャプチャーを使っていましたが、よりライトにイベントで使用していただけるよう、本システムを開発しました。予算的にもオペレーション的にもハードルが下がり、さまざまなイベントでご利用いただけるコンテンツになったと思います。

著者はココに注目！

VRが不得意とする大人数での体験をカバーする作例の一つです。大画面を使うことで一度に大人数の人たちを相手にすることができ、コストパフォーマンスは非常に良いです。

また少し先の技術ですが、このシステムを応用してVR用HMD向けの作品に転用することもできます。例えばHMDを被ったお客さんとキャラクターが対話するようなものも可能でしょう。このシステムでは既にモーションキャプチャースーツを使ってキャラクターCGにリアルタイムで動きも付けられるそうなので、音と動き両方で人間らしいキャラクターと会える日も近そうです。

4.5.1 HMDを使わないVRコンテンツ

HMDを使った360度全天球映像だけがVRではありません。ダイナモアミューズメントが手がけてきた事例の中には、ディスプレイに表示されたCGキャラクターと、リアルタイムで会話ができる「カワサキまるこのおしゃべり相談室」(川崎フロンターレ新体制発表会で展示) もあります。

川崎フロンターレの新体制発表会の一幕。スクリーンとプロジェクターがあれば設置できるため、小さなブースから大きな劇場まで柔軟に対応可能だ

これはキャラクターライブオペレーションシステム「Talking Cast」を用いたコンテンツ。ゲスト（顧客）とキャスト（CGキャラ）がコミュニケーション（会話）できるOSです。CGキャラクターの声はオペレーター（声優）が担当、動きはあらかじめ登録されている約20種類のモーションをオペレーターが選択。モーションと待機状態はシームレスに切り替わり、マイク音を検知してCGキャラクターの口が動きます。音声と開いた口の形を同期させるリップシンクゆえにリアルに話しているかのような、自然な動きと雰囲気を作り出しています。

非現実的な存在であるCGキャラクターと、あたかも実在するかのように会話できる体験は、まさにVRと言えるものでしょう。

「Talking Cast」は他にも「KONAMI『ラブプラス』クリスマスイベントメリープラスマス2010」、「大恐竜帝国2013」、「YAC天空未来教室2014」といったイベントでも採用されています。

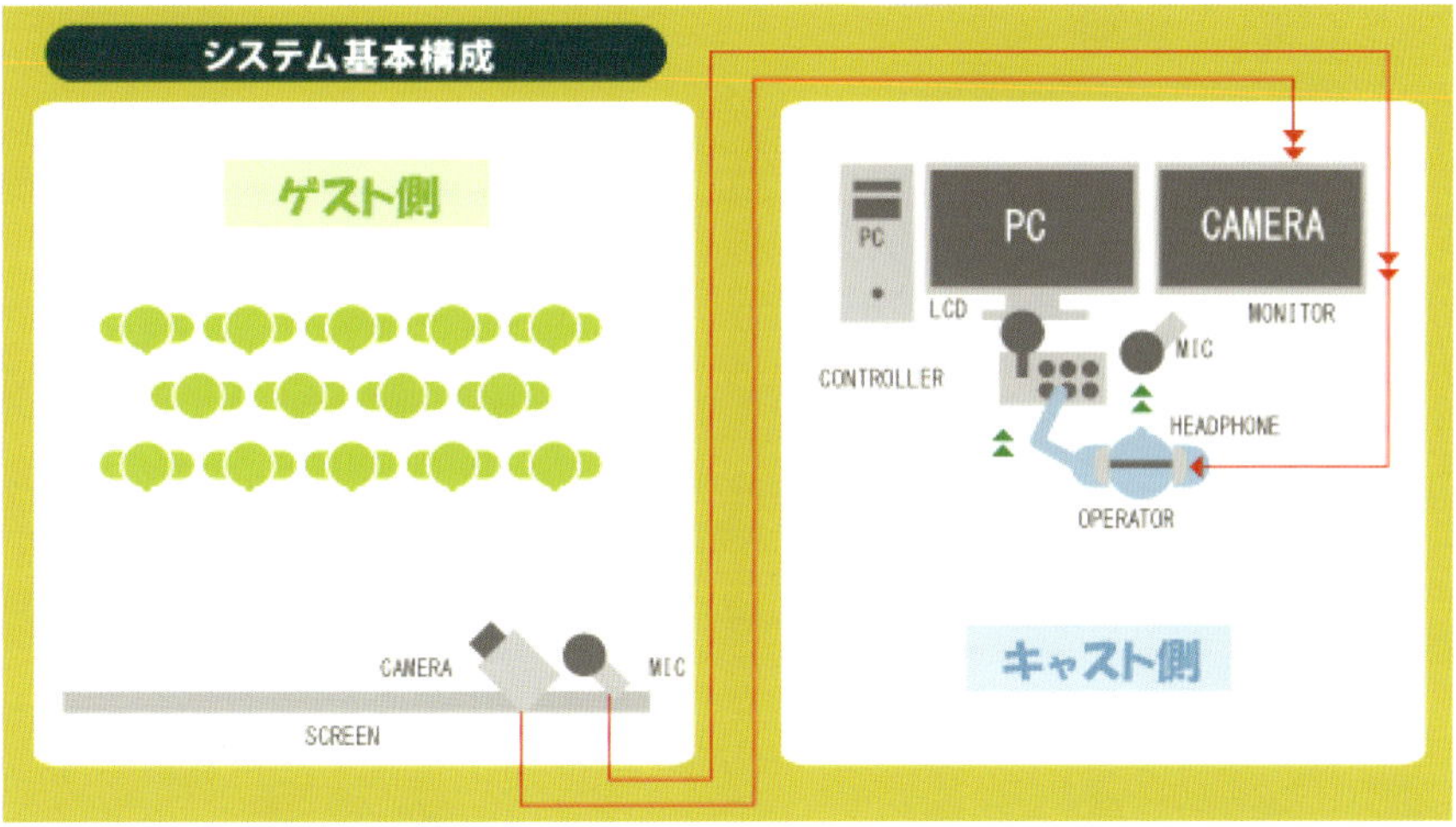

Talking Castのシステム構成図。ゲスト側の様子はカメラとマイクでオペレーターに伝えられる

4.5.2 原画2Dイラストの雰囲気を3DCGで違和感なく表現

「カワサキまるこのおしゃべり相談室」は、プロサッカーチームの川崎フロンターレ公認キャラクター、カワサキまるこを題材としたコンテンツ。同人誌で展開、2016年夏にはWEBマンガとして連載が予定されていますが、いずれにしても2次元(2D)のキャラクターです。「カワサキまるこのおしゃべり相談室」もプロジェクタースクリーンにキャラクターを投影しているため2D表現です。しかし、3D(3次元)用のモーションキャプチャーデータ(後述)を有効利用するべく、このコンテンツでは2Dのように見える3DCGとして描かれています。

原画の2Dイラストの雰囲気を3DCGで違和感なく表現するため、CGの質感を決めるシェーダーとモデリングの調整に通常よりも時間をかけたとのこと。最近のTVアニメでも2Dのような3DCG(セルルックと呼ばれます)を追求した作品があり、2次元キャラクター創作が活発な日本ゆえに今後も発展が期待される要素でしょう。

またモーションキャプチャーによって実際の人間の動きから作成したモーション(CGを動かす動作データ)に関しても体格の違いなどが影響してしまうため、キャラクターの雰囲気に近いアクターを起用したそうです。

すでにファンがついている作品の3D化において、これらは2次元のイメージを崩さないようにするために重要なフローと見ました。

カワサキまるこの左が2Dイラスト、右が3DCGモデル。同人誌印刷会社ねこのしっぽと川崎フロンターレのコラボレーション企画により誕生したキャラクター。人気漫画家がデザインしていることもあって多くのファンを獲得している

キャラクターのデザインにもよりますが、「カワサキまるこのおしゃべり相談室」の制作期間は2か月間。モデリング、セットアップに200～300万円、モーションキャプチャー（またはアニメーション制作）に150～200万円のコストがかかりました。関わったスタッフはCGキャラクターモデル制作1名、アプリケーション開発1名、ディレクション1名、ハード調達1名、設置・調整1名となっています。

4.5.3 観客のアクションを見てリアクションを選択

ゲスト側にはプロジェクタースクリーンのほか、カメラとマイクを設置します。ゲスト側の映像および音声はやや離れた位置にあるバックヤードのオペレーターに届けており、ゲストの問いかけに応じてリアルタイムで喋ってレスポンスを返すシステムになっています。あらかじめ用意しているモーションの数にもよりますが、複数のゲストがいるシチュエーションで、問いかけてきたゲストのほうを向くというモーショ

ン選択も可能でしょう。現場のオペレーターがモーションキャプチャースーツを着込み、声だけでなく全身のアクションもリアルタイムに届けるという仕様の実績もあるとのこと。これを利用して、バーチャルコンサートやバーチャルトークショーなどといった展開も考えられそうです。VRを用いた“コミュニケーション”の可能性が広がりますね。

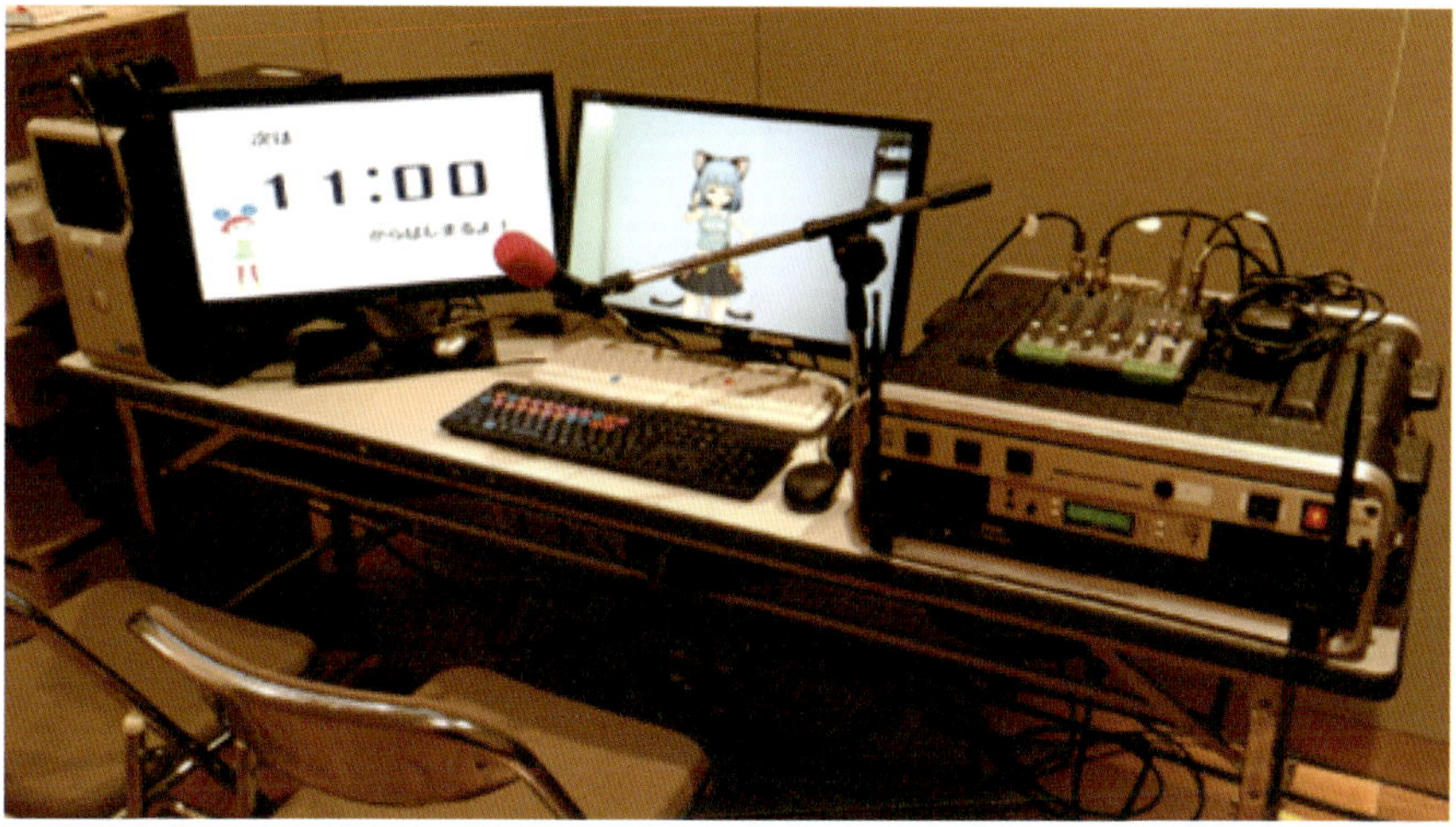

バックヤードではオペレーターがゲストの問いかけに対応。安価なモーションキャプチャー装置も登場してきており、CGキャラクターのリアルタイムなリアクションはこれからも注目される要素かもしれない

なおゲストがいる部屋とバックヤードが近すぎてしまうと、オペレーターの声が直接ゲストに届いてしまうかもしれません。そのためスクリーンから離れた位置にバックヤードを作る必要があります。イベント会場によっては限られたスペースしか用意できないかもしれませんが、クオリティを高めるためには重要視すべきポイントなのでしょう。

この事例の注目点

- インタフェースがCGであっても人がリアクションをとることで本当に生きているかのような体験を生み出せる。
- 原作の雰囲気を尊重したCGづくり。CGのシェーダーやモデリング調整に重点を置き、さらにモーションについてはアクターの体格に配慮して制作した。
- HMDを使わずスクリーンに投影するため、同時に多数の観客が楽しめるイベント向きなコンテンツ。

4.6 VR脱出ゲーム「デスノート」

株式会社ファンタジスタ

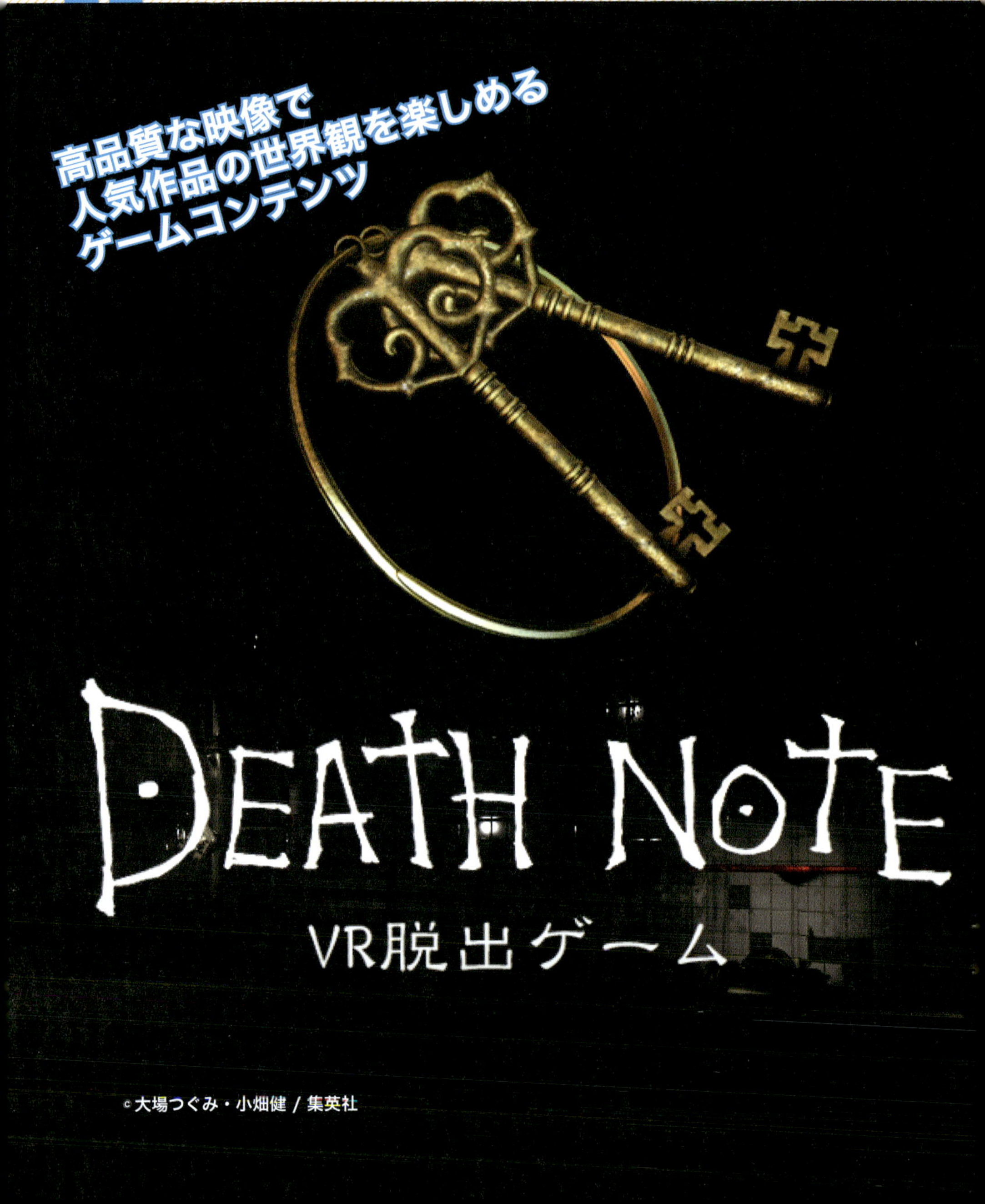
高品質な映像で
人気作品の世界観を楽しめる
ゲームコンテンツ
DEATH NOTE
VR脱出ゲーム
©大場つぐみ・小畑健 / 集英社

制限時間内に施設内のアイテムを入手してゴールを目指す脱出ゲーム。原作の世界観を高品質なCGで表現した、リアルさを感じるコンテンツです。

動画 公開終了

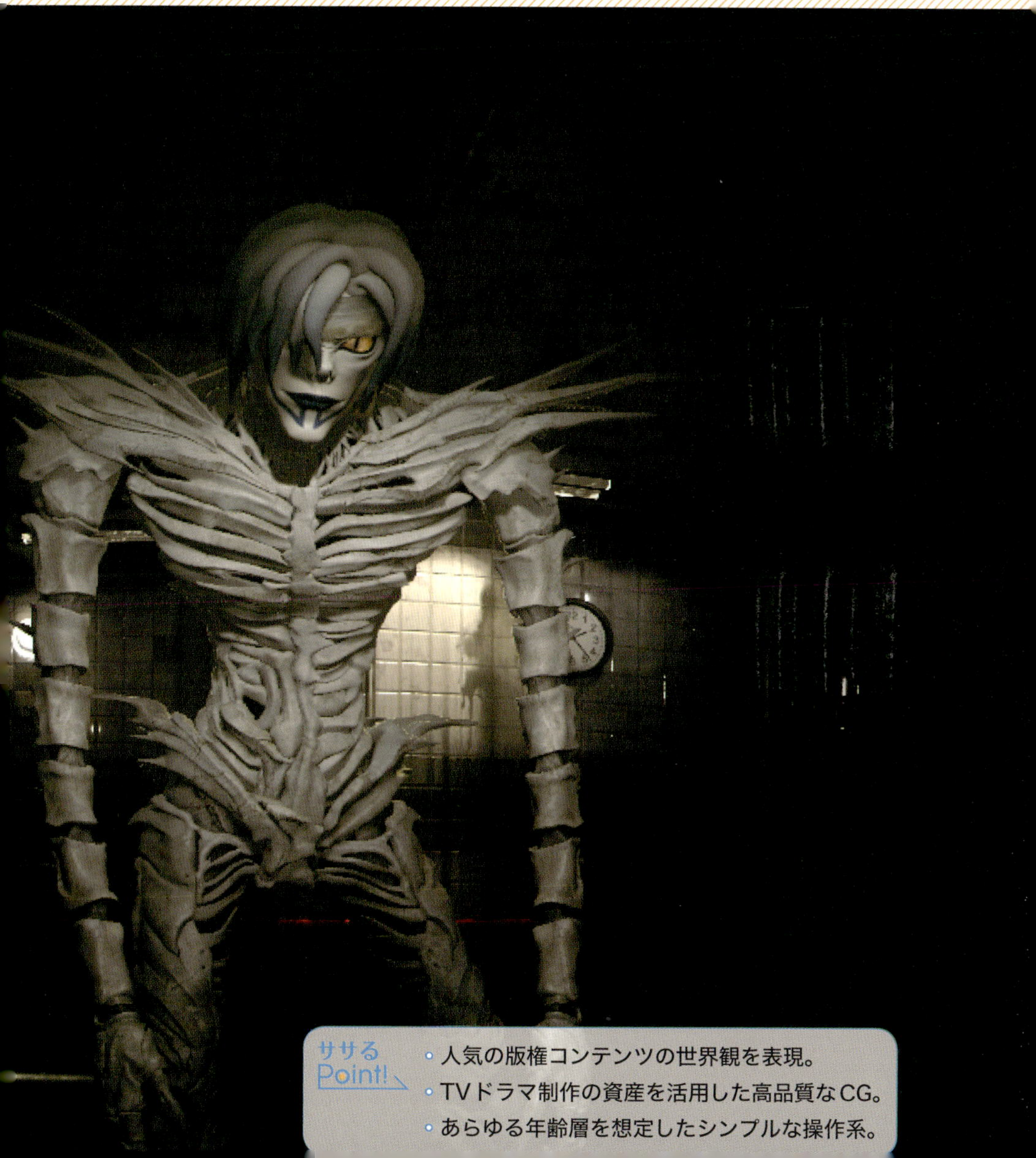

ササる Point!

- 人気の版権コンテンツの世界観を表現。
- TVドラマ制作の資産を活用した高品質なCG。
- あらゆる年齢層を想定したシンプルな操作系。

VR CONTENTS DATA

URL http://fantasista-net.jp/ivrc-engine.html

費用規模

※実際の制作内容によって変動します。

主な展示イベント	ジャンプフェスタ 2016
展示期間	2015年12月19日（土）～12月20日（日）
体験者数	約700名
使用機材	Samsung Gear VR（および Samsung Galaxy S6）

特徴 制作会社コメント

・4K全天球動画でリアルな空間への没入感を得られます。
・プレイヤーは視線による操作で分岐を選択してストーリーを進めます。
・タイムラグやカクツキのない非常にスムーズな動画再生が可能で、プレイヤーが違和感を覚えることなく、コンテンツに没入して楽しめます。

制作工程

・企画 担当しました
・演出 担当しました
・開発 担当しました
・脚本
・映像制作（製作期間の事情により外注したが内製も可能）

スタッフ構成

＜内部＞

・総合企画：1名
・演出：1名
・開発：1名
・技術支援：1名

＜外部＞

・脚本
・映像クリエイター　※本案件は制作期間が短かったため外注。内製も可能です。

＜監修＞

・株式会社集英社（週刊少年ジャンプ編集部）

制作スケジュール

2015年9月中旬	初顔合わせ
10月上旬	プロジェクト合流 ブレスト・企画・設計
11月	プログラム・映像制作開始
12月上旬	各種チェック
12月中旬	完成・納品

制作会社コメント

他のVR案件でも同様ですが、コンセプト設計については時間とコストをかけています。また、VRである意味、「デスノート」である意味を失わないよう留意しました。

本コンテンツでは、パラメーターを表示するとリアルな体験が阻害され興ざめするので、徐々に増す水位でユーザーを焦らせながらピンチである状況を演出したり、巨大な死神が目の前に現れることでスケール感を作り出しながら、作中で登場人物たちが感じたであろう驚きをユーザーに体験してもらっています。また、リアルとバーチャルをスムーズに繋げるために、体験者がイベント会場で座るイスとVRコンテンツ内で座っているイスのデザインは全く同じものになっています。

著者はココに注目！

当事例の制作面で一番のポイントはプリレンダリングCGを使っていることで、スマートフォンでは（場合によってはPCでも）ハイカロリーな光源処理、陰影処理などを行った「見た目が非常に綺麗な」CGを見せることができます。

プリレンダリングCGの欠点として、リアルタイムのインタラクティブ性がなくなるという点がありますが、この事例の場合ではコマンド式の選択肢を入れることでユーザーにほどよい「考えて選ぶ楽しさ」を提供することに成功しています。

4.6.1 ジャンプフェスタ2016でお披露目されたDEATH NOTEのVRゲーム

名作揃いの週刊少年ジャンプ作品の中でも、異色作ではありますが今なお人気のタイトルが「DEATH NOTE」。ファンタジスタが制作した「VR脱出ゲーム『デスノート』」は、10万人をはるかに超える来場者数をほこるイベント「ジャンプフェスタ2016」でプレイすることが可能なVRコンテンツでした。

人気作品揃いのジャンプフェスタの中でもコアなファンを持つ本作品はブースもにぎわっていた

2016年10月29日（土）に公開される新作映画「デスノート Light up the NEW world」のプロモーションをかねてのコンテンツですが、内容は第一部のストーリーをモチーフにしたもの。プレイヤーは第2のキラとして容疑をかけられて囚われの身となっている弥海砂となり、死神レムの協力を得て地下室から脱出しなければなりません。プラットフォームはSamsung Gear VR。UIはGear VRのセンサーを用いたもので、頭を動かすことで周囲を余すことなく見渡し、特定の地点を長く見続けることでアクションのフラグを立て、ストーリーが分岐します。

展示スペースに限りのある「ジャンプフェスタ2016」のブース内で体感してもらうためのコンテンツですし、ポジショントラッキングを備えていないGear VRの仕様

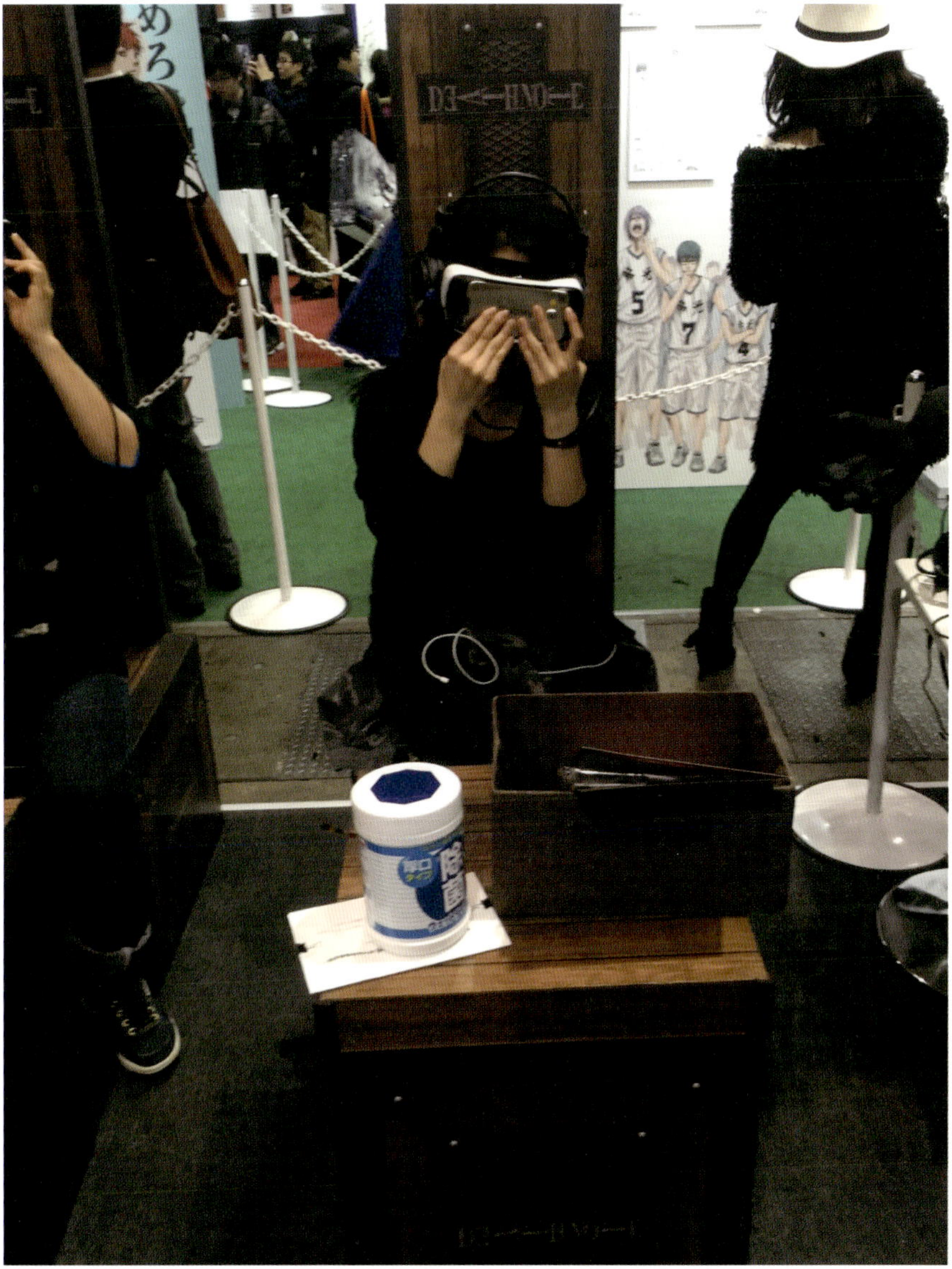

ハードウェアの制約をコンテンツ内の物語上、違和感のない設定にすることで没入感を高める

上VR空間の中を動き回る・触るといったアクションが起こしにくい。そこで身体が拘束されているという設定にして、動けない・触れないという状況下でのUIおよびゲーム性を構築したそうです。

4.6.2 リアルな空間への没入感が得られる4K全天球コンテンツ

YouTubeで公開されていたVRコンテンツを見てみました（2016年6月30日配信終了予定）。水道管が破裂して水が迫ってくるという地下室の表現が実に美しく、ハッとします。画質は4K 30fps。Gear VRはスマートフォン用HMDですから、映像の表示クオリティはスマートフォンの性能に左右されますが、ファンタジスタはプリレンダリングCGを用いることでスマートフォンの性能を超えた微細なVR空間を作り出しています。さらにインタラクティブ性も生かすべく、アドベンチャーゲームの

4Kの高品質な映像によって高い没入感を覚える

ユーザーの没入感を損なわないよう制限時間などの表示ではなく徐々に水位を増すことで緊張感を演出。水面の表現もかなりリアルだ

ように選択（今回のケースでは視線で操作）してストーリーが分岐できるようにしたそうです。

「VR脱出ゲーム『デスノート』」は製作期間の事情により映像制作は外注となりましたが、ファンタジスタ社のVR担当社員構成は開発ディレクター兼PM1名、映像ディレクター兼企画1名、Unityプログラマー1名、3DCGデザイナー20名となっており、社内での製作も請け負っています。さらにプロモーション・展示方法・運用マニュアルの作成、指導まで、対象とするユーザー層や目的に沿ったプランを提案できる強みを持っています。

同社の特徴の1つに「VR脱出ゲーム『デスノート』」でも使われた独自開発のインタラクティブVRコンテンツ再生プレイヤーがあるそうです。視線と同期した360度

全天周動画の上に視線前方に固定された平面動画を重ねることで、ただの実写ではないVRならではの体験を実現。必要な情報が見落とされないように工夫した

パノラマムービーと、視線前方に固定された平面動画を重ねて表示することで、全方向に景色を広げつつも伝えたい情報を見落とされることなく表示します。前述したとおり、ユーザーの操作によりストーリーの分岐も可能となっています。

今回のケースでは脚本も外注だったそうです。しかしVR的な表現、演出もあるため、通常はクライアントにザックリとした流れをヒアリングするか、ブレストによりベース案を作成したうえでブラッシュアップしていくそうです。

子供たちが多く訪れるイベントだからこその配慮

「ジャンプフェスタ2016」は子供たちが多く訪れるというイベントです。3Dコンソーシアムの3DC安全ガイドラインでは、立体視の年齢制限は6歳以上、またOculus RiftなどのHMDの年齢制限は14歳以上となっているため、展示機材すべてをGear VRにしてしまうと体験できないユーザーが増えてしまい、結果として注目されないケースが考えられます。そこで全年齢対応の単眼立体視仕様の紙製HMD+Galaxy S6相当のスマートフォンを用意したそうです。

また体験者数を増やすために、パネル展示・チラシ配布・Oculus Riftを使用した直前チュートリアルといった3段階の施策を実行。VR経験者が少ないという想定をして、初心者でもスムーズに体験してもらえることを重要視したコンテンツ設計となっています。

最適なプレイ時間、難易度、演出方法などはユーザーによって異なりますが、具体的なユーザー像について関係者全員が一致したイメージを持って進めたことで、細部までブレがない完成度の高いコンテンツへと繋がったと実感しているそうです。コンセンサスに関しては、「DEATH NOTE」という著名タイトルを扱う上でも大事なこと。そこで「既存の作品ファンが抱く世界観を裏切らず、かつVRコンテンツである意味を持たせることを重視しました。基本コンセプトが決まるまでブレストを繰り返すことになりましたが、幸いなことにファンを楽しませることに長けたクライアントであったため、最適なアイデアに落とし込めたと思います」と、語っていただきました。

良いVRコンテンツとは？ という問いに対する最適解（事例）が少ない現状、彼らは実際に制作・開発に入る前の企画・設計段階が特に重要であると考えています。具体的な成果物もなく、納期・進捗が気になる段階ではありますが、そこに時間・コストをかけるメリットは非常に大きく、クライアントを巻き込んだブレストの結果は最終成果物の品質に繋がるのでしょう。

この事例の注目点

- 4Kという高画質CG映像をプリレンダリングで用いることで、スマートフォンであっても専用機に見劣りしないリアリティを追求した。
- ファンが多い人気コンテンツを原作に持つため、ファンの期待を裏切らぬよう企画段階から原作制作陣と徹底的なブレストを行い、VRである必然性を追求したものとした。
- 全天周映像と視線固定映像を重ね合わせることでリアリティとVRらしさを両立し、プレイヤーの視線誘導も実現した。

4.1 Jatco CVTバーチャルドライビング

株式会社 積木製作

自動車パーツの機構説明と
エンターテインメントを
両立

こだわり抜いて設計されたコースでドライブを楽しみながら自動車パーツの機構について学べます。

動画 非公開

ササるPoint!

- 楽しむだけでなく学習もできるエデュテインメントコンテンツ。
- 映像や音に加えてシートの振動によってリアルなドライブ体験が可能。
- イベント特性を考慮した複数言語対応。

VR CONTENTS DATA

URL http://tsumikiseisaku.com/vrox/result/jatco.html

費用規模

※実際の制作内容によって変動します。

主な展示イベント	東京モーターショー 2015
展示期間	2015年10月29日（木）～11月8日（日）
体験者数	約1,400人
使用機材	・Oculus Rift（DK2）× 3台 ・PC（G-Tune Nextgear：GTX980搭載機）× 3台

制作会社 特徴 コメント

・CVTというパーツが自動車の中でどのような働きをしているのかを理解してもらうためのエデュテインメントコンテンツです。CVTが自動車のどこにあって、どういう仕組みで車を動かしているのか、それによって車の走りがどのように変化するのか、物の仕組みと挙動を楽しみながらわかりやすく学べます。

・CVTと自動車の正確な挙動を、映像×音×シートの振動によって、リアルに再現します。また、プロモーションが目的なので、VR体験後に商品理解と企業名が印象に残るような構成になっています。

・多言語（日・英・中）に対応しています。

制作工程

・企画 担当しました

・デザイン 担当しました

・シナリオ 担当しました

・コピーライト 担当しました

・3Dモデリング 担当しました

・挙動シミュレーター制作 担当しました

・UI制作 担当しました

・SE制作 担当しました

・筐体（ボディソニック構築） 担当しました

・BGM制作：作曲家1名、収録スタッフ1名

・ナレーション収録：ナレーター3名（日・英・中）、収録スタッフ1名

スタッフ構成

＜内部＞

・企画、デザイン、シナリオ、アートディレクション：1名

・プログラム、レベルデザイン、3Dモデルデザイン：1名

-1 -2 -3 4 CG系コンテンツ -5

・アニメーション、挙動シミュレーションプログラム、BGM・SE、ボディソニック開発：1名

＜外部＞

・作曲家：1名
・BGM収録スタッフ：1名
・ナレーター：3名（日・英・中）
・クライアント社員（テストプレイ、挙動シミュレーション制作協力など）

制作スケジュール

2015年7月	企画開始、シナリオ構想、イメージ収集、コンテ制作、ルートデザイン
8月	シナリオ制作、シーン制作、CVT・車輌モデル制作、 CVT挙動プログラム制作、ボディソニック制作 BGMサンプル選定 → 作曲開始
9月	顧客チェック、評価体験会の実施 車輌挙動テスト・調整、ボディソニック調整、UIデザイン、SE制作 BGM調整、ナレーション収録
10月	MA、機材テスト、顧客チェック、挙動テスト・調整 納品
10/27～	東京モーターショーにて展示

制作会社コメント

商品プロモーションとして実在する商品を正しく伝える必要があり、実際の挙動を正確に再現するために、かなり気を使って制作にあたりました。

とはいえ、本当に「リアル」な表現だと面白くないので、爽快感が得られるような「リアリティ」表現にデフォルメしたり、見た目のクオリティを上げつつ、バランスよく軽量化する部分には力を入れています。

著者はココに注目!

これまで多くのCG作品を見てきましたが、当事例はかなりハイクオリティな作例の一つです。このレベルの作例がどこの会社でもできるかというと、おそらく難しいでしょう。

VRという新しいメディアに対応できる、VRに適したデータ、プログラムを作れる、VRをイベントに応用できるだけの知見を貯めている、これらの条件を満たす会社は世界の中でも少なく、安心して制作を頼める会社です。

4.7.1 リアルな体験と精密なCGによる解説で記憶に残るエデュテインメントコンテンツ

パンフレットやデモンストレーターによる口頭解説、スタンダードな動画の展示だけでは、肝となるポイントが伝わりづらい場合もVRは効きます。自動車用変速機の専門メーカー、ジャトコが積木製作に依頼して作られた「Jatco CVTバーチャルドライビング」は、CVT（連続可変トランスミッション）という変速機の仕組みを解説しながら、ジェットコースターのようなコースをドライブするコンテンツ。CVTと自動車の正確な挙動を、映像×音×シートの振動によってリアルに再現。CVTが自動車のどこにあって、どういう仕組みで車を動かしているのか、それによって車の走りがどのように変化するのか。そしてAT（オートマティック）と違って変速時にショックが少なくスムーズに加減速できる、燃費効率が高い、小型化できる、といった数々のメリットを、物の仕組みと挙動を楽しみながらわかりやすく学べるエデュテインメントコンテンツでもあります。

またプロモーションが目的のコンテンツゆえに、VR体験後に商品理解と企業名が印象に残るような構成で作られています。

CVTというパーツと自動車の動く仕組みを精密なCGでわかりやすく解説

4.7.2 リアルな挙動に近づけるためのテストを繰り返す

同コンテンツの制作時、CVTのCADデータは提供されたものの、精度が高すぎて重く、VRで使いづらいという事態となってしまったそうです。VRでは全天球の映像をリアルタイムにレンダリング（描画）する必要があるため、重たいデータは通常のCG以上に影響を及ぼし、体験を破たんさせてしまいかねません。そこで地道なリダクション作業を行ったとのこと。しかし要となる部分までスポイルさせては意味がなくなります。そこでアクセルと連動させた挙動の構築を含めて、しっかりコストをかけて制作してあります。

コンテンツの精度に関しては挙動の特徴を掴むために、何度も実際のCVT搭載車両に乗ってテストランを行ったそうです。制作時にはクライアントの開発部や検査部のチェックを繰り返し、アドバイスも受け止めながらブラッシュアップ。実際の動きと比べても違和感がなくなるよう繰り返しテストを行っています。同時にVR酔いを避けるために、クライアント社内で体験会を実施。アンケートの結果をフィードバックさせて開発した結果、基本的な動作において酔うことはなくなったとのこと。ただしコンテンツ最終段階で、ジェットコースター的な動きを見せるシーンがあり、ここでは実際の車両の挙動とは異なる動きを持たせているため対象外としたそうです。

現実にはあり得ないコースでも走れるのがVRならではの体験

4.7.3 VRに疎い運営スタッフでも安心できるノーオペレーション仕様

東京モーターショー2015は国内だけではなく、海外からの注目度も高いカーショーです。さまざまな来場者に対応すべく、日本語・英語・中国語に対応。これはトップメニューからユーザーが任意に選択するUIになっています。またイベント時の体験者回転数を上げるため、コンテンツの体験時間をなるべく短くまとめるのですが、短時間の中で如何にシンプルに伝えることができるか。また難しい専門用語を使うことなく誰にでも理解できるように内容を整理することに気を配っています。

現場にいる運営スタッフはVRについてはビギナー。ゆえに、起動後は一切マウスやキーボードに触れる必要がないノーオペレーションな仕様を目標としました。イベント時にありがちな動作トラブルを徹底的に排除し、専門スタッフの常駐を不要とし、機器の装着をアテンドする数人のコンパニオンだけで案内ができる設計となっています。「万一のため機材セットアップから設定ファイルの扱いまでをすべて網羅した運用マニュアルを準備し、いざという時はそちらを参照すれば済むようにすることで、実際に必要に迫られることがなくとも、クライアントの安心感が得られたのも大きかった」そうです。

「コンテンツの内容について万全を期すのは当然ですが、弊社スタッフの1人が元々広告・イベント業界の出身なので、イベント時の運営について理解しているアドバンテージがあります。ブース施工時に起こりがちなミスや、ディスプレイ設置方法など、運用時に想定されるトラブルなどの可能性を想定し、最終的な展示方法も含めてご提案する事を心がけています」と語ってくれました。

装着をアシストするコンパニオンだけで運営が可能。専門スタッフを必要としないため設置台数など柔軟な展開が可能となる

4.7.4 モデリングのクオリティにもこだわりあり

同社が過去に手掛けた建築CGレンダリングの例。完成版のインテリアなどを見ると細部の作り込みがとても丁寧で同社のこだわりを感じることができる

積木製作は元々が建築CGを専門にしてきた会社ゆえに、ミース・ファンデルローエの「God is in the details（神は細部に宿る）」の精神に基き、対象を熟知してクオリティの高いものを作り上げることを意識している企業です。例えばシーン構築の際には、どのように見せればより効果的な演出ができるかを常に意識しているとのこと。「趣味としても車そのものやドライブ、モータースポーツは好きなので、実際に走っている時の感覚をイメージしながら、走行速度に応じたコースの長さを算定して路面の起伏やカーブの曲率を設計したり、演出として対向車両やトンネルの出入りなどのアクセントを演出的に効果的だと思われるタイミングに配置しています」との担当者の言。VRコンテンツに適したシナリオ・演出などは各社が研究し、知見を蓄えていっている段階なので、自身の経験をVRコンテンツに落とし込めるのは同社特有の強みと言えるかもしれません。

対向車両の出現タイミングやカーブの曲率など担当者自身の経験を基にVRコンテンツとしてのアクセントの最適化をはかる。細部の作り込みにこだわる同社ならではの強みと言える

BGMに関しては基本的には外部に依頼しているそうですが、「Jatco CVTバーチャルドライビング」は協力頂いた作曲家と綿密な打合せと試行錯誤を繰り返して、シーンのイメージと映像のタイミングに合致するBGMを作成。コンテンツ全体のクオリティアップに努めています。

この事例の注目点

- 何度もテストランを行ったり、クライアント社内で体験会を行いアンケート調査をするなど、細部にまでこだわった作りこみによってリアリティを追求した。
- 担当者自身の経験を生かし、リアルでありながらVRならではのエンターテインメント性を盛り込んだ。
- クライアントの展示会運用を見据え、専門スタッフを必要としないノーオペレーション仕様を目指した。
- 入念な準備に加えて展示方法の提案まで行うことで、クライアントの安心感にもつながった。

4.8 TV番組のオープニングVR

株式会社桜花一門

短工期と限られた予算で制作

ササる Point!

- 短工期・低予算でも体験者の目を引く表現。
- VRならではの見たことがないような表現。
- インタラクティブな要素も実装。

当事例は筆者がNHKでVR特集の番組をやるときに「誰も見たことがないVR作品が欲しい」と言われて作ったものです。

動画 **非公開**

VR CONTENTS DATA

URL http://ouka.s108.coreserver.jp/

費用規模

50万円　100万円　250万円　500万円　1000万円

※実際の制作内容によって変動します。

主な展示イベント	NHK 番組のオープニングで使用
展示期間	―
体験者数	―
使用機材	・Oculus Rift DK2 ・PC（GPU：GTX Titan）

制作会社コメント 特徴

・番組のディレクターから急きょ依頼があり、2日間という短工期で制作しました。
・番組構成をヒアリングし、内容に合わせた企画を提案しました。
・ボタンを押すと床が崩れ落ちて落下体験ができる仕掛けも用意しましたが、番組では使われませんでした。

ー1
ー2
ー3
4 CG系コンテンツ
ー5

制作工程

・企画・プランニング 担当しました
・3DCG製作 担当しました
・プログラム 担当しました
・放送時の機材提供 担当しました
・運用 担当しました

スタッフ構成

＜内部＞

・プランナー：1名
・3DCGアーティスト：1名
・プログラマー：1名
・運用スタッフ：1名

制作スケジュール

2016年3月　NHKの番組ディレクターとの打ち合わせで「他の番組に使われていないデモがないか」と尋ねられ、「じゃあ作るよ」と安請け合いしてしまう
制作開始

3月（2日後）　完成ディレクターによるチェック
その場で改善・完成

2016年5月　放送で使用される

制作会社コメント

プログラマー視点で見ると、「誰でも操作でき、安定して稼働し、バグもなく再起動も楽ちん」なんてソフトは非常に制作がめんどうで、逆に言うと「操作するのは担当者、そこそこ安定していて、バグも起きるかもしれないけど復帰すればへっちゃら」という条件であれば制作に手が抜ける＝安くなります。

生放送ではなく、収録のテレビ番組で使うためだけの30秒ほどのソフトであれば、制作時間を圧縮でき、その分値段もお安くできます。

ただ「ここに○○さんを使いたい」とか「背景はこれにそっくりで」と言われた瞬間、そっくりに作る分だけの制作コストがかかりますので、一気に値段が跳ね上がることだけはご理解ください。

4.8.1 工期と予算はバランス次第で調整できる

VR制作は凄く時間がかかるもの……というのはあながち間違ってはいませんが、条件やクオリティを絞れば安くすることは可能です。

例えばCGのクオリティ。○○さんを“リアルに”登場させて“動かしたい”、と言われたら100万円以上は余計にかかるでしょう。逆に、○○さんを登場させる“だけ”でいい、と言われたらそれが10万円くらいの追加で済みます。さらに、“誰でもいいから”登場させて動かしたい、ならば20～30万円ほど追加予算あれば実現可能だと思います。もっとも、“誰でもいい”から登場させる“だけ”でいい、ならほとんど追加予算は必要ないと思います。

また、インタラクティブ機能も、入れれば入れるほどお金がかかります。前述の「リアルタイムに“動かす”」というのもインタラクティブの一つです。リアルタイムに動かすだけで、20～30万円ほどはすぐに飛んでいくのです。

これは、逆に言えば作るものの条件やクオリティを調整すれば、どんどん安くもできるということです。今回の例では、自分の方が忙しくて手を空けられなかったため、新作デモが作れないかと尋ねてきたNHKのディレクターさんに「2日で作れるものなら作る」とその工数で作れそうな企画を色々提示しました。

このように金額と展示内容、期間などを提示してもらえれば、その中でうまく収まるコンテンツを企画提案、制作することもできます。

4.8.2 与えられた工期と予算の中で収めつつKGIを意識した仕様を考える

番組のオープニングでVRの凄さを体験してもらうため、というお題をいただいていたので、当初提案したのは「ボタンを押すと床が抜け落ちて、ちょっとした落下体験が味わえるもの」を提案いたしました。現実にはありえない状況を表現することで、VRならではの体験をしてもらおうと考えての提案でした。

なお、先方からは「番組のスタジオを精巧に再現したい」と言われましたが「それやると制作費と時間が爆発します」と丁重にお断りしました。前項でも述べたように、CGの精巧さを追求するのであれば時間がかかり、つまりは予算が膨らんでいってしまうわけです。じっくりと鑑賞してもらうコンテンツなど必要な場合は別ですが、必然性がなければ予算と工期のバランスを鑑みて、むやみにスペックアップしないほうがお互いに良い結果となると思います。今回はオープニングで使われるだけでしたので、CGの精巧さよりもギミックなどによる驚きを優先して提案しました。

打合せを進めているうちに、番組に出演するタレントさんも決まったので、そのタレントさんの顔が体験者の頭上から飛び出す仕掛けを提案。しかし、全方位どこから見ても完璧なタレントさんの顔を作り込むと時間とお金がかかりますから、お面のような構造にして、正面からしか見ない構造にすることを提案いたしました。これが了承されたので、制作を開始し、半日ほどで出演タレントさんのお面が完成しました。本当に雑な作りなので、少し角度を変えると顔面が崩壊するようなものでしたが、今回のコンテンツには十分と判断して、そのまま使うことになりました。

このように現実的なライン、費用を抑えられるラインを頭にいれながら仕様や作るものを提案することにより、今回とても早く、そして安く仕上げることができました。

4.8.3 セオリーが確立されていないからこそアイデアの引出を多く持とう

筆者はゲーム業界出身ということで、「ただ見るだけ」というものよりもインタラクティブ性のあるものを作りたいと常日頃から思っています。今回は使用されませんでしたが、じつはこのコンテンツには「ボタンを押すと床が崩れて落下する」とか「スティックを入れると巨大なタレントの顔がそちらをのぞきこむ」などのインタラクティブ性が入っております。

こうした機能は、体験者の反応を見ながらバックヤードでボタン操作することでより良いリアクションを引き出すことができると思います。

テレビ番組の利用で他に使えそうなアイデアとしては、ゲーム性を入れることで複数の体験者の間でスコア競争をするなども考えられます。こうしたゲーム性のある機能についても、銃で打って敵を倒す程度のものでしたらすぐに作ることができます。

このように、クライアントの要望に応じてさまざまな提案ができるようにするためには、VRの特性を熟知し、多くのコンテンツに触れた経験を持っておくことが大事だと思います。もちろん、VR以外の経験や知見も生かせることが多いと思いますので、常日頃からそうした経験や知見がVRではどのように表現できるか、考えておくといいと思います。

この事例の注目点

- 短工期/低予算でも機能を絞りバランスを考えれば十分なコンテンツ制作が可能。
- KGIをスポイルしては本末転倒なので、それをどうやって実現するか自分の引出から引き出す。
- アイデアの引出を多く持つためには多くのコンテンツに触れておくことが必要。

4.9 VRミュージアム

株式会社 シーエスレポーターズ

独自のUIでキャラクターの
世界に没入できる

ササる Point!

- アニメ／ゲームでも人気の版権コンテンツ。
- フルボイス＆フル3DCGキャラを鑑賞できる。
- 独自の操作機能を実装している。

CG 実写 操作 回線 全年齢 R-13 入手 コスト

ユーザーは劇中の設定でもある幽体となって、作品の舞台となるアパートを縦横無尽に回遊し、キャラクターたちの生活を360度好きなところから鑑賞できます。

動画 https://youtu.be/3DyvgHORUoo

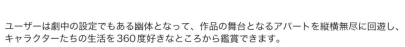

VR CONTENTS DATA

URL https://www.cs-reporters.com/vr/punchline/

費用規模

※実際の制作内容によって変動します。

主な展示イベント	Android/iOS アプリ（Google Play/App Store にて有料販売中）
展示期間	2016 年 4 月 28 日（木）より有料販売中
体験者数	—
使用機材	・スマートフォン（Android/iOS） ・VR ゴーグル（一眼 / 二眼両対応）

制作会社コメント 特徴

・アニメ「パンチライン」に登場するキャラクターたちの住む「古来館」を幽体となって縦横無尽に回遊できるアプリです。主人公と同じ視点でアニメの世界観に浸れます。
・フルボイスなので、生き生きとしたキャラクターたちを思う存分、楽しめます。
・自社開発のオリジナルUI「クビコン」によって、コントローラーがなくても縦横無尽にVR空間を移動できます。

制作工程

・企画・プランニング 担当しました
・3DCG制作 担当しました （版権者から支給されたデータを調整）
・BGM/SE制作 担当しました
・スマートフォンアプリ制作 担当しました
・端末検証 担当しました
・ストア申請代行 担当しました
・プロモーション 担当しました
・管理運営 担当しました

スタッフ構成

<内部>

・3DCGアーティスト：2名
・プログラマー：3名

・デザイナー：1名
・プランナー：1名
・サウンドクリエイター：1名

＜外部+R2＞
・モーションキャプチャーアクター
・3DCGアーティスト

＜監修＞
株式会社MAGES.

制作スケジュール

2015年	7月	企画立案
	8月	モック版制作
	10月	製品版の仕様確定
2016年	1月	製品版版制作
	2月	デバック
	3月	納品
	4月	プロモーション

制作会社コメント

その作品を愛することで作りこみが違ってきますし、それはプレイする方にも伝わるものだと思います。女の子の部屋をのぞき見るという、とんでもない作品を、スタッフ全員が楽しみながら制作いたしました。

著者はココに注目!

アニメーション（2次元）作品とVRとの相性は非常によく、コンシューマVRが出始めた当初から色々な場所でコンテンツが作られ、イベントなどで展示されてきました。本書を読んで「自分も一つ……」と思われた方も居られるかもしれません。

一点だけ注意しておいて欲しいのは、アニメや映像などで使われるCGとVRで使われるCGは同じCGでもかなり毛色が違うということです。速度を優先させるVRではCGの作り方も特殊で、シーエスレポーターズさんのところでも「版権者から支給されたデータを調整」とあるように、リダクションと呼ばれる変換作業を行っております。このリダクションは支給されたデータによっては大変時間がかかりますので、その分の時間と金額をあらかじめ製作会社と相談しておいた方が無難だと思います。

4.9.1 2次元にどこまで近づけるか。男子の夢に迫ったVRミュージアム

“パンツを見たら人類滅亡!?” という突拍子もないし新しすぎる設定でTVアニメ＋PS4/PS Vitaゲームで展開された「パンチライン」。その2次元世界にスマートフォンで入り込めるアプリが「VRミュージアム」です。3DCGアーティスト2名、プログラマー3名、デザイナー1名、プランナー1名、サウンドクリエイター1名というチーム構成で当プロジェクトに取り組んだのがシーエスレポーターズです。

原作とのキャラクターの整合性を重視したのでしょう。3DCGのデータはアニメの原作でありゲームの開発元でもあるMAGES.から提供されたPS4ゲーム用を使ったそうですが、プランニングからサウンド、モーションキャプチャーにアプリ制作、ストア申請といったフローはすべてシーエスレポーターズが担当したとのこと。また3DCGゲームで用いられるような、10万ポリゴン以下で軽いデータながらハイクオリティなモデリングも得意。Japan IT Week 春のHTCブースで公開された「ピナのVRフォトセッション」もシーエスレポーターズが手がけています。いわば、VRコンテンツの始めから終わりまで全工程において担当し、完パケ状態で納品できる制作スタジオです。

4.9.2 コントローラーがなくてもVR空間を探索できるオリジナルUI

スマートフォン用HMDは、スマートフォンをディスプレイとして使うために、画面をタッチすることができません。そのためVR空間内の移動UIの構築が難しいとされてきました。シーエスレポーターズが開発したUI「クビコン」は、スマートフォン内部の加速度センサーを用いて首を上下に振ることで前進し、左右に振って視点移動、特定の地点を見続けることでアクションのトリガーがONになるという設計になっています。“首コントローラー” を略して “クビコン” というわけですね。

「VRミュージアム」はiOS・Android用アプリとして提供されているものなので、ユーザーが環境を用意するのは難しくないでしょう。VR空間も一本道なルートであれば、コントローラーがなくても問題はありません。

スマートフォンを組み込むHMDを研究した結果、このUIへとたどり着いたのでしょう。ただし、正しくセンシングするためにGoogle Cardboardのような手持ち型HMDではなく、ベルトで頭部に固定するHMDを推奨しています。

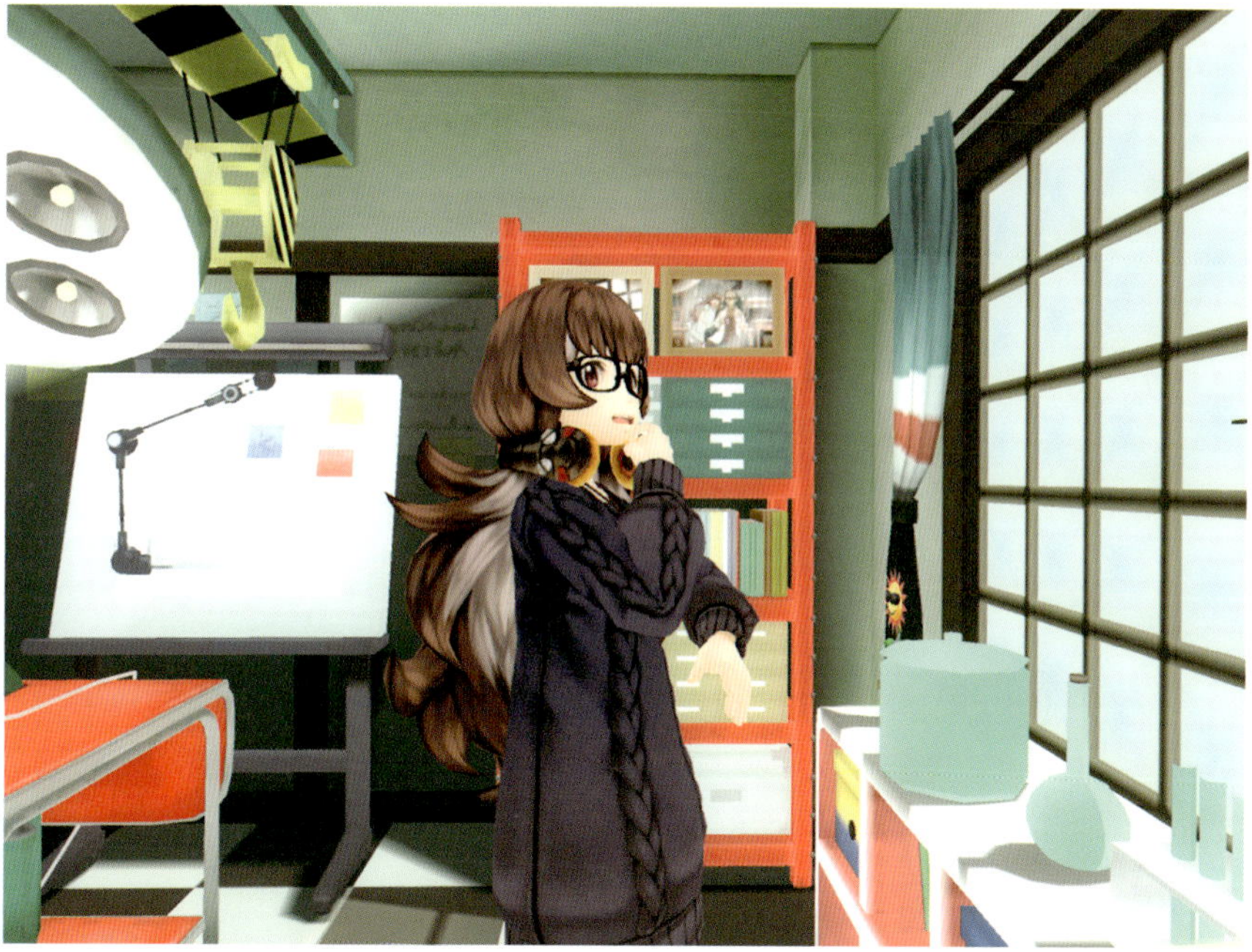

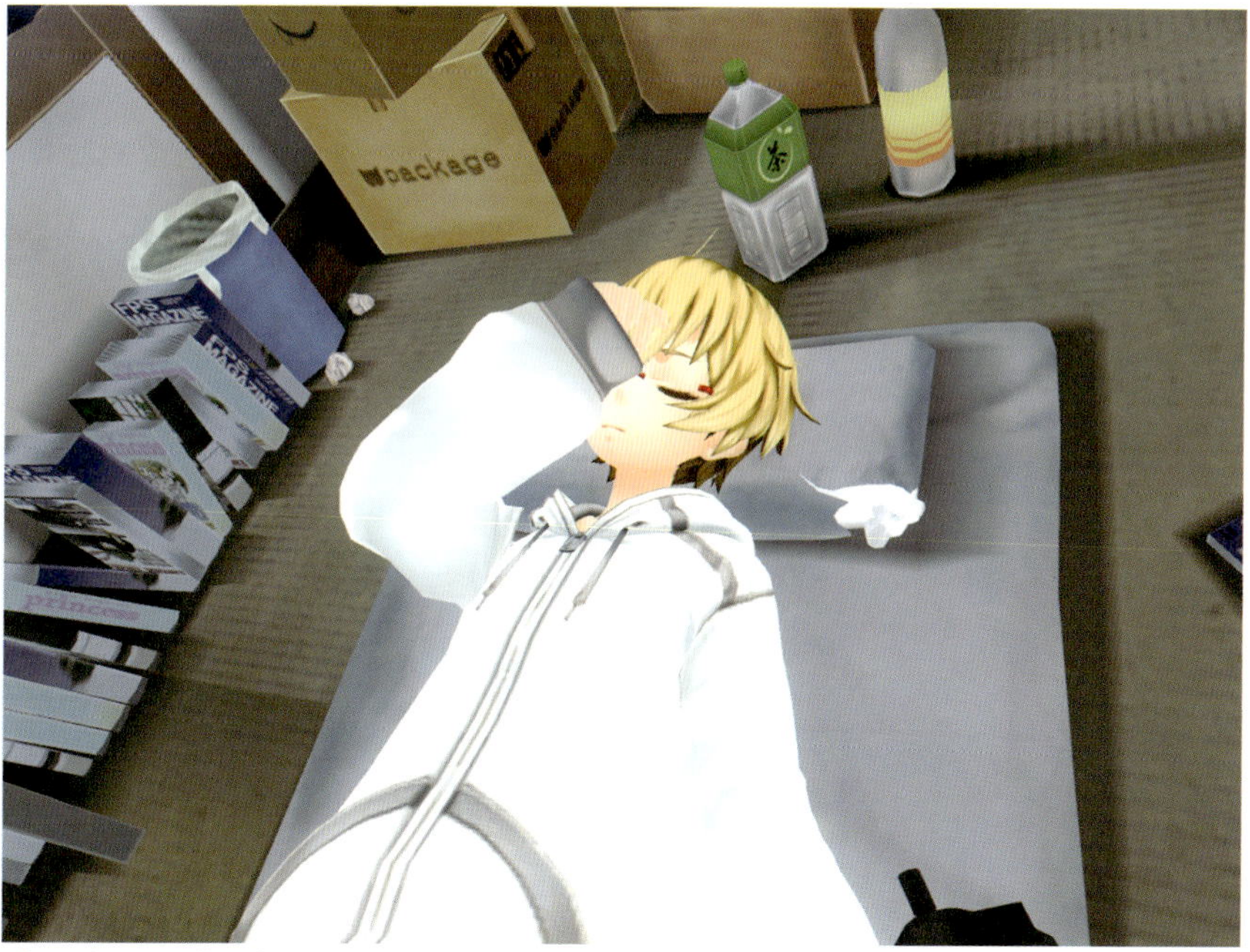

プレイヤーは原作の主人公のように幽体となってキャラクターの生活をのぞき見ることができる

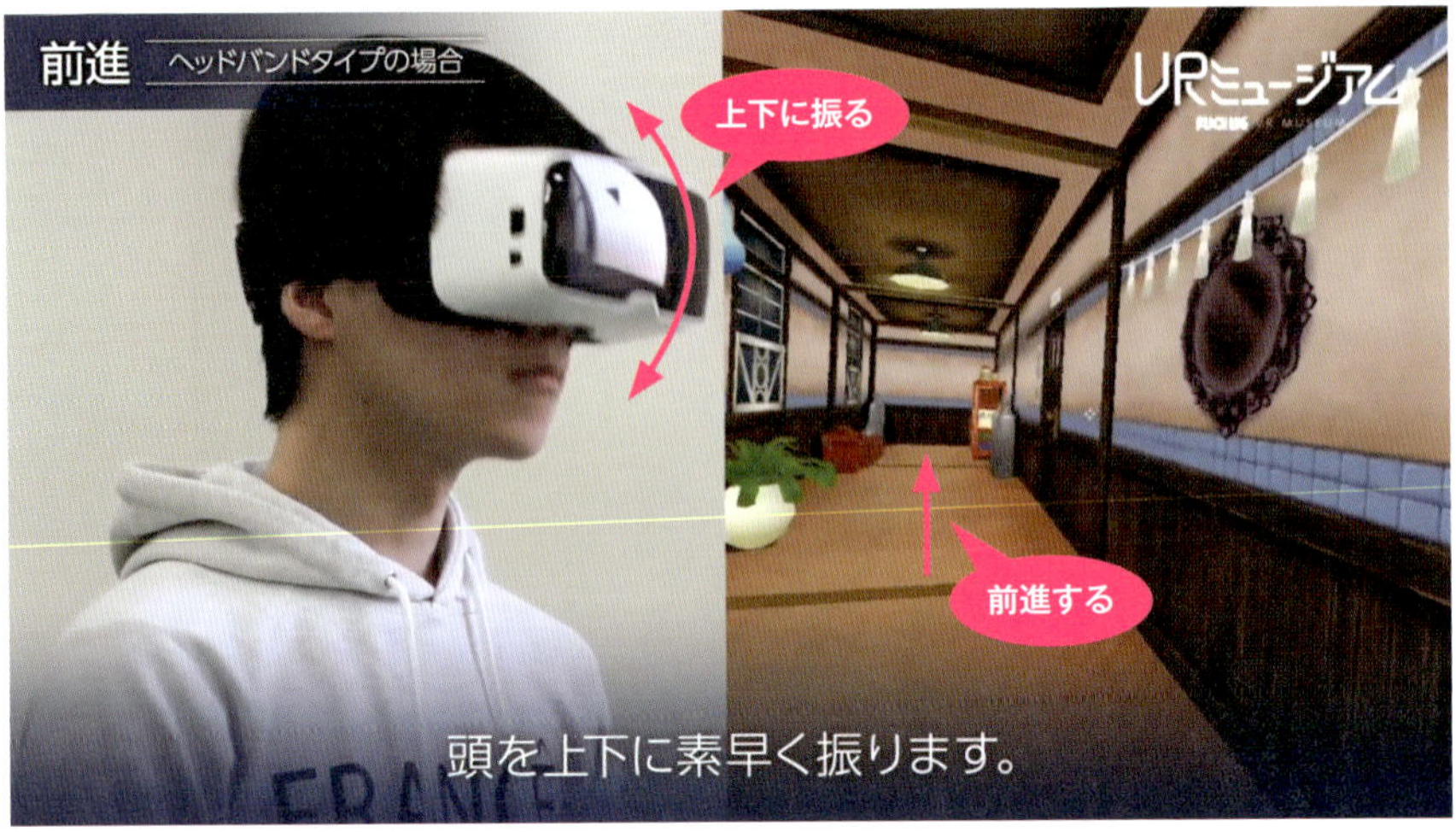

首を縦に振ることで前進する

左右の向きたい方へ頭をすばやく振ると、そちらに視界が移動する

選択したいものを画面中央のカーソルに合わせてしばらく静止すると選択状態にできる

4.9.3 アプリストアごとの規制に合わせたチューニング

さて“パンツを見たら人類滅亡!?”という設定と、「パンチライン」というタイトルから想像できるように、「VRミュージアム」にはお色気の要素も含まれています。コンテンツとしては他のキャラクターには見えない幽体を動かし、キャラクターたちの姿を四方八方から観察できるというもの。しかもシナモンモードという、キャラクターにタッチする機能も備えています。

セクシャルな要素を含むアプリだと、AppleのApp Storeでは認可が下りません。実際に申請した際に、Appleから電話がかかってきてシナモンモードに関してはあきらめてほしいという要請があったそうです。そこでこの、キャラクターにタッチする機能はAndroid版にのみ実装されています。コンテンツ開発およびストア登録、そしてプロモーションもトータルで請け負えるシーエスレポーターズだからこそ、仕様変更を余儀なくされたとしても柔軟に対応できるのでしょう。

スマートフォンのみならず、PlayStation VR、HTC Vive、Oculus Riftといった主要HMDでの開発を行っており、自社内でモーションキャプチャーも行えることから、本格的なVR開発を得意としているシーエスレポーターズ。企画から制作まで、お悩みのフローがあるならばまずは相談してはいかがでしょうか。

Android版のみ搭載されたシナモンモードではキャラクターにタッチすることもできる

この事例の注目点

- キャラクター作品のファンコンテンツであり、一定のユーザー数を見込める。
- 首だけで可能な独自の操作系を備えており、特別なコントローラーなどがなくてもインタラクティブ操作が可能。
- Android/iOSアプリとして各ストアで配布することにより多くのユーザーに届けられる。

Chapter 5

周辺技術・ツール

VRでは視覚以外の感覚をユーザーに与えることで、没入感が高まる性質があります。

また、VRに近い技術としてARという技術があり、非日常的な体験という意味ではVRと同じようにユーザーにインパクトを与えることも可能です。

ここでは、VRコンテンツ以外の周辺技術やツールをご紹介します。

V R
Virtual Rearity

5.1 SIMVR（シンバ）

株式会社しのびや.com

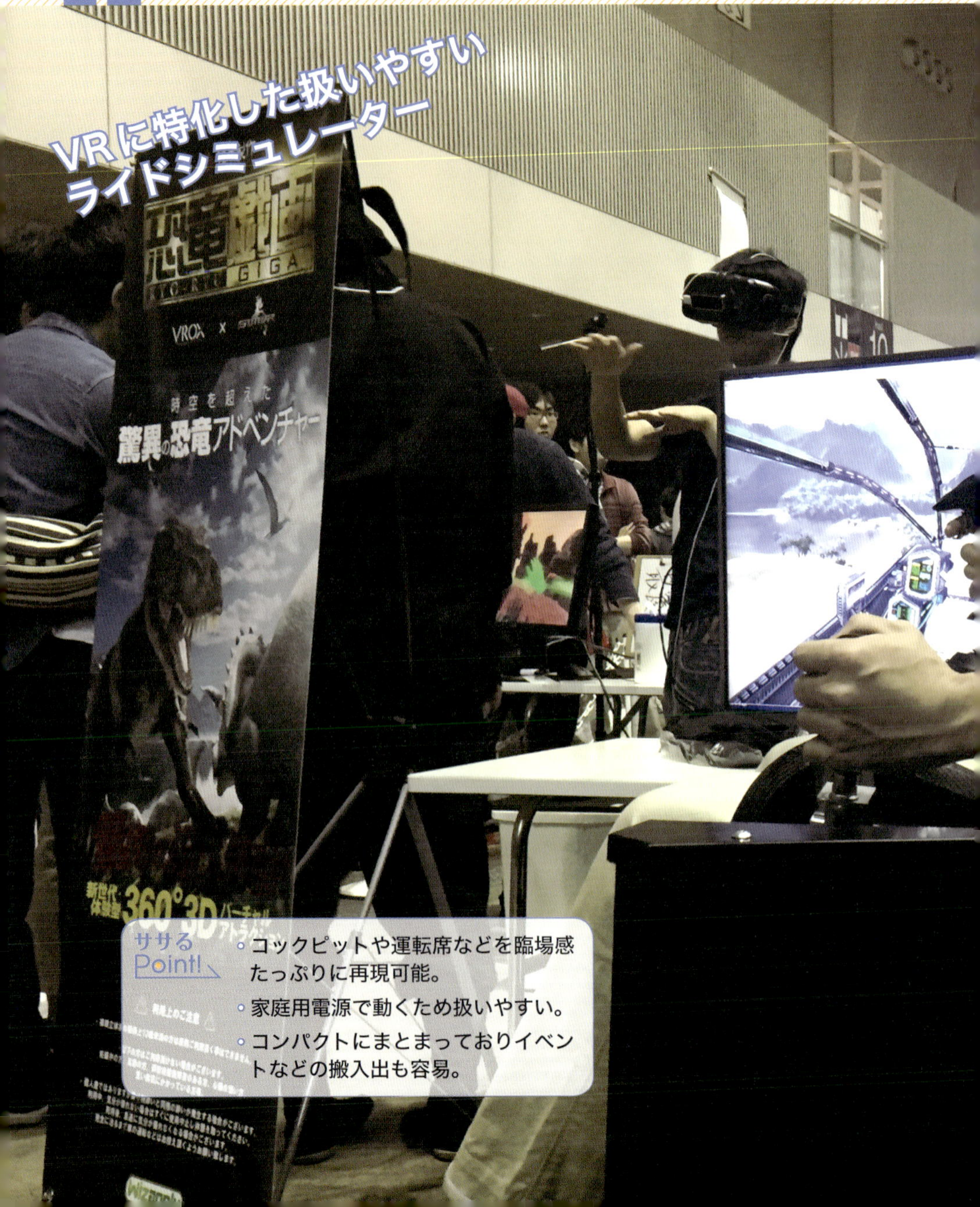

VRに特化した扱いやすいライドシミュレーター

ササるPoint!

- コックピットや運転席などを臨場感たっぷりに再現可能。
- 家庭用電源で動くため扱いやすい。
- コンパクトにまとまっておりイベントなどの搬入出も容易。

コントローラー形状のカスタマイズも可能なVR向け汎用ライドシミュレーターです。高い安全性と低価格を両立しています。

動画 https://youtu.be/h-qyEJyAjtk

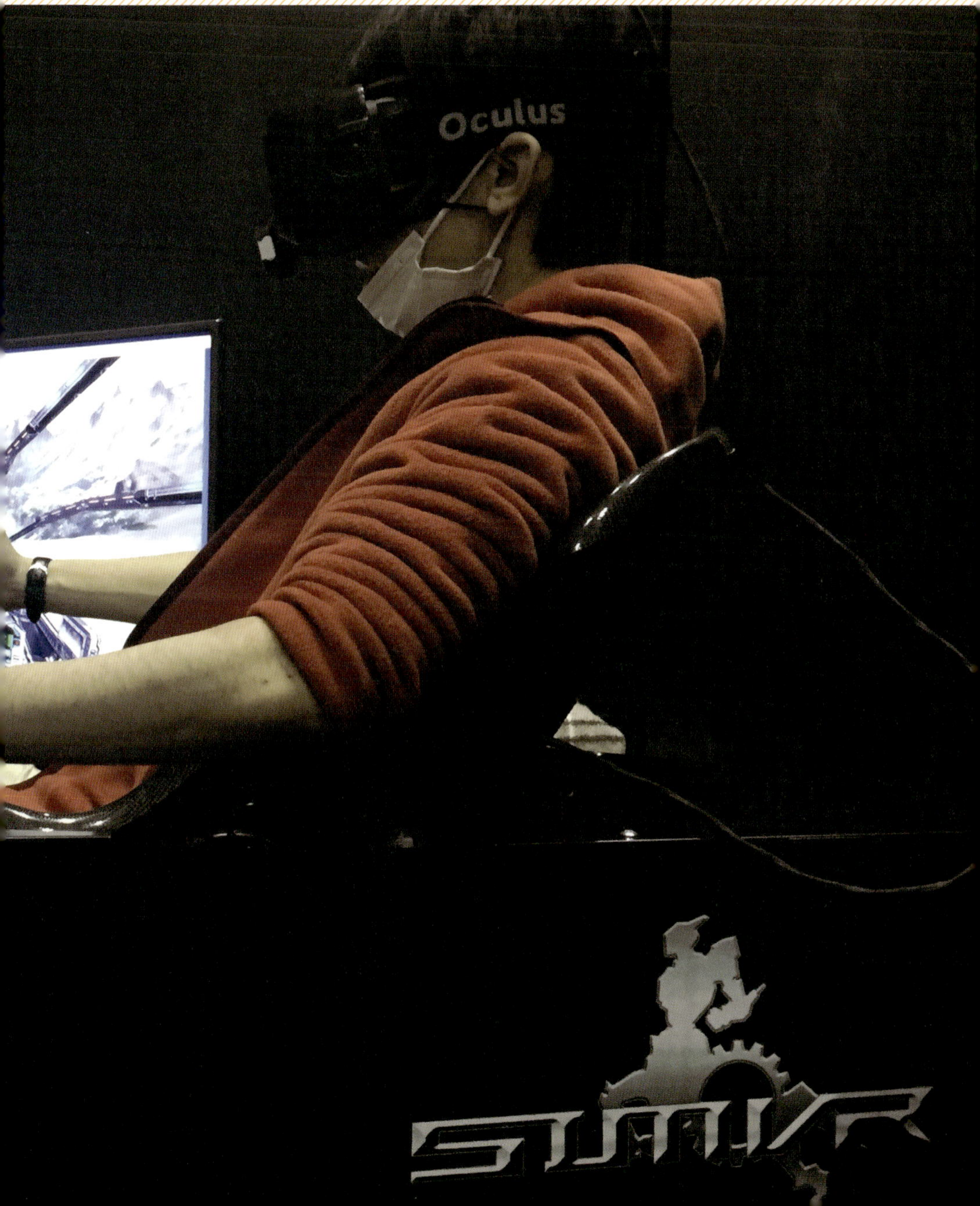

VR CONTENTS DATA

URL http://simvr01.com/

費用規模

50万円　100万円　250万円　500万円　1000万円

※実際の制作内容によって変動します。

主な展示イベント	ニコニコ超会議 2016
展示期間	2016年4月29日（金・祝）～3月30日（土）
体験者数	200人
使用機材	・Oculus Rift ・SIMVR ・PC（GPU：GTX 760・メモリ：8GB・CPU：Core i7 4400）

制作会社コメント
特徴

・操作用のコントローラーと4軸6自由度に稼働する座席によって、ロボットなどのコクピットに居るかのような体験ができる装置です。

・コンパクトにまとまっていて取り回しが良く、家庭用電源で駆動できるため、とても展開しやすい筐体となっています。

・ニコニコ超会議2016では、外部VR開発会社とのコラボレーションを行い、椅子のみの通常展示よりも酔いづらく、体感がさらに上がったコンテンツを提供しました。

制作工程

- 企画・設計 担当しました
- 筐体デザイン 担当しました
- アクチュエータ・電気系統開発（ハードウェア開発会社に依頼）
- 外装・内装・パーツ制作（鉄工所に依頼）
- ハードウェア制御機構の実装 担当しました
- ハードウェア制御プログラム開発 担当しました
- 各ゲームエンジン用SDK開発 担当しました
- 対応デモコンテンツ開発 担当しました
- プロモーション 担当しました

スタッフ構成

<内部>

- プログラマー：3名（ハード系1名・ソフト系2名）

・アーティスト：2名
・プランナー：2名

＜外部＞

・ハードウェア開発会社：5名（パーツ選定、機械設計、電気設計、パーツ組立て）
・鉄工所：10名（パーツ制作）

制作スケジュール

2015年9月		企画
	9～11月	基礎ハードウェア選定
		ハードウェア設計／パーツ設計
	11月	プロトタイプ版開発
	12月	プロトタイプ評価テスト
2016年1月		制御基板開発
	2～3月	SDK開発
	3月	販売開始

制作会社コメント

すでにシリンダーを制御してシートを動かすハードウェア技術は外部の協力会社にありましたので、今回はそれをVR用に特化させるべく、制御基盤の設計と制御用のソフトウェア開発、量産化に対応すべく、パーツの設計の見直しなどを行いました。

著者はココに注目!

まず、注意して欲しいのがSIMVRは「モーションチェア」と呼ばれる動く椅子であって、これだけではイベント用のコンテンツは成立しません。これに加えてVRソフトウェアの発注・制作（もちろんそれにかかるコスト）も必要となります。しのびや.comさんから提供されるのは椅子を動かす基本的な部分（SDK）となり、一般的なプログラマーであればそれを使って椅子の動きを制御できます。また、しのびや.comさんにソフトウェア制作を依頼することも可能です。

体感を伴うVRは視覚だけのVRに比べて段違いに面白いVRとなります。また、椅子が動いている様子はとてもインパクトがあるので、イベントなどで注目されるのは間違いありません。体験している様子を周囲の人に見せて注目を集めるのも、VRコンテンツに期待できる効果の一つです。

5.1.1 VRを堪能するためのVRライドシミュレーター

規定のルートを進む受動的なVRコンテンツではなく、VR空間内で自由に行動できる能動的なVRコンテンツを楽しみたいという人も多いでしょう。そしてコンテンツ制作側としても、よりVRの世界に没入してほしいと考えている方も多いでしょう。

しのびや.com Wizapply事業部の「SIMVR」（シンバ）は、両者を繋げるVRライドシミュレーターです。コンセプトは最小限の構成で、低価格で、最大限の体感。操作用のコントローラーと、基本動作の3軸に並行回転用の1軸を追加した計4軸シリンダーでクアッドモーションを実現したカーボンシートで構成されており、Oculus RiftのようなHMDと組み合わせることで、VRコンテンツ内での自由度を高め、レスポンスを身体で感じることができるシステムです。

コントローラーは付け替え可能なレール方式を採用。モーションコントローラー、ハンドル&フットペダル、フライトジョイスティックなど、コンテンツに合わせて交換可能。シートに座って操作するという仕様上、コンテンツはライドものが中心となるでしょうが、コントローラーを変えることで1つのジャンルに囚われないコンテン

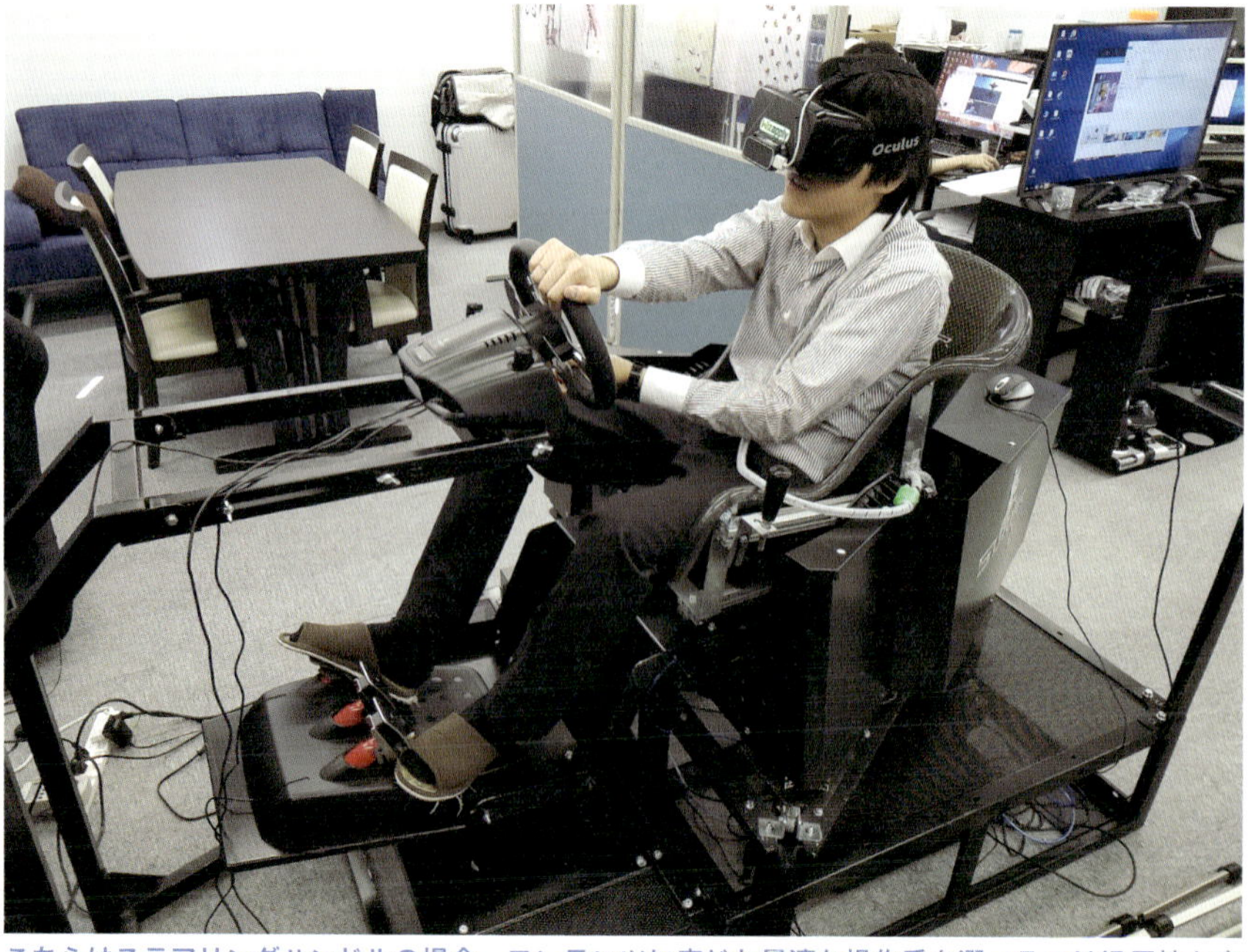

こちらはステアリングハンドルの場合。コンテンツに応じた最適な操作系を選べるのは汎用性も高くコンテンツ制作者としても歓迎したい仕様だ

ツ展開が可能です。

本体価格は89万円。サポート料金は5万5,000円/月（12ヶ月契約・台数割引あり）。別途コンテンツ、VR HMD、PCの費用がかかりますが、本格的なシミュレーターをこのロープライスで導入できるメリットは大きいでしょう。

「付属のSDKを用いると、既存のVRコンテンツにも対応可能ですので、比較的コストを抑えて、VRアトラクションを制作可能です」。

5.1.2 どこにでもインストールしやすいコンパクトサイズ

「SIMVR」のポイントは高さ110cm、幅99cm、奥行き142cmという、コンパクトな作りになっているところ。大型のマッサージチェアと同じくらいのフットプリントで、狭小なスペースでもインストールしやすいサイズです。重量は約70kg。JITボックスというロールボックスパレットに土台部とシート部を分解して収めて搬入するため、横幅800mm以上のドアであれば通すことができます。会場のブースまでトラックをつける必要がありませんし、ドアが幅広な貨物用エレベーターでなくとも代車に載せて運べます。

プレイヤーの体重と合わせると、200kgの重さに耐えられる床が望ましいとされています。参考までにアップライトピアノの重さは200～250kg。つまり、アップライトピアノを置けるような床であれば大丈夫ということになります。

電源は家庭用のAC100Vですし、（需要があるならば）個人宅でも導入できる仕様といえるでしょう。「海外への輸送も対応しております。基礎ハードウェアは海外での販売実績（累計200台）があります」。

5.1.3 AR HMDの開発にも着手している

ニコニコ超会議2016で展示したモデルのコンテンツは、外部VR開発会社とのコラボレーションによって作られたもの。しかしWizapply事業部は2012年からOculus RiftによるVR開発を行っているチームでもあります。プログラマーはUnity歴3年、Unreal Engine 4歴2年で、開発のほかにもVRの一般向け体験会や開発者向けのハッカソンを開催しており、企画はVRアミューズメントの企画制作を早期から手掛け、自社ショップや東映太秦映画村での有料VRアミューズメント施設を提案、実施している人材とのこと。

「弊社は、長年のアミューズメント施設運営事業およびネット通販事業のノウハウを持ち合わせながら、VRに特化したソフトウェア・ハードウェア・VRイベントの、

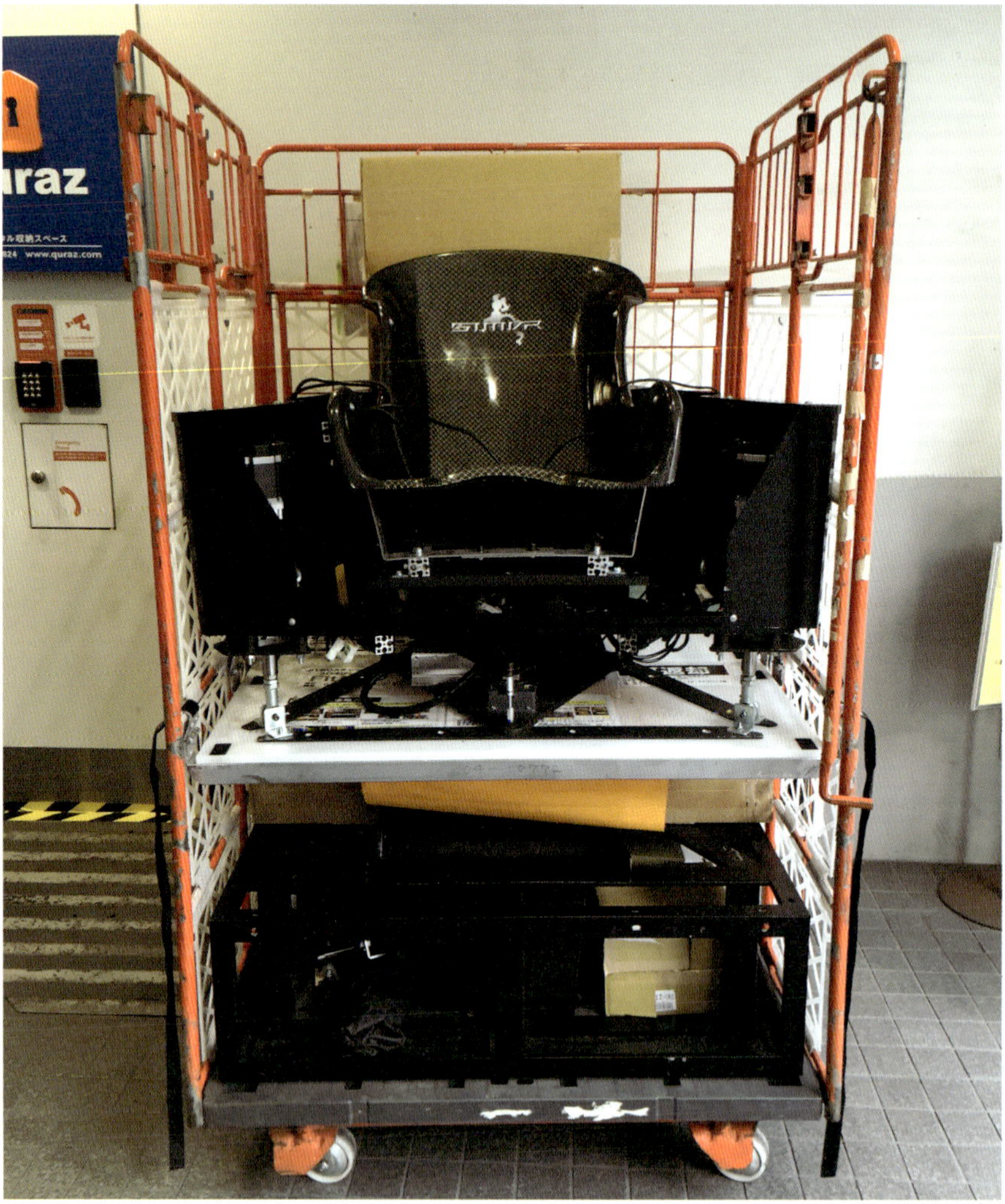

JITボックスに収まるため、このサイズを通せる間口であれば搬入可能

提案・開発・販売・運営が可能です。これは、他の会社ではなかなか成し得ない弊社独自の強みです」と自信たっぷりに語ってくれました。

Oculus Rift DKに装着するAR HMDアップデートユニット「Ovrvision」もリリース。ソフトウェア、ハードウェアの両面でVR、ARコンテンツをサポートしています。

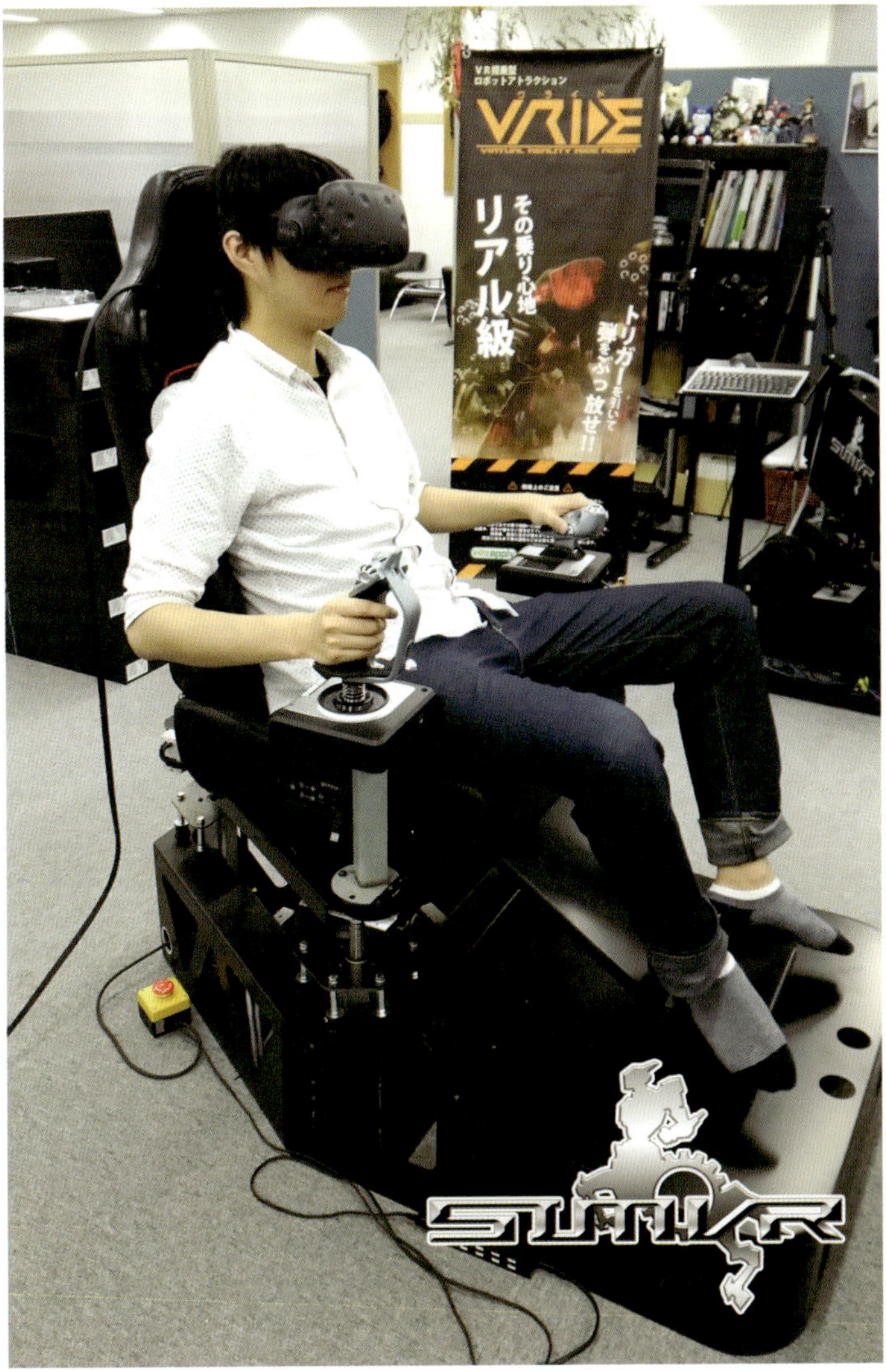

量産版のSIMVR。シートにはスピーカーと振動ユニットが搭載され、よりダイナミックな体験が可能に

この事例の注目点

- さまざまな操作系に対応する汎用VRライドシミュレーター。
- 安全性を担保しながら低価格を実現。
- 一般的な電源を使用できたり、コンパクトだったりと扱いやすさが特徴。

5.2 MX4D™ +VR コンテンツ連動

株式会社ダイナモアミューズメント

ササる Point!

- 話題の最先端映画システムとVRコンテンツの組合せ。
- 可動式のシートや風、水しぶきなどが映像内容とシンクロして表現される。
- 今後はインタラクティブな映像にも対応予定。

映像内容に合わせてシートが動いたり、風や水しぶきを体験できるアトラクションシート「MX4D™」とVRコンテンツを連動させるシステムです。

動画▶ 非公開

VR CONTENTS DATA

URL http://dynapix.jp/amusement/

費用規模

※実際の制作内容によって変動します。

主な展示イベント	LA AUTO SHOW 2015 ほか
展示期間	2015年11月17日（火）～27日（金）
体験者数	2,000人
使用機材	・Samsung Gear VR × 4台 ・スマートフォン（Samsung Galaxy S6）×8台 ・MX4D ™モーションシート

特徴 制作会社コメント

・VR映像を見ながらモーションシートによる体感を得られるシステムです。
・劇場映画館で使用されているMX4D ™シートにより、VR映像に直結した高品質なモーションを体験できます。完全にシンクロしたモーションとギミックは非常に高い没入感を生み出します。
・前後・左右・上下の3軸モーションに加えて、座面の振動や首元、前方エアーギミック、足元チューブ、水噴射などのギミックが作動します。

制作工程

・モーションプログラム 担当しました
・アプリケーション開発 担当しました
・ディレクション 担当しました
・ハード調達 担当しました （レンタル用MX4D ™、専用サーバーは当社で在庫）
・設置・調整 担当しました
・VR映像撮影（クライアントより支給）

スタッフ構成

・ディレクター：1名
・プログラマー：1名
・モーションデザイナー：1名
・ハードウェアエンジニア：1名

制作スケジュール

2015年7月　初顔合わせ
　　　8月　プロジェクト合流
　　　　　　プログラム制作開始
　　　10月　各種チェック
　　　11月　完成・納品

制作会社コメント

MX4D™は劇場映画の演出に対応するシートなので、激しい動きから微細な振動まで、ダイナミックな表現が可能です。映像に完全にシンクロしたモーションを作ることによって、「VR酔い」を大幅に減少させることができます。このことを意識し、モーションの制作と検証に時間をかけました。

著者はココに注目！

視覚以外に体感まで擬似体験させるとVRの面白さは一気に跳ね上がります。前節でも体感を与えるモーションチェアである「SIMVR」を紹介しました。あちらはハードの製品ですが、こちらはMX4D™（動く椅子）を動かすソフト（システム）の製品です。どちらもメリット・デメリットがありますし、実現できる体感の種類も異なります。ユーザー体験や運用まで含めて考えた場合にどちらを選択すべきか、検討が必要でしょう。

なお、当事例の場合もSIMVRと同様、VR用映像（CGもしくは実写）は別途制作が必要です。その映像に合わせてMX4D™の制御をお願いする、といった流れになります。

5.2.1 MX4D™シートとVRコンテンツを完全シンクロ

3Dの先にある世界、それが4D。何を言っているのかといえば映画館の、体感演出型の劇場上映システムのこと。アメリカ・ロサンゼルスのMediaMationが開発し、ソニービジネスソリューション株式会社が国内ビジネスを展開するMX4D™シアターシステムは、上映中に以下のようなギミック・体感表現が可能です。

シート効果

- 前後左右の動作
- バックポーカー（背中を震動させる）
- ネックティクラー（首元を震動させる）
- レッグティクラー（足下を震動させる）
- セント（香料を噴射）
- ウインド（弱い風を噴射）
- エアーブラスト（強い風を顔に向けて噴射）
- ウォーターブラスト（水を噴出）
- シートホッパー（下から強く突き上げる縦震動）
- ランブラー（縦振動と横振動）

劇場効果

- フォグ（劇場全体に霧を噴出）
- ストロボ（閃光）

風を顔に噴射すれば間一髪で弾丸が顔をかすめていくシーンを表現したり、風と水を噴射しストロボをたくことで嵐のシーンを再現したりといったことが、臨場感たっぷりに表現できるでしょう。体感がユーザー体験に大きく影響するVRコンテンツとの相性がいいのは想像に難くないと思います。

日本ではTOHOシネマズなどに導入されているMX4D™シートにGear VRを追加、そしてVRコンテンツをシンクロさせたのがダイナモアミューズメントです。シート効果の前後・左右・上下の3軸モーションに加えて、座面の振動や首元、前方エアーギミック、足元チューブ、水しぶきなどのギミックと映像を組み合わせることで、高い没入感を生み出します。いわゆるライド型VRで、今後の普及が期待されています。

5.2.2 MX4D™シートは4脚1セットで約300kg

バーチャルなジェットコースターでの疾走シーン、人間用ドローンを使っての空中散歩など、動いているものに乗っているというシチュエーションとマッチしそうなシステム。水の噴射ギミックも使えることから、激流の川下りや水面へのダイブといったシチュエーションとも合うでしょう。視覚と体感を誤認識させる、ビックリハウスのようなコンテンツでもいいかもしれません。

なお、どこでも導入できるというわけではありません。仕様上屋内か、屋外ならば雨風を完全に防げる環境でなくてはなりません。MX4D™シートは4脚1セットで約300kg。サイズも2,350mm×774mm×1,308mmになります。エレベーターによる搬送が必要です。エアーコンプレッサー用の三相200V 65A＋単相200V 1A、さらにサーバーと他のシステム用に100V 1.5A×2系統の電源も必要になります。

Gear VRで表示するVRコンテンツとMX4D™シートを連携させるために、Wi-Fiで全席分のGear VRとサーバーを同期。なおMX4D™シートのモーションプログラムは、日本国内ではダイナモアミューズメントでのみ開発が可能だそうです。

5.2.3 今後はインタラクションな展開にも対応できる

ロサンゼルスオートショー2015での展示においては、モーションプログラム（1名)、アプリケーション開発（1名)、ディレクション（1名)、設置・調整（2名）で対応したとのこと。VRコンテンツはクライアントから支給された映像を用いています。なおMX4D™シートはレンタル用を用いているそうですが、調達もダイナモアミューズメントが担当しています。このプロジェクトに関しては、Gear VR× 4台とMX4D™シートサーバーの同期システムをいちから開発したため、シンクロ精度のチェック、トライ＆エラーに時間がかかったとのこと。また海外での設置調整だったため、電源や配管が事前確認と違う点があり、現場での再調整も行ったそうです。さらにGear VRは、通常使用でも熱を持つデバイスで、一定の温度以上になるとハードウェア保護のためにコンテンツが強制終了されてしまいます。ゆえに、2～3回の使用で予備機に差し替えたそうです。Gear VRを休ませている間に充電も行えますし、回転率の面においてもメリットがあったのでしょう。

現状のシステムは、分岐のないVRコンテンツを再生するシステムになっています。しかし、サーバープログラムをカスタムすることで、ユーザー選択によるシナリオ分岐を行うなどのインタラクションな仕様にも対応可能とのことなので、今後は幅広いコンテンツを本システムで楽しめるようになりそうです。

ロサンゼルスオートショー 2015での展示

この事例の注目点

- VR映像に合わせた体験が複数人同時に味わえる。
- 各自のGear VRをWi-Fiで同期させている。
- 今後はインタラクティブな映像への対応が期待される。

5.3 Manga Generator Pro

プレイヤーがマンガの主人公になるというメディアアート作品。カメラで撮影したプレイヤーのポーズに合わせて、マンガ内の表現効果が自動で追加されます。

Manga Generator Pro製作委員会

動画 https://youtu.be/HOcP1V13Kb0

マンガの世界を自分のアクションで作り出せる

ササるPoint!

- 自分がマンガの登場人物になれる。
- 著名なコンテンツとコラボレーション実績あり。
- 体験後に完成したマンガをその場で持ち帰れる。

VR CONTENTS DATA

URL htttp://blog.shirai.la/projects/tepia/

費用規模

※実際の制作内容によって変動します。

主な展示イベント	TEPIA 先端技術館 常設展示 (http://www.tepia.jp/exhibition/studio)
展示期間	休館日（月曜日：祝日・振替休日の場合は開館して翌平日休館）を除く全日
体験者数	30,000 人／年
使用機材	・Microsoft Kinect ・プロジェクター ・PC

制作会社コメント　特徴

・カメラと連動してプレイヤーの動きを読み取るモーションキャプチャーを使い、マンガの中に入り込んで自分だけの物語を進めていくことができます。
・複数のプレイヤーが装着物なしで同時に体験できます。
・プレイヤーの位置や姿勢に合わせてフキダシの位置や効果音文字の位置が自動生成され、違和感なくコマの中に入り込めるようになっています。また、両ひじ、両脇、背中の位置関係から感情を読み取って適切な背景を表示します。
・でき上がったマンガは印刷物として持ち帰ることができます。

制作工程

・案件管理 担当しました
・原作 担当しました
・グラフィック制作 担当しました
・画像データ生成 担当しました
・カスタマイズ作業 担当しました
・テスト作業 担当しました
・設営設置調整 担当しました
・トラブルサポート 担当しました
・報告書作成・予算管理業務 担当しました

スタッフ構成

＜内部＞

・プロデューサー：1名

・プログラマー：1名

・デザイナー：1名

・オペレーター：1名

制作スケジュール

3か月前　企画

コンテンツ制作／外部アーティストとコラボ

2か月前　組み込み

ハード選定調達（レンタルの場合不要）　システム構築

1か月前　テスト（可能であれば発注者立ち合い確認）

1週間前　現地設置　調整

運用開始　現地対応

制作会社コメント

IVRC2012終了時の「瞬刊少年○○（マルマル）」から、Manga Generatorとして姿勢認識機能やコンテンツ提供の仕組み、長期展示のための品質向上、リモートメンテナンス、無人オペレーター化などを実装しTEPIA安定版が完成したのが2015年初頭です。その後、TEPIA常設版以外では台湾漫画博覧会「冒険少年浩平」でのHD化、SIGGRAPH ASIA 2015富士通SSLブースでは多重化デジタルサイネージ映像と組み合わせた「MGV」といった新機能バージョンも継続的に研究開発しておりますので、企画当初から通算すると4年以上の製作開発を行っている計算です。

著者はココに注目!

VRと聞いて皆さんが想像するであろうHMDを使ったものとは違いますが、これも「ほぼ現実（＝VRの直訳）」の一つです。HMDを使った他のVRと違って、「大きな画面で一度に大勢の観客が楽しめる」「複数の体験者が同時に楽しめる」「体験者と観客がコミュニケーションを取りながら楽しめる」など、イベントには大変相性が良いといえます。

制作にあたっては元となるマンガのコマを作るか、あるいは版権者と提携して画像をお借りする必要があります。逆に言えば、マンガやキャラクターのイベントを請け負った場合にはその部分を有効活用できるので、ぐっと取り組みやすいコンテンツになると思います。

5.3.1 国際学生対抗バーチャルリアリティコンテストで上位入賞

日本バーチャルリアリティ学会が主催する国際的なコンテスト「IVRC2012」において、世界第3位となる川上記念特別賞、クリスティ・デジタル・システムズ社賞、未来観客賞のトリプル受賞を果たした「瞬刊少年○○」。神奈川工科大学情報メディア学科白井研究室の学生が開発した、体験者がキャラクターのポーズを演じることでマンガが作れるインタラクティブなエンターテインメントシステムです。

「瞬刊少年○○」は広告メディアとしてのリクエストに応えるべく機能改善とコンテンツを追加した「Manga Generator」にアップデート。複数の人気マンガ作品とのコラボレーションを行い、フランスや台湾への国際遠征、TEPIA先端技術館（東京）での常設展示など、広告メディアとしての活動を3年以上続けてきました。

そして2016年からより高度な業務案件・カスタマイズ・機能追加に対応すべく、白井研究室とプログマインドが提携。業務版となる「Manga Generator Pro」の開発をプログマインドが担当することになりました。

5.3.2 二次元的な表現だけど確かにVR

「Manga Generator Pro」のモーションキャプチャーにはMicrosoft社のKinectを使い、プレイヤーのポーズを取り込みます。顔、髪型、服装は「Manga Generator Pro」側に登録されているデータを用いてプレイヤーの位置やポーズに合わせて合成し、さらにフキダシや効果音文字、背後の効果線を自動生成して合成します。なお両ひじ、両脇、背中の位置関係から感情を読み取るために、がっかりしているポーズなのに“ゴゴゴゴ”のようなアクティブな集中線が適用されることはなく、自然にマンガのコマの中に入り込めるようになっています。また、グループで体験できることも魅力で、1つの世界観でもソロプレイ（1人)、カップルプレイ（2人)、グループプレイ（最大4人）といった展開が可能です。

「実際の人間がマンガの世界に入って演じる」という設計上、頭身の一致、役割、世界観の維持には気を配っています。既存作品の場合、主人公を置き換えてしまうと何の話だかわからなくなってしまうこともあるとのこと。ゆえに例えば「プレイヤーは少年探偵団である」など作品と同じ物語設計にしたほうが受け入れやすいといったシナリオ面も研究されています。1ページ5コマほどのコンテンツですが、その中には多くのノウハウがつまっています。

なお完成したマンガはプリントアウト可能。プレイヤーのお土産として渡せます。自分の体験した結果を他の人にアピールしてもらえる要素であり、口コミによる拡散

印刷出力される作品例。有名キャラクターとのコラボで“世界で唯一”のファンサービスも可能に

効果も期待できますね。

VR HMDを使って作られた世界の中に入り込む、3DCGを主体としたVRコンテンツとは異なります。しかしポージングとシナリオ選択とはいえ、フィクションであるマンガの世界を実体験するのは確かにVR的。アクターもオーディエンスも同時にコンテンツを見ることができますし、コンテンツホルダーと契約を結ぶ必要があるとはいえ商用のマンガキャラクターをそのまま使えるメリットは大きいでしょう。

5.3.3 常設であってもリモートメンテナンスが可能

数日だけの展開ではなく、常設にも向いたコンテンツです。機材の設置は30分ほどの時間で済みますが、設置場所が屋外の雑踏や、直射日光が厳しい環境のような場合、現地でシェーダーの設定を変更して対応しています。

システムは24時間365日、完全無人で運用するためにトラブルフリーな仕様を目指しています。過去にWindows Updateのおかげで動画再生に不具合が出たことがあるため、システムの更新は基本的にOFF。不慮の事故として、設置館内の設備メンテナンス中の事故でスプリンクラーが作動してシステムが破損するケースもあったものの、2台の予備機を準備することで、ダウンタイムは1日以下に収まっています。

ポーズに合わせて感情を自動判定。適切な表現効果を加える

遠隔地でサポートする場合はシステムにモバイルルーターを組み込み、リモートメンテナンスを実施できる環境を整えています。その際、どれぐらいのプレイヤーがコンテンツを体験したか、どのようなシナリオが選ばれたか、どのような必殺技を出しているかなどといったログを収集して研究、シナリオ選択などに反映させています。

5.3.4 新しいコンテンツ追加も柔軟に可能

紹介したい作品の追加を柔軟に行えるのが本システムの魅力の1つです。著作権使用料はコンテンツホルダーとの契約内容次第ですが、本システムの費用の考え方としては「印刷されるA4配布物1枚あたりのボリューム」または「イベント実施単位でのライセンス」になるとのこと。著作権使用料を除けば、おおよそ百万円ほどで新作2本を追加できるそうです。そこには、本システムが出力するA4サイズ1枚にシナリオを収める原作費、グラフィック制作費、印刷物制作費、コンバート作業費、体験テスト費などが含まれています。

とくに体験テストではさまざまな身長のプレイヤー、複数人での体験、大量の印刷などのテストを行います。無人オペレーションを想定している本システムだからこそ、十分な品質や体験が得られるかというUX（User eXperience：ユーザー体験）を決定づける重要なプロセスとして注力しているそうです。

完成したマンガはその場でプリントアウト可能。体験を共有するいい材料になりそうだ

この事例の注目点

- オーディエンスも参加できるオープンなVR体験。
- 著名コンテンツとのコラボレーション。
- 常設展示に適した無人運用とリモートメンテナンス。
- 広告サービスとして提供するためのメニュー化。
- 体験を共有するための持ち帰り用配布物。

5.4 HADO

株式会社meleap

ウェアラブルデバイスと
リアルなARによる
テクノスポーツ

プレイヤーのモーション（動き）によってARの魔法が発動します。ゲームではない「テクノスポーツ」という解釈の下、オリンピックイヤーとなる2020年に競技大会開催を目指しています。

動画 https://youtu.be/GVE8jvxceSo

ササる Point!

- ウェアラブルデバイスと連携することで従来よりもリアルなARが体験できる。
- 複数人でのマルチプレイ対応。
- 対人戦や対モンスター戦など多様なプレイモードを備える。

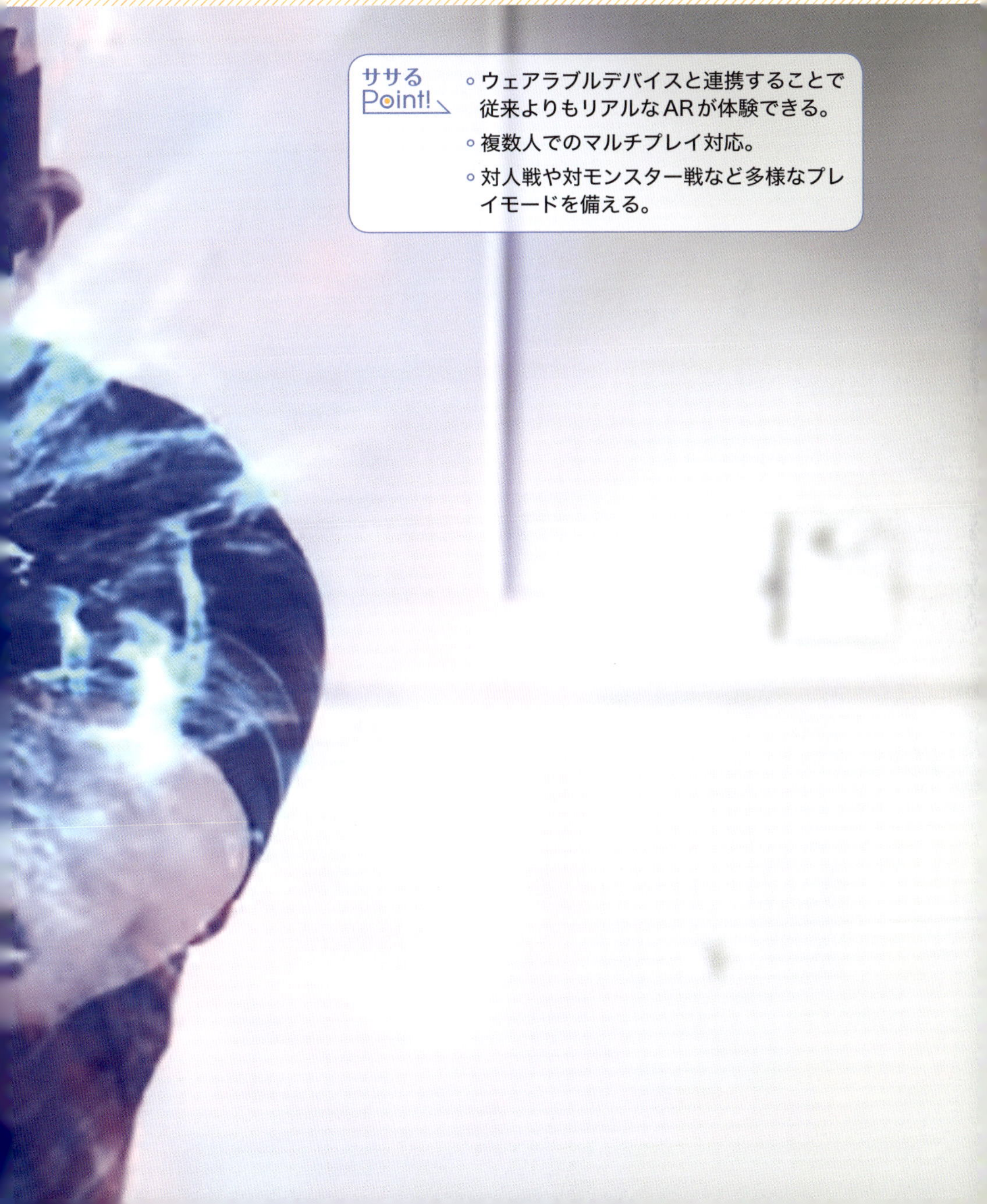

VR CONTENTS DATA

URL http://meleap.com/index.html

費用規模

※実際の制作内容によって変動します。

主な展示イベント	ハウステンボスの常設アトラクション
展示期間	2015年12月5日（土）～現在
体験者数	-
使用機材	・AR用ヘッドマウントディスプレイ（独自製作） ・スマートフォン（Xperia Z3） ・リストバンド型コントローラー（Myo）

特徴 制作会社コメント

・ウェアラブルデバイスを身に付けたプレイヤーが自らの腕を振ることで技を放ちます。また、ケーブルの制約がないため、プレイヤーが自由に動き回れます。
・最大8人で同時プレイ可能で、対人戦や協力プレイなどさまざまなモードを用意しています。
・8人同時プレイの場合、1プレイ5分とすると1時間あたり96人の高回転率を実現できます。さらに、オペレーションを改善予定ですので、1プレイ3分程度にすることでさらに高回転率を達成できます。
・ヘッドマウントディスプレイをかけていない観客のために第三者視点の映像を設営したディスプレイに表示して、会場が一体となって盛り上がれます。

制作工程

・企画 担当しました
・3Dモデル制作
・エフェクト制作
・サウンド制作
・アプリ開発 担当しました
・ハードウェア設計 担当しました
・プロモーション 担当しました
・営業

スタッフ構成

・プランナー：1名
・フロントエンドエンジニア：2名
・バックエンドエンジニア：2名
・ハードウェアエンジニア：2名
・プロモーションスタッフ：1名
・デザイナー：1名

制作スケジュール

2014年3月	企画	2015年1月	α版完成
4～8月	R&D	2月	各種イベント出展開始
9月	アプリ開発開始	12月	ハウステンボスにて常設展示開始

※HADOをベースにしたカスタマイズは2～3か月必要（3Dモデルやサウンドなど素材が揃っている場合）

制作会社コメント

子どもの頃に憧れた、スキルや魔法のある世界をプレイヤーがいかに楽しめるかにこだわってHADOを開発しています。そして、ヒザがガクガク震えるほど面白いものへ仕上げていくため、日々ブラッシュアップしています。

他に類を見ない新しいサービスなので、プレイヤーの位置認識や腕のモーション・ジェスチャー認識技術は私達自身で研究開発しました。また、先達がいないからこそ、HMD内のカメラ映像を基本とした一人称視点のUI表現やスキル表現については、今後の業界標準として自他共に認められるようなレベルを目指して試行錯誤しています。

どんな方でもオペレーションできるように、シンプルで使いやすい管理画面、システムの安定稼働など総合的に開発を進めています。現在は子供から年配の方まで楽しんで頂くためにシンプルなモーション入力にしておりますが、手を握りしめればスキルゲージが溜まる、腕を早く振るほどスキルが強くなるなど、よりスポーツらしく面白い機能はプレイヤー数の拡大やプレイフィールド施設数の増加など、サービスの成長度合いに応じて順次リリースしていきます。

著者はココに注目!

「HADO」はVRではなくARですが、テクノロジーと体験を掛け合わせたコンテンツということでは、VRに通じる部分がありますので取り上げさせていただきました。meleapさんは他の会社と違って、すでにシステム、コンテンツ共に揃っているので、その出張を依頼をする感じとなります。HADO対人戦、もしくはHADOモンスター戦の基本ラインナップを利用することで、費用を抑えることができます。そこから「イベントの看板を入れてもらう」「企業のキャラクターを入れてもらう」など追加要素を加えるたびに追加費用がかかってきます。追加費用の多寡は一概にいえないので、まずはmeleapさんにご相談ください。

また、meleapさんはイベントの出張に手馴れているので、HMDの弱点である被っている人しか楽しくないといった点への対策も、巨大モニターでAR画面を映し出す、MCによる実況を加えるなどで対応しています。イベントに手馴れている分だけノウハウもあり、相談すれば色々な解決策を提示してくれると思います。

5.4.1 「かめはめ波」を撃てるという感動が味わえる

ウルトラマン世代ならば「スペシウム光線」、ドラゴンボール世代であれば「かめはめ波」。これらの必殺技フォームに憧れた男性は多いでしょう。いつかは本当に出せるようになるのかも、と、隠れて特訓に明け暮れた人もいるかもしれません。

では、自分の手の先からレーザービームのような光を出して撃ち合えるアクティビティがあったら行ってみたくなりませんか？　長崎県佐世保市のハウステンボスに常設されているテクノスポーツ「HADO」がまさにそれなのです。キーポイントはAR技術を用いているということ。VRと違って周囲のリアルな状況を見ることができるため、実際の人間と戦っている・協力しているというリアリティを生かしながら、グラフィカルな情報を加味することでSF世界への没入感を高めています。

制作したのはKDDIが展開するインキュベーションプログラム「KDDI∞Labo」の第7期でNew Excitement賞を受賞したmeleap。この「HADO」もVRコンソーシアムが主催するVRクリエイティブアワード2016において一般投票優秀賞およびポニーキャニオン賞のW受賞を果たしました。

このコンテンツの肝となっているのは、ワイヤレスなウェアラブル端末を組み合わせることで、ステージ内を自由自在に動きながら遊べるゲーム性を実現しているところ。実際にはプレイヤーの腕の動きを筋電位によって検知する腕輪型のウェアラブル

独自に開発されたAR用スマートフォンHMDと腕輪型のセンサーデバイスMyo

デバイスを装着すれば戦闘準備完了だ

センサー（Myo）と、スマートフォンをディスプレイとしたHMDの組み合わせとなっています。スマートフォンのカメラを用いることで、周囲の風景およびステージ内にいる他のプレイヤーも映し出しています。

腕のモーションに合わせて攻撃の種類の判定を行い、適応する3Dモデルの表示やエフェクトの表示を行います。最先端のアーケードゲームでありながら、操作はシンプルで誰でも体感できるというのも「HADO」が持つ特徴でしょう。

5.4.2 ウェアラブルセンサーを用いてモーションを判断

同コンテンツではMicrosoft HoloLensのような専用のAR HMDは用いておらず、前述したようにスマートフォンを挿入する独自開発のHMDを使用しています。外部カメラを使うことでVR HMDでもARに使えますが、現在の状況ではレイテンシのことも考慮すると有線接続が欠かせません。テーマパークでのアクティビティということを考えるとスピーディに装着・脱着できるシステムである、現在の仕様が好ましいのでしょう。もちろん低コストで導入できるというメリットもあります。

複数人協力プレイも可能な対モンスター戦。子供のころに夢見たシチュエーションが実現することに

また、使用するスマートフォン次第ですが、高解像度機を用いればフルHD（1,920×1,080）というVR専用機と同等の解像度も実現可能です。視野角に関しては、ディスプレイの画角が96°、さらにHMDの側面を開放することで150°近い視野を確保しています。

HADOのプレイ体験は従来のARに持っている印象を塗り替えるほどのインパクトがあります。これまでのARといえば、カメラにマーカーをかざすことで実写映像の上にCGが重ねて表示されるというものが多く、その先に進みCGを使ったインタラクションなどで成功した例はあまり目にすることがありませんでした。その要因として、有効な操作系が存在しなかった、ということも影響していると推測できます。

HADOでは、ウェアラブルセンサーとスマートフォンを連携させることで、ARと親和性の高い操作方法を実装することに成功しました。これにより、プレイヤーのモーションに機敏に反応するARが可能となり、臨場感のあるコンテンツが誕生したのです。

5.4.3 テクノスポーツ五輪を開催するのが目標

HADOは一見するとARゲームのように見えますが、meleapではゲームよりも「テクノスポーツ」という新しいスポーツの一ジャンルと位置づけています。センサーによる身体を使った操作方法と、ウェアラブルデバイスによるワイヤレス環境によって、フィールドを大きく動き回るプレイスタイルから、もはやゲームという範疇を超

フィールドを自由に駆け回り、身体を大きく動かすアクションで攻撃を繰り出すHADOは、たしかにスポーツと言っても過言ではないかもしれない

えて新しいスポーツとして定義しているそうです。

meleapとしては、「2020年の東京オリンピック・パラリンピックと同時開催でテクノスポーツ五輪を開催する」ことを目標としているそうですし、ハウステンボス以外でも「HADO」が楽しめる施設が続々と増えており、今後は世界展開も進めているそうです。

またHADOでは周囲の観客に向けて、ステージを撮影しているビデオカメラの映像にCGを重ねたリアルタイム映像を大型ディスプレイに表示させています。さらにMCによる実況も加えて、ゲーム展開を解説しています。AR/VRコンテンツはプレイヤー以外に現在の状況が掴みにくいという側面がありますが、meleapはプレイヤーも観客も楽しめるという場を作り出すことに成功しています。こうした配慮からも新しい「テクノスポーツ」というジャンルを築くのだという、同社の強い意志を感じることができるのではないでしょうか。

この事例の注目点

- ウェアラブルデバイスを組み合わせることで従来よりもリッチなAR体験を作り出した。
- オーディエンス向けのディスプレイを用意するなど会場が一体となって楽しめる環境を用意した。
- 新しい「テクノスポーツ」というジャンルを築くという目標のもと活動している。

5.5 HUGVR

Ducklings Inc

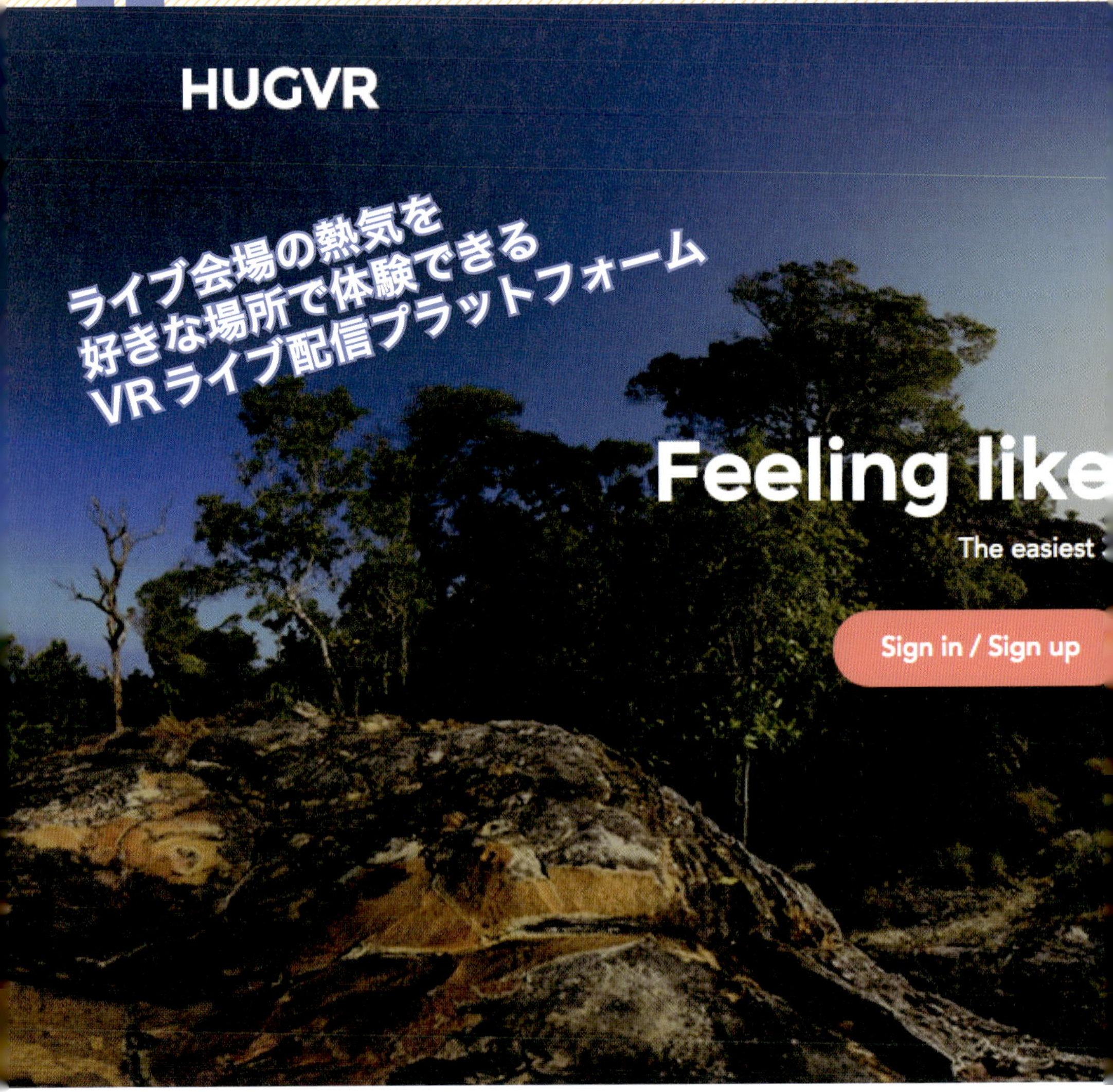

ササる Point!

- 場所を選ばずにVRでライブを体験できる。
- THETA SやSP360 4Kなどの全天球カメラがあれば手軽に配信可能。

全天球カメラで撮影している映像をライブストリーミングするための配信プラットフォームです。無償で利用可能です。

動画 http://hugvr.com/

VR CONTENTS DATA

URL http://ducklings.jp/

費用規模

※実際の制作内容によって変動します。

主な展示イベント	Web上で無償提供中
展示期間	提供中
体験者数	約100,000人
使用機材	・RICOH THETA S ・KODAK SP360 4K　など

制作会社コメント

特徴

- 世界120カ国で5,000回もの配信が行われ、主に音楽ライブを中心に世界の有名なイベントでも利用されました。
- いかに簡単に配信できるかにフォーカスして、サービス設計をしました。
- エンタメ領域に特化した「LIVR（リブル）」というライブ配信サービス（有償）を展開予定です。

制作工程

・開発　担当しました

スタッフ構成

<内部>

・Webエンジニア：2名

制作スケジュール

2014年11月　企画立案

2015年2月　サービス公開

制作会社コメント

２年ほど前からVR領域に注目し、ライブ配信技術の開発を行ってきました。クライアント様からよくあがる声として、高品質なコンテンツの作り方がわからないというものがあります。弊社は、配信技術のみならずコンテンツの企画も対応しており、ワンストップでサービス提供可能であることが強みになっています。

著者はココに注目!

２年ほど前まで「全天球の生配信」といえばとてつもなく高度な技術で、ドワンゴとNTTが共同で開発しなければできないほど敷居の高いものでした。しかし、VR熱の高まりに伴う安価な全天球／半天球カメラの登場により、より安価で手軽に全天球生配信ができるようになったのです。

現状では解像度などの問題から、あらかじめ録画された全天球動画を配信した方が圧倒的に綺麗です。しかし、工夫次第ではこのデメリットをカバーすることもできます。例えば、全天球を半天球にすることで綺麗さを上げたり、綺麗さよりも生中継であることを重視するイベントで使ったり、使いみちは沢山あると思います。

5.5.1 体験にお金を使いたい消費者が増えている

近年、音楽や映像コンテンツのパッケージ販売が振るわないのに対して、ライブやステージなどの“体験”コンテンツは売り上げを伸ばしているという話をよく聞くようになりました。これは、ユーザーの消費態度が変化してきており、その場に行かなければ味わえない体験にこそ、お金を使いたいと思う人が増えていると読み取れます。

そうした時代において、VRというテクノロジーは大きく活躍できる可能性があります。Dukings Incが展開している「HUGVR」は、そんなライブ会場の様子を360度の全天球映像としてストリーミング配信するプラットフォームです。

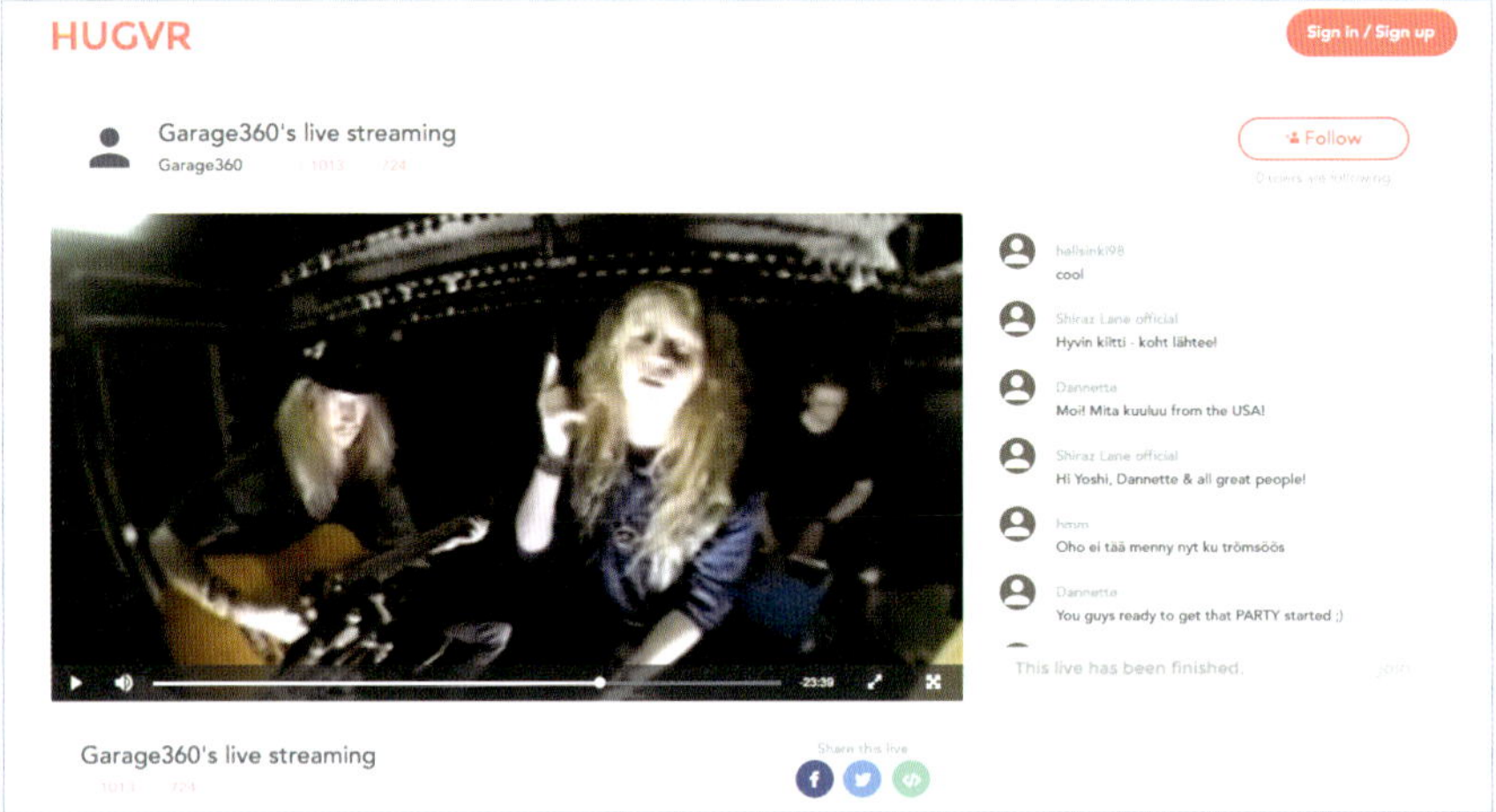

フィンランドのメジャーなロックバンドもHUGVRを利用した。右のカラムでチャットも可能

5.5.2 身近になった全天球映像配信

全天球ライブストリーミングとなると、特殊な映像仕様や高負荷な伝送を担う回線の問題などがあり、独自にシステムを作り上げるのは一朝一夕にはできない、ハードルの高いものでした。

そこで、Ducklings Incでは、いかに簡単に配信できるかにフォーカスしてサービスを開発したとのことです。たしかに、利用方法としては、全天球カメラをPCと接続し、HUGVRで配信用ルームを作成さえすれば準備完了、あとはルームのURLをシェアするだけで多くのユーザーへとライブ映像を配信できるという手軽さです。

強いてあげるなら全天球カメラという機材面を心配される方もあるかもしれません

が、最近ではRICOHの「THETA S」やKODAKの「SP360 4K」など、家電量販店でも手に入る5万円前後の高性能な全天球カメラも登場してきており、それほど高いハードルにはならないでしょう。巷にはそうしたカメラのレンタルサービスもあるようなので、気軽に全天球ライブストリーミングを始められるでしょう。

左がRICOHの「THETA S」で2K（1,920×1,080）/30fps/垂直360度の動画ストリーミングが可能。右がKodakの「SP360 4K」で4K（2,880×2,880）/30fps（2Kなら60fpsも可能）/垂直235度の動画ストリーミングが可能

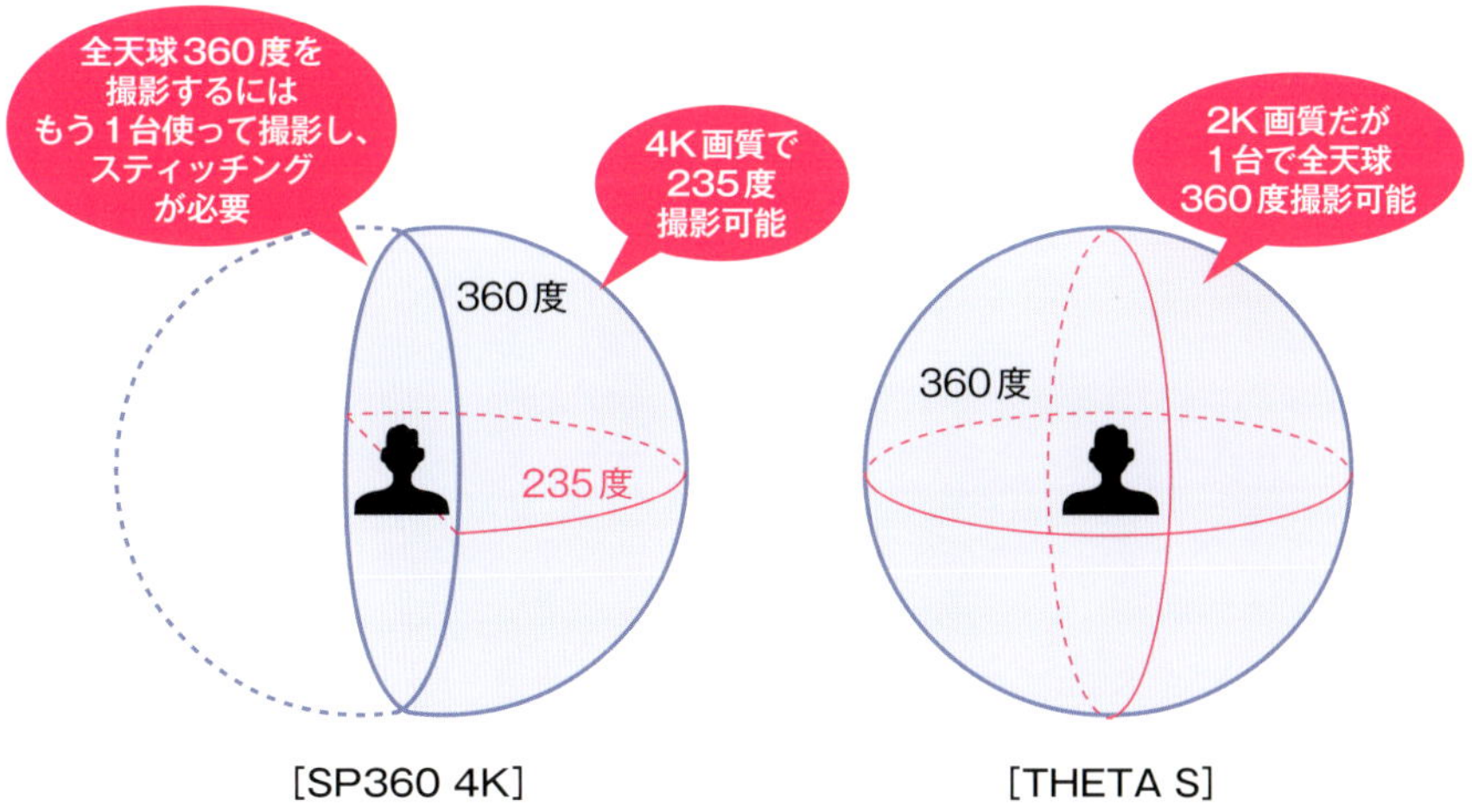

SP360 4Kでは4Kの画質で235度の画角が撮影できる。そのため360度にするには2台必要となる。一方、THETA Sでは1台で360度の画角を撮影できるが画質は2K（1,980×1,080）となる

5.5.3 全天球映像配信がもたらすもの

ライブストリーミングというと、音楽や演劇などはとても相性が良さそうだということは、想像に難くないと思います。こうしたコンテンツでは観客も含めた、その場の空気感や雰囲気が醍醐味の1つだと思いますが、VRによって離れた場所でもそれを味わえるのであれば、こうしたコンテンツにはうってつけといえます。

他に考えられる用途としては、スタジアムや競技場で繰り広げられるスポーツなども相性が良さそうです。また、近年の海外で勃興してきているe-sportsと呼ばれるようなビデオゲーム競技への応用も考えられるかもしれません。

ライブ＝生中継なので、ユーザーの体験品質に大きく影響を及ぼす要因として「遅延」があります。HUGVRでは、撮影された映像が配信・表示されるまでのラグが1秒未満ということなので、例えばリアルタイムな双方向のチャットも可能だといいます。

そのリアルタイム性を活用した例をご紹介しましょう。Ducklingsでは「HUG PROJECT」としてソフトバンクのロボットPepperを使ったコミュニケーションシステムを提案し、ソフトバンクロボティクス社が主催するアプリ開発コンテスト「Pepper App Challenge 2015 Winter」にて最優秀賞およびベスト介護福祉賞の2つをW受

「Pepper App Challenge 2015 Winter」で発表されたシステムの紹介ムービー。ロボットなどとの組み合わせにより、さまざまな活用が期待される

賞しました。このコミュニケーションシステムは、Pepperの頭部に装着した高画質カメラで取得される映像を、離れた場所に居る人がHMDで見ることにより、その場に居るかのような臨場感を味わいながら、コミュニケーションをはかれるというもの。コンテストでは、身体が不自由で入院中の祖母が孫の結婚式に参加するというシナリオで提案されました。

こうした遠隔地でありながらその場に居るかのような体験ができることを「テレイグジステンス」と呼び、近年注目されている技術の1つとして挙げられます。コンテストで提案されたシナリオのように、高齢化・過疎化が進む地域での活用のほか、自然災害によって被害を受けた危険地域にロボットやドローンを派遣して、遠隔地からの操作に応用することで、作業効率を高める効果が期待されます。

▷ HUG PROJECT

Web　http://hugproject.net/

Movie　https://www.youtube.com/xW_9od_Yzfc?list=PL4NFLJQR80hnmr67hfs8Tr3dxZnHgqxyt

この事例の注目点

- 全天球カメラの映像を無料で手軽に配信できる。
- 遅延が少ないためリアルタイムチャットも可能で、テレイグジステンスも実現可能。
- クライアントが悩みがちな配信コンテンツ企画についても相談可能。

5.6 Japan VR Fest（旧OcuFes）

NPO法人オキュフェス

日本のコンシューマVRを
はぐくんできた
VRイベント

日本ではもっとも歴史があるコンシューマVRの展示体験会。開発者たちにより実施され、VRコンテンツの文化祭のようなイベントです。

動画 ▶ 非公開

ササるPoint!

- 2013年から活動しているコンシューマVRの見本市イベント。
- 企業だけでなく個人が制作したVRコンテンツも多数展示されている。
- VR開発者同士の交流の場ともなっており、多くの重要な知見や経験が共有される。

VR CONTENTS DATA

URL http://www.ocufes.jp/

費用規模

50万円 100万円 250万円 500万円 1000万円

※実際の制作内容によって変動します。

主な展示イベント	Japan VR Fest（旧 OcuFes）
展示期間	非定期開催
体験者数	1回あたり4,000人ほど
使用機材	とくに規程はない

制作会社コメント 特徴

- 開発者たちが自らイベントづくりをするVRにおけるコミケや文化祭といった感じの展示会です。
- 場所さえもらえればVRコンテンツを集めて展示します。
- 社内VR体験会、VRセミナーなども請け負います。

1
2
3
4
5 周辺技術・ツール

スタッフ構成

- 主催者：1名
- 運営ボランティア：複数名

スケジュール

開催2か月前	イベント開催の決定。VRコンテンツの募集開始
開催1か月前	だいたいのイベント出展者が決定 場所の下見を行い、配置用の図面を引き始める
開催0.5か月前	電源容量の確定
イベント当日	出展者が機材を搬入・設営 終了と同時に出展者が撤収

制作会社コメント

イベントというとステージを用意したり電源を用意したりと、プロの方であればあるほど難しく考えがちですが、当方のイベントは机と電源を配置すれば準備完了です。大きなステージも有名なタレントも、スピーカーも照明も不要で、長机とコンセント、あと椅子があればそれだけで大丈夫です。

5.6.1 開発者の開発者によるみんなのためのVR展示会

NPO法人オキュフェスはVRを広く一般の人に知ってもらうため、VR開発者に自分の作品を発表する場所を作るため、そしてVR開発者同士のハブになるために作られ、運営されている組織です。同団体が主催する「Japan VR Fest（旧OcuFes）」は、開発者が開発者自らの手で作るイベントであるため、VR版の文化祭やコミケというような位置づけで考えてもらうと理解が早いかもしれません。

その歴史は日本にOculus Riftが入ってきた直後にすでに動いており、第一回が2013年の8月と世界レベルで見ても早い時期から開催されているVR作品を発表する場であります。

一般の方に自作のVRコンテンツを体験してもらう展示体験会のほかに、開発者同士が知見を語り合う開発者会議、技術を磨き合うOculus Rift勉強会、ニコニコ超会議など他社主催のイベントへの出展など、コンシューマVR発展のためにさまざまな場所を作ってきました。

現在ではOculus Rift以外にもVR HMDが登場してきており、VRという分野も多種多様な体験ができるようになってきました。2016年2月のOcuFesを最後に、次回から名前を「Japan VR Fest」と改め、今後も開発者の開発者によるみんなのための場所を作るべく、活動をしてまいります。

5.6.2 ご提供いただける会場を募集しています

NPO法人オキュフェスは非営利団体ですので儲けを出すことではなく、開発者と参加者に良い環境でVRの作品を見てもらう、展示してもらうことを目的としています。ですので「良い場所さえ提供してもらえれば、そこでVRのイベントを開く」ということを随時やっております。

この“良い場所”の基準ですが、

- 大きな駅の近く
- 人通りが多い路面に面している
- 場所が広い

などが挙げられます。開発者ありきのイベントですので、開発者が「ここに出してみたい」と思える立地であることを重要な要件として考えています。

例えば過去2回イベントをやらせてもらったベルサール秋葉原さんだと、

・秋葉原駅徒歩3分
・中央通り沿いで絶えず買い物客や観光客でごったがえしている
・500平米の広大なスペース

といった好条件を備えておられました。

あとはだいたい2万ワットほどの電源と展示を可能とするだけの椅子と机があれば、40団体ほどの展示者と、二日間で4,000人ほどの参加者を集めることが可能です。

また東京だけでなく名古屋と大阪にも志を同じくするグループがありまして、もし名古屋・大阪で開催のご希望がありましたらそちらにお繋ぎいたします。

5.6.3 御社内でのVR体験会やVRセミナーも承ります

これまであまり公言していなかったのですが、企業様社内でのVRセミナー、VR体験会などもご要望に応じて対応しています。ただし、こちらも展示者ありきなので、「展示者が参加したくなるような場所」という前提条件が必要となります。

過去の実績としては大手広告代理店、大手出版社などで社内体験会、セミナーなどを開いてきました。どちらも展示者の売り込みという側面があり、展示者が「この会社に売り込めるならちょっと出てもいいよ」という会社さんでした。もちろんご相談いただくのは問題ありませんが、実際に展示者がまったく集まらず、開催できない可能性もあることをご了承いただければと思います。

また大手音楽会社の場合であれば「声優アイドルの○○が体験しにくるなら、大勢展示者が集まる」とか、大手出版社なら「漫画家の○○さんが来るなら大勢展示者が集まる」などの副次的な動機づけもあり、案外そういう部分に魅力を感じる出展者も多いかもしれません。

この事例の注目点

- コンシューマVRがブームとなる最初期から開発者を集め、さまざまな場所を提供してきた歴史のあるイベント。
- 営利目的ではないので出展ハードルも低く、多くの目に触れる可能性も期待できる。
- 特殊な設備は必要なく、電源と机・椅子さえ用意出来れば開催可能。
- 展示者が出展したいと思うような場所であれば社内向けの展示会やセミナーなども開催可能。

Appendix 付録

Virtual Rearity

A.1

VRあるあるトラブル集

VR

ここでは制作会社から寄せられた、VRコンテンツ制作やイベント展示でありがちなトラブル事例を紹介します。併せて著者からのアドバイスもしていますので、これらを参考にしてご自身の案件にお役立てください。

イベント前日にクライアントの要望で急遽全体の尺を縮めるように指示された

著者コメント

これは単に制作者の負担が増えるばかりでなく、さまざまなトラブルを誘発してしまうリスクがあります。

実写コンテンツであれば4K以上の解像度を持った動画の出力が必要なため、それだけで半日近い時間がかかり準備の時間を食いつぶしてしまいます。また、CGメインのコンテンツあれば、プログラムでタイミングを取っている部分は全てプログラムの書き直しになり、それが原因でバグが発生する恐れが生じます。

従来のビデオ編集よりも、とくにVRコンテンツにおける土壇場での尺調整はかなり難しいと心に刻んでおいてください。

イベント期間中にHMDのケーブルが断線して交換しなければならなくなった

著者コメント

イベントに来場する一般客の精密機器の扱い方は我々の想像以上に雑です。HMD機器のケーブルが平気で踏まれたり乱暴に扱われたりして接触不良、内部断線することなどは頻繁に起きるトラブルの1つです。また同様にヘッドフォンのケーブルも断線するケースが多いため、これらの予備や代替をしっかり準備してイベントに臨みましょう。

イベント会場へ直接納品した際、イベント終了時に行方不明になった機材があった

著者コメント

イベント会場の設営・撤収時は限られた時間の中で作業を行うため常にバタバタしており、また会期中は大勢の来場者がいるので機材が盗まれる危険性もあります。筆者もパリでイベントをしていたとき、堂々とバックヤードに忍び込んでiPadを盗んでいった人を見かけました。

これらを回避する方法としては、施錠できるバックヤードを完備し、そこに毎日機材を収めること。機材がなくなった時の責任や保証を明確化する。さらには、制作発注時に機材の保護まで含めて依頼し、必要な金額も支払うようにしておくといいでしょう。

予備PCを用意していたものの幸いにも運営中は出番がなかった

著者コメント

イベントでの機材トラブルはつき物で、HMDはもちろんPCも予備を用意してイベントに臨む方がいいです。出番がないことの方が多いのですが、VRの場合はトラブった時にその場ですぐに代替を用意できる代物ではないので、リスクヘッジのために1～2台の予備はあったほうがいいでしょう。

機材トラブルによるデータ破損があった

著者コメント

データ破損の危険性を考え、会期中は複数のUSBメモリーにデータを入れておき、いつでも取り出してマシンの再セットアップができるようにしておくといいです。またそういうトラブル対応に慣れた会社に仕事を発注したほうがいいのはもちろんです。

体験者から答えにくい問い合わせや、そもそも答えられない問い合わせなどがあり、事務局対応に苦慮した

著者コメント

イベントの性質にもよりますが、来場者が技術者中心の場合は技術的な質問を多くされる事もあります。イベントスタッフが質問の対応をしていると他の体験者のアテンドが疎かになり、かといって質問に答えないのも失礼となります。

予算が許すならば開発会社から専門の技術スタッフを派遣してもらい、ややこしい質問の対応をしてもらうというのも一案でしょう。

YouTubeでの配信時に画質が自動調整されるため、正しく高画質で閲覧されているかどうかが分からない

著者コメント

YouTubeの360度動画配信は2015年に始まったばかりのサービスで、このように不確定な要素もあります。予算に余裕があれば、あらかじめ何本かテストアップロードを重ねて動画の性質を確認するか、YouTubeの360度動画に手慣れた制作会社に頼むのがいいでしょう。

App Storeの審査が厳しい

著者コメント

筆者も、iOSのアプリストアであるApp Storeの審査は厳しく、逆にAndroidのアプリストアであるGoogle Playはかなりゆるい印象があります。

App Storeでは審査だけで2週間くらいかかり、もし彼らの基準を満たさなかったら不許可となります。そして修正して再審査にかけますから、また2週間かかってしまうのです。こうしたことから、iPhoneでVRアプリを配信するためにはあらかじめ1か月以上はバッファを取って進めるといいでしょう。

広告代理店の企画がざっくりとしすぎていて非成立となった

著者コメント

このような経験は筆者もかなりの数を重ねました。だいたい広告代理店の方から企画相談が来て、成立する確率は５％あればいいほうです。多くの場合は、VRの特性を詳しく把握できていないために企画が大味なものになっていて、具体化する際の障害を乗り越えられずにとん挫するという形です。

こうした背景もあって本書を執筆することにしました。やりたいことを明確にしてもらえれば制作側の人間としては全力でお応えしますので、頑張ってください。お願いします。

イベント規模に合わない極小予算での依頼があった

著者コメント

VRは最新機器を扱う場合が多く、またハイスペックのPCや1台10万円もするHMDを揃えなければいけないため、たとえ基礎研究でもお金のかかるものとご理解ください。

なんとか多めの予算をクライアントさんからいただけますよう、企画担当者さま、お願いします！ 頑張ってください。

突然の制作依頼かつ無償での打診。結局、妥協点を探って成立させた

著者コメント

このような話もわりと頻繁に聞く内容です。無償は勘弁してください。制作依頼を打診いただく際の打合せですら制作者のコストがかかるものなのです。お願いします、頑張ってください……。

似たようなコンセプトの企画が登場してきた（パクリとインスパイアの中間？）

著者コメント

他のイベントですでに行われているものは、その実績があるのでクライアントに提案しやすいとは思います。企画者が似たようなコンセプトを提案すること自体は否定しませんし、似たようなものを作ることで洗練されたり、精度が上がったりすることはあると思います。

ですが、そのような場合はせっかくなので、先に作った制作会社さんにお願いしてはどうでしょうか？ すでに実績があるので安心ですし、クレームをもらったり、炎上したりといった余計な心配をしなくてすむと思います。

既存コンテンツに文句をつけるわりに新規案件のアイデアもなく、予算もないクライアント

著者コメント

VR制作者は技術者が多く、交渉事を得意とする方ばかりではないので、あまりクライアントの無理難題に巻き込まないであげてほしいと思います。

もし、あなたが制作者で直接クライアントとやり取りしなければならない時は、自分が我慢して付き合うか、むしろクライアントを教育するか、さもなくばそんなクライアントはとっとと見捨てる、などをしたほうがいいと思います。

一日あたりの対応人数を見積もれていないためにパンクする

著者コメント

VRは他のコンテンツと比べると体験者の回転率が悪いということを頭に入れておいてください。どのようなコンテンツでも事前に対応可能な人数を見積もると思いますが、少し慎重に見積もっておいたほうがいいかもしれません。それでも、VRは新規性があって経験則も十分ではないので予想以上の集客になる場合があります。そうした場合も想定して対応を決めておく、あらかじめ整理券を配布して混乱を招かないようにするなどの配慮が必要です。

VRイベントに慣れた会社ですと、そのあたりのフォロー、事前のノウハウや情報の共有なども期待できます。多くの集客が見込まれる場合は、VRイベントのアドバイ

ザーを専任で参加させるというのもご検討ください。

クライアントから運営の見積もりの甘さを制作者にぶつけられる（会場の立地／環境の悪さ、人気集中／機材破壊などトラブル）

著者コメント

コンシューマVRの歴史は始まったばかりなので、現在は、展示イベントでどのようなことが起こるか、運用を通じて知見がためられている状況にあります。そのため、他のイベントに比べて予想外のトラブルが起きやすい分野と言えるでしょう。

ここもVRイベントに慣れた制作会社さんなら、事前のフォロー、図面を見ての警告、事前に起こりえるトラブルの想定など、イベントアドバイザーとしての役割が期待できます。このようなVR制作に加えてVRイベントアドバイザーまでできる制作会社は片手ほどしかありませんが、ご自身がイベント運営に慣れていないなら、こうした会社に依頼をするといいかもしれません。

繁忙期にイベントが集中してしまい、機材不足に陥る

著者コメント

VRの機材は高価だったり、購入に制限があったりするため、豊富に備えている会社というのは少ないと思います。また、PCに関しても汎用的なものではなくハイスペックな描画処理に特化したマシンが必要となるため、一定数しか用意していない会社も多いことでしょう。

PCに関してはハイスペックPCのレンタルを行っている会社があります。ただし、数が少なく（例えば関東エリアでは1社のみ）、繁忙期というのは集中しがちなので、在庫がなくなる危険性があります。イベントを開催することがわかったなら、早めに機材の手配をして予約を入れるなどしたほうがいいと思います。

A.2 制作会社紹介

ここでは本書で掲載させていただいた事例を制作した会社をご紹介します（五十音順）。

株式会社桜花一門

ロゴ募集中

住所	〒103-0015 中央区日本橋箱崎町1-2
社員数	2名
資本金	5百万円
設立日	2016年1月6日
URL	http://oukaichimon.com

VR担当社員構成

- **プログラマー** ● 2名／家庭用ゲームで腕をならした二人がおります。Unity歴も長く、インタラクティブ性のあるものを得意としています
- **企画・ディレクター** ● 1名／家庭用ゲームで16年間活躍し、1,000万本近い売上をあげ、VRでも最初期から開発をリード。数々のソフトを手がけた人間がおります。
- **デザイナー** ● 1名／腕前は並程度ですが、モデリングからモーションまで3Dに必要なものを一通り扱えます。
- **イベント担当** ● 1名／日本最大のVRイベントの主催者、数々のVRイベントのコンサルを手がけた人間がサポートいたします。

コメント

当社はVR開発歴3年、失敗と成功のノウハウを色々ためています。また、代表が前職ではゲーム業界に16年所属しており、売上1,000万本を誇る3Dアクションゲームを担当。そこで培われたノウハウをVRに生かせます。また同代表は、日本最大のVRイベント「Japan VR Fest（旧オキュフェス)」の主催も務めます。

なお、弊社では以下のような人材を募集中です。全般的に募集していますが、大勢を雇う余裕がないので、いくつかの業務を兼務できる方を募集しています（レベルデザイナー兼背景デザイナーなんてのも可能)。正直、できたばかりの会社で最初の家庭用VRゲームソフトを出すまであまり多くのお金は払えないと思いますが、食べていける金額はお支払いする予定です。

- **プログラマー募集** ● 家庭用でアクションゲームの開発に携わっていた方を優先的に募集しています。
- **レベルデザイナー募集** ● ステージ設計からできるレベルデザイナーで、過去ボス戦のデザインもやられた方ならなお歓迎。

・**デザイナー募集**●アートディレクター、UIデザイナー、モーションデザイナー、モデリング、背景。

NPO法人オキュフェス

住所	非公開
社員数	実働1名
資本金	0円
設立日	2014年8月18日
URL	http://ocufes.jp

VR担当社員構成

・**理事長**●1名
・**副理事**●3名

コメント

ボランティアはイベントごとに随時募集しております。

株式会社キッズプレート

Kid's Plates

住所	〒103-0013 東京都中央区日本橋人形町1-5-10 日庄第2ビル3F
社員数	7名
資本金	30万円
設立日	2006年3月3日
URL	http://www.kidsplates.jp/
Mail	info@kidesplates.jp
TEL	03-6661-2884
Facebook	https://www.facebook.com/kidsplates/
Twitter	https://twitter.com/kidsplates

VR担当社員構成

・**ディレクター・PM**●1名／1997年には、VR空間を活用したショッピングモールのUX設計を行うなど、20年にわたってインターネットとVRについてディレクション・PMを務めた担当者がプロジェクトの管理を行います。
・**企画**●1名／Webプロモーションアワードの受賞経験もあるプランナーが、VRやARを活用した最新のご提案を行います。
・**撮影＆編集**●4名／2014年には「VRの動画を楽しく体験する」ことをテーマに撮影を始めて、大手動画配信会社のトップページに掲載されるなどの経歴を持ったカメラマンと編集者がおります。GoProをはじめとした撮影機材と、通常の編集の他にUnityを活用した動画編集を行います。
- プログラマー● 1名／Unityベースのプログラミングを行います。簡単なVRゲームや、専用のビューワーなどを作成します。

コメント

VRを世界で一番簡単に体験できるプラットフォームづくりに協力してくれる仲間を募集しています。世界を変えようという熱意と意欲がある人、該当する人はぜひ一緒に働きましょう！

- プログラマー●認識技術やディープラーニングに興味がある人、インターネットとVRを連携させて新しい異体験を構築してみたい人。VRだけではなく、ARにも興味がある人。

株式会社シーエスレポーターズ

住所	〒103-0007 東京都中央区日本橋浜町3-16-9 中央ビルディング2F
社員数	約40名
資本金	3百万円
設立日	2002年4月
URL	http://www.cs-reporters.com
Mail	info@cs-reporters.com
TEL	03-5642-5005
Facebook	https://www.facebook.com/csreporters
Twitter	https://twitter.com/csreporters

VR担当社員構成（一部兼任）

- プロデューサー● 2名
- ディレクター● 3名
- Unityエンジニア● 7名
- UnrealEngine 4エンジニア● 1名
- 3DCGアーティスト● 3名
- イラストレーター● 2名
- システム開発● 2名

コメント

PlayStation VR、HTC Vive、Oculus Rift、スマートフォンなど、主要なHMDでの開発が可能です。特にモーションキャプチャを所有し、3DCGを使った本格的なVR開発が自社内で制作できます。動画系のVRについては、視差効果のある撮影と、それを再生させるビューワーをご提供できます。また、プロモーション用にスマートフォンで安価に実施できるVRサービスも所有しております。ぜひ、企画から制作まで、お気軽にご相談ください。
また、大手のゲーム、玩具、音楽関連からの受託開発だけでなく、自社オリジナルの作品も手がけております。一緒にVRコンテンツを開発してくださるエンジニア、アーティストを募集しております。

株式会社しのびや.com　Wizapply事業部

住所	〒552-0002 大阪市港区市岡元町3-7-10 KSビル5階
社員数	90名
資本金	20百万円
設立日	2006年8月
URL	http://wizapply.com/
Mail	info@wizapply.com
TEL	06-4400-6308
Facebook	https://www.facebook.com/wizapply/
Twitter	https://twitter.com/wizapply?lang=ja

VR担当社員構成

- **PM** ● 1名／PMを兼任しつつ、自社製品のハード設計、機械・電気設計のほか、ファームウェアやSDK開発を担当しています。ソフト＋ハード両方から提案する弊社のVRパッケージ販売の柱として、欠かせない人材です。
- **プログラマー** ● 1名／Unity歴3年、UnrealEngine 4歴2年で、開発のほかにもVRの一般向け体験会や開発者向けのハッカソンの開催などを行っており、外部のVR開発会社とのつながりも強い人材です。
- **企画** ● 1名／VRアミューズメントの企画制作を早期から手掛け、自社ショップや東映太秦映画村での有料VRアミューズメント施設を提案、実施しております。また自社ハードウェアであるOVRVISION、SIMVR、またVR衛生布などを、これまで培ってきた通販事業のノウハウを活かして、販売展開をしています。
- **デザイナー** ● 1名／ゲーム内で使用する3Dモデル、UIデザインなどをこなしつつ、イベント運営時に必要なDTP系のデータ作製も行います。また新しいVRコンテンツ開発時のコンセプトアート作製や3Dモデリングソフトを使ったSIMVRハードウェアデザインなど、VR事業に関わるデザイン業務の大半を担当しています。

コメント

弊社は、長年のアミューズメント施設運営事業およびネット通販事業のノウハウを持ち合わせながら、VRに特化したソフトウェア・ハードウェア・VRイベントの、提案／開発／販売／運営が可能です。これは、他の会社ではなかなか成し得ない弊社独自の強みです。

株式会社ダイナモアミューズメント

住所	〒101-0063 東京都千代田区神田淡路町2-21 MHビル
社員数	8名
資本金	100百万円
設立日	2004年10月1日
URL	http://dynapix.jp/am/
Mail	ognk@dynapix.co.jp（担当：小川）
TEL	03-5256-5395
Twitter	@dynamo_am

VR担当社員構成

・**プロデューサー兼ディレクター**● 2名／VR、3D映像などを利用したアトラクション、モーションシートを利用した企画など多数の経験（10年以上）があります。

・**テクニカルディレクター**● 1名／システム関連の構築、設営業務などを担当します。

・**モーションプログラマー**● 2名／モーションシートのプログラムデザイン。国内映画のMX4D版のプログラム制作を多数経験しています。

・**PM**● 4名（関連会社ダイナモピクチャーズ）／それぞれの得意分野に合わせて最適な人物をアサインします。

・**プログラマー**● 3名（関連会社ダイナモピクチャーズ）／Unity、Unreal Engine使用。

・**デザイナー**● 約80名（関連会社ダイナモピクチャーズ）／得意分野に合わせて最適な人物をアサインします。

コメント

当社は前身の会社を含めて20年以上の歴史があるCGプロダクションのアミューズメント部門になります。母体となる株式会社ダイナモピクチャーズには100名のあらゆる分野のCG映像に関するスペシャリストが在籍しています。また、1995年4月開設の日本で初めてのオープンなモーションキャプチャースタジオ「スタジオダイナモ」では映画、ゲーム、遊技機など、約1,000プロジェクトの実績があります。

ダイナモアミューズメントでは、遊園地・テーマパーク向けのアトラクションやイベントコンテンツの企画開発を軸に、ハード関連の構築からロケーション運用まで幅広く行っております。長年培ってきた映像に関するノウハウと、アトラクション開発の実績をベースにした、クオリティの高いVRコンテンツをご提供いたします。

ダックリングズ株式会社

住所	〒150-0031 東京都渋谷区桜丘町8-17 シャレー渋谷B棟313号室
社員数	9名
資本金	22百万円（資本準備金含む）
設立日	2013年12月9日
URL	http://ducklings.jp/
Mail	info@ducklings.jp
TEL	03-6416-9012

VR担当社員構成

・PM ● 1名／株式会社リクルートにて10年以上、美容メディア、飲食メディア、旅行メディアなどでPM職に従事。東南アジアでの現地企業との合弁会社でのマネジメント経験があり、英語での対応も可能です。

・企画 ● 3名／テレビ朝日出身のディレクターや、音楽レコード会社出身のエンタメ領域に強いメンバーが揃っています。メジャーアーティストのVRライブ配信や、MVなどを手がけた実績が多数あります。

・エンジニア ● 4名／iOS・Androidネイティブアプリ、UnityアプリなどVR開発において必要なスキルを揃えたエンジニア陣が揃っています。物理学博士号を持っているメンバーなどが在籍し、専門性の高い開発も対応可能です。

・デザイナー ● 1名／Webサイト、iOS・Androidアプリなどオールマイティに対応可能です。

コメント

エンタメ領域に特化したVRライブ配信サービス「Livr（リブル）」（livr.tv）を開発中です。仮想世界の創造主になりたい3DCGデザイナーさん大募集中です。VRサービスの開発、それに伴うVRイベントの開催などもお受けしておりますので、気軽にメール･電話をいただけると幸いです。

株式会社ダブルエムエンタテインメント

住所	〒003-0022 北海道札幌市白石区南郷通7丁目南1-5
社員数	1名
資本金	1万円
設立日	2009年7月2日
URL	http://wm-e.jp/
Mail	info@wm-e.jp
TEL	011-826-6464

VR担当社員構成

・代表 ● 1名／得意分野は清濁織り交ぜた企画で人を楽しませること。また本格的にVRビジネスに取り組むようになったのは2014年の秋頃からですが、それまでにデザインや映像制作といった事業で会社を運営してきたので、コンテンツの編集スキルは既に備わっています。Unity や Unreal Engine などのスキルはないため、アプリ制作時には動作仕様と UI およびデザインをまとめ、プログラミングはタオソフトウェア株式会社（東京都台東区 - http://www.taosoftware.co.jp/）に委託し、検証作業は株式会社キロル（札幌市北区 - http://kiroru-inc.jp/）に委託しました。

コメント

最先端技術をいかに噛み砕いて一般大衆が享受できるコンテンツに仕上げるかが当社の使命だと思っています。なので、技術的な相談には申し訳ありませんが乗れません。
ただし、VR を目的ではなく手段として使い、裾野を広げ、文化として涵養させるための企画相談であれば、身体を張って答えを出すことが出来ます。ヒ●キンさんなどには敵いませんが、全世界で述べ 2,000 万人に裸を見られ、MTV から動画使用権として小切手を受け取った力を発揮します。

【参考】あの「ヲタケン」の会社が企画！アイドルと視聴者による双方向の 360 度ライブストリーミング配信
http://www.moguravr.com/idol360vr-wm/
http://www.rbbtoday.com/article/2016/04/14/141433.html

株式会社積木製作

住所	〒130-0022 東京都墨田区江東橋 2-14-7 錦糸町サンライズビル 9F
社員数	13 名
資本金	10 百万円
設立日	2003 年 9 月 1 日
URL	http://tsumikiseisaku.com/
Mail	info@tsumikiseisaku.com
TEL	03-6666-9220
Facebook	http://www.facebook.com/TsumikiSeisaku

VR 担当社員構成

- **プロデューサー兼ディレクター** ● 2 名／VR における実績を元に、なぜ VR が必要なのか、どのような見せ方をするのが最適かといったところから、クライアントに寄り添った提案を致します。プロジェクト進行後はコスト、スケジュール、コンテンツディレクションといった部分を窓口として全て取り仕切ることができます。
- **デザイナー兼プログラマー** ● 1 名／CG 制作において 3DCG デザインの経験があるプログラマーが制作リーダーとしてチームを統括しています。プログラムのみではなく、グラフィック部分のクオリティをしっかり管理することができる貴重な存在です。
- **プログラマー** ● 1 名／Unity を主に使用し、様々なセンサーデバイスをコンテンツに利用することができ、幅広いオーダーに対応することが可能です。
- **CG デザイナー** ● 2 名／コンテンツのクオリティを大きく左右するアセットの制作を行います。CG 映像制作会社での豊富な経験を持ち、ビジュアル面でコンテンツを支えています。モデリング、リグ付け、UV展開、テクスチャ制作、アニメーション制作、シェーダー制作を担当しています。

コメント

建築、不動産、ゲーム、プロダクト、教育・訓練といったVRを幅広く制作しています。どんなコンテンツ制作でも対応可能ですので、ぜひご連絡ください。

人材も募集中ですので、弊社HPをご覧ください。

株式会社テレビ朝日メディアプレックス

tv asahi mediaplex

住所	〒106-0031 東京都港区西麻布1-2-9 EXタワー 7F
社員数	205名
資本金	92百万円
設立日	2000年2月9日
URL	http://www.mediaplex.co.jp/
Mail	pr-web@mediaplex.co.jp
TEL	03-5413-6148

VR担当社員構成

・PM ● 1名／2年前よりVR制作に携わり、制作・監修をはじめVRに関わるあらゆる作業を行います。
・プログラマー ● 2名／アプリ開発とサーバーサイドPGの経験あり。Arduinoなどの試作開発も行います。
・CGデザイナー ● 1名（外注制作管理も含む）
・360°動画撮影プロデュース班 ● 2名（通常のネット動画撮影を兼ねる）

コメント

我々は、2013年よりOculus Rift DK1でのVR研究を始め、2014年夏の段階でテレビ朝日のイベントにおいてVRを使用しており、実戦での豊富なVRイベント開発実績があります。エンタメジャンルを中心に、誰でも楽しめるような健全なVR開発を得意としています。テレビ朝日のグループ会社ですが、通常のVR開発ベンダーとして受託開発を行っております。また最近はCGベースのVR作品に加えて、VR動画の撮影、開発実績を積んでおり、VR動画のプロデュース、タレントのブッキングも含めてお手伝いが可能です。

株式会社ファンタジスタ

住所	【本社】〒951-8131 新潟市中央区白山浦2-1-28 ITP白山浦ビル2F 【東京事務所】〒170-0013 東京都豊島区東池袋2-21-1 桐生ビル5F
社員数	25名
資本金	46百万円
設立日	2005年2月
URL	http://fantasista-net.jp
Mail	vr@fantasista-net.jp
TEL	03-6907-3015
Facebook	https://www.facebook.com/fantasista.niigata/
Twitter	https://twitter.com/fantasista_inc

VR担当社員構成

- 開発ディレクター（兼PM）● 1名
- 映像ディレクター（兼企画）● 1名
- Unityプログラマー● 1名
- 3DCGデザイナー● 20名

コメント

弊社ではエンジニアサイド、クリエイターサイドのディレクターが協力して、VRコンテンツの企画・設計・開発・制作から、展示・運用・集客までをご提案しています。

なお、VRコンテンツの開発・制作で協業していただける個人・チーム・会社を探しています。業務経験がなくても、実際に開発・制作した成果物がある方であれば相談可能です。

- プログラマ● Unity、Unreal Engineでゲームが開発できる人材
- 3DCGデザイナー● Unreal Engineで映像が制作できる人材

株式会社プログマインド

住所	〒150-0002 東京都渋谷区渋谷2-11-2 白石第五ビル3F
社員数	17名
資本金	3百万円
設立日	2003年12月2日
URL	http://www.progmind.jp
Mail	MangaGeneratorPro@shirai.la
TEL	03-6427-9796
Facebook	https://www.facebook.com/MangaGenerator

VR担当社員構成

インフラ、仮想化、e-Learning、T2V、PepperなどWebからエンタテイメント案件、まずはご

相談ください。白井研究室においてエンタテイメントシステムの研究で卒業したMaya使いのシステム設計者、コスプレもできるコーディング女子など幅広い体制でお迎えします。

コメント

Manga Generator Proプロジェクトは学生VRコンテスト「IVRC2012」で世界3位を獲得した「Manga Generator／瞬刊少年マルマル」が発端となっております。神奈川工科大学 情報メディア学科 白井研究室にて長年研究開発が続けられてきたこのプロジェクトは世界中で展示され、多くの人々に愛されています。このたびManga Generator Proとして、業務版の開発を担当しております。

BOX VR（プロジェクト名）

住所	〒460-0002 愛知県名古屋市中区丸の内2－13－12 本町ビル（株）映像ボックス内
社員数	VRチーム5名
資本金	-
設立日	2015年12月10日
URL	https://www.facebook.com/BoxVR.jp/
Mail	kume@eizobox.co.jp
TEL	052-221-6115
Facebook	https://www.facebook.com/BoxVR.jp/

VR担当社員構成

・プロデューサー● 1名
・営業● 1名
・エンジニア● 3名

コメント

広告業界で培った映像ノウハウでコミュニケーションとして機能する映像制作が得意です。

BOX VRではコンテンツ制作だけに留まらずVRの効果的な活用方法を企業に企画・提案しています。最近では企業の採用領域におけるVR制作も多く、VRを使った様々なコミュニケーションでお客様と一緒に課題解決をしていくことをモットーにしています。ぜひ、ご相談ください。

また、名古屋在住のVRエンジニアを募集しています。お気軽にお問い合わせください。

meleap inc.

住所	〒105-0001 東京都港区虎ノ門2-7-10 ニューファッションビル4F
社員数	10名
資本金	62百40万円
設立日	2014年1月24日
URL	http://meleap.com/
Mail	info@meleap.com
TEL	050-5307-3176
Facebook	https://www.facebook.com/meleap-253552288147741/

AR担当社員構成

- ディレクター ● 1名
- Unityエンジニア ● 2名
- サーバーエンジニア ● 2名
- デザイナー ● 1名
- プロモーター ● 1名

コメント

世界を面白くしたい。それも圧倒的に。

私達のVisionは「ヒザがガクガク震えるほどの面白さを想像する」です。それも誰もがワクワクするような世界を作ります。現在はHADOのサービス提供に専念しており、HADO対人戦、HADOモンスター戦、HADOカートなど、世界中にプレイフィールドを広げていきます。また、AR技術やモーションセンシング技術、ポジショントラッキング技術などHADOの仕組みを生かした様々なサービスをプロトタイピングしています。

さらに、2020年のテクノオリンピック開催に向け、最強の座を争う天下一HADO会の実施や新競技開発を行いながら、ITとスポーツを組み合わせたテクノスポーツを盛り上げていきます。子供から大人まで楽しめる、そして運動神経だけに左右されない、新しいテクノスポーツをプレイヤーの皆さんが笑顔で爽やかに楽しめるよう、社名の由来の如く陽気に飛び跳ねながら実現します。

LIFE STYLE株式会社

住所	〒107-0062 東京都港区南青山6-7-14 チガー南青山3F
社員数	東京30名／ベトナム5名
資本金	非公開
設立日	2014年3月
URL	【会社】http://l-s.co.jp/ 【Flic360】http://flic360.net/
Mail	info@l-s.co.jp
TEL	03-4405-7433
Facebook	【会社】facebook.com/ls.co.jp 【Flic360】facebook.com/flic360ls
Twitter	twitter.com/Flic360_LS

VR担当社員構成

- VRディレクター● 5人
- VRクリエーター● 3人
- 国内クリエーターネットワーク● 100社
- 国外クリエーターネットワーク● 3,000社以上

当社サービスは、360度の世界を存分に利用した、VRならではのディレクションを最大の強みとしています。制作も自社でも行うことによりスピード感を担保しつつ、国内外に広がるVRクリエーターネットワークを活用し、高度な撮影や編集を実装いたします。特に撮影技術に関して、当社の研修によって常に拡大し続けており、遠方の撮影に対しての柔軟にご対応させていただきます。

コメント

当社は、実写VRによるプロモーション支援に特化したサービスを提供しております。バズコンテンツとなりつつあるVRですが、導入の障壁は決して小さくはありません。「VRを導入してみたいが、どう使えばいいのかわからない」というお客様にもご安心してご利用していただけるよう、当社では企画から納品まで全てワンストップで行っております。

映像制作出身のディレクターを中心に、静止画や動画ではない「VRならでは」という点に着目しながら、SNSコンテンツやイベント出展など、様々な活用方法に最適な形で企画制作を行うことも特徴的です。

また当社は、Googleストリートビュー認定パートナーとして屋内版ストリートビューの導入コンサルから撮影・制作を全て自社完結してきた実績がございます。導入実績は年間約1,500件に達し、世界3,000社以上の認定パートナーの中でもトップ5社に入ります。その実績とノウハウを生かした企画力により、プロモーションとしての実写VR導入を検討する全ての皆様のお力になれればと思います。

株式会社ワン・トゥー・テン・デザイン

住所	【京都オフィス】〒600-8411 京都府下京区烏丸通四条下ル水銀町620 COCON烏丸4階 【東京オフィス】〒140-0002 東京都品川区東品川2-2-4 天王洲ファーストタワー24階
社員数	100名
資本金	10百万円
設立日	2001年4月（創立は1997年10月）
URL	http://www.1-10.com/
Mail	pr@1-10.com
TEL	03-5781-3600
Facebook	https://www.facebook.com/1to10design
Twitter	https://twitter.com/1_10pr

VR担当社員構成

- CD● 1名

・EP ● 1名
・PR ● 1名
・SV ● 1名
・TD ● 1名
・EP（エクスペリエンスプランナー）● 1名
・AD ● 1名
・P（プランナー）● 2名
・PM ● 1名
・D（デザイナー）● 1名
・VE（VRエンジニア）● 3名
・3D（3Dスキャン）● 2名
・D/HE（デバイス/ハードウェアエンジニア）● 2名
・SSE（サーバーサイドエンジニア）● 1名
・FE（フロントエンドエンジニア）● 4名
・CGD（CGディレクター）● 1名
・CGMD（CGモーションデザイナー）● 1名
・CGA（CGアシスタント）● 1名
・AP（アシスタントプロデューサー）● 1名

コメント

1→10（ワン・トゥー・テン）は、広告クリエイティブ領域から、商品やサービスのプロトタイピング、さらには先端テクノロジーを駆使した体験型エンターテインメントまで、企業やブランドの課題発見から解決までを総合的にプロデュースする、クリエイティブスタジオです。ソフトバンク社が誇る、世界初の感情認識パーソナルロボット「Pepper」の人工知能・感情認識と連携した会話エンジンの開発や、日本財団パラリンピックサポートセンター共同オフィスの総合クリエイティブディレクションなども行っております。

これまでにグループ全体では、カンヌ国際広告祭を含む国内外の広告賞・デザイン賞を150以上受賞いたしました。

当社では、プロデューサー、プランナー、クリエイティブディレクター、テクニカルディレクターなど、様々な職種を募集しております。ご興味をお持ちいただけましたら、当社HPより是非ご連絡ください。

索引

V W X Y Z

あ行

か行

さ行

た行

な行

は行

ま行

や行

ら行

企画協力　広田稔（PANORA）
執筆協力　武者良太
編集協力　久保田瞬（MoguraVR）

装丁　FANTAGRAPH（ファンタグラフ）
イラスト　太中トシヤ（アクティーボ）
本文デザイン・DTP　株式会社マップス

VR《ブイアール》コンテンツ最前線
事例でわかる費用規模・制作工程・スタッフ構成・制作ノウハウ

2016年8月1日　初版第1刷発行

著　者　桜花一門（おうかいちもん）

発行人　佐々木幹夫
発行所　株式会社 翔泳社（http://www.shoeisha.co.jp/）
印刷・製本　株式会社シナノ

ISBN978-4-7981-4459-7　Printed in Japan